D1720097

Forum Frauengeschichte
Band 1

”Dienen lerne beizeiten das Weib...“

Frauengeschichten aus Osnabrück

Birgit Panke-Kochinke

Centaurus-Verlagsgesellschaft
Pfaffenweiler 1990

Umschlagabbildung:
»Die Hausfrau«. Holzschnitt nach einer Originalzeichnung
von Ludwig Richter (1863–1884)

CIP-Titelaufnahme der Deutschen Bibliothek

Panke-Kochinke, Birgit:
"Dienen lerne beizeiten das Weib ..." : Frauengeschichten aus
Osnabrück / Birgit Panke-Kochinke. – Pfaffenweiler :
Centaurus-Verl.-Ges., 1990
    (Reihe: Forum Frauengeschichte ; Bd. 1)
    ISBN 3-89085-354-4
NE: GT

ISSN 0936-1979

Umschlagentwurf: Rainer Ueberle, Ettlingen
Satz: Der Schreibservice, Freiburg i. Br.
Druck: difo-druck schmacht, Bamberg

Inhalt

Einleitung

Zur Fünfzigjahrfeier der Gründung des Vaterländischen Frauenvereins in Osnabrück[1] im Jahre 1921 hielt der damalige Oberbürgermeister Dr. Rißmüller eine Ansprache, die in der Osnabrücker Zeitung in Auszügen zitiert wurde.

"Wenn eine Kriegschronik der Stadt Osnabrücker einmal geschrieben wird, so muß die Tätigkeit des Vaterländischen Frauenvereins ein Ruhmesblatt bilden."

Man mag nun die Arbeit des Vereins einschätzen wie man will, in den Chroniken jedenfalls wird ihr kein 'Ruhmesblatt', kaum einmal eine Namensnennung gezollt. Ähnliches gilt für den 'Verein für Frauenbildung und Frauenstudien'[2] und den Lehrerinnenverein[3], die sich nicht nur auf sozialpflegerische und kriegsvorbereitende Tätigkeiten beschränkt haben, sondern ganz in der Tradition der Bürgerlichen Frauenbewegung stehend Bildung und Aufklärung für Frauen auf ihre Fahnen geschrieben hatten.

Und wer außer einigen wenigen Eingeweihten kennt den 'Frauenstadtausschuß', der sich 1946 in Osnabrück gebildet hat – als Zusammenschluß von Frauen höchst unterschiedlicher politischer Couleur und sozialer Ambitionen? Nur derjenige, der sich die Mühe macht, die zeitgenössischen Quellen zu durchforsten. Das Nachkriegsbild der 'Trümmerfrau', die tatkräftig den Wiederaufbau unterstützt hat, geistert auch heute noch durch die Köpfe der nachgeborenen Generationen – das Bild eines Neuanfanges, der das Elend des Nazideutschland verdrängte und vergessen lassen soll, daß die Kontinuität des Frauenbildes die Errungenschaften der Gleichberechtigung bei weitem überlagert hat.

Nun mag der informierte Leser einwenden, daß hier das Bild einer 'tabula rasa' gezeichnet wird, das so auch nicht stimmen kann. Denn es sei doch viel geschrieben worden über Frauen wie Jenny von Voigts[4], Agnes Schoeller, Eleonore von Münster[5], über Hexenverfolgungen[6] und Mädchenbildung.

---

1   StArch. Osnabrück, Dep. 3 B IV, Stadt Osnabrück, Stadtsachen 1777, Der Vaterländische Frauenzweigverein (1876-1923).

2   Ebenda, 1693 Verein für Frauenbildung und Frauenstudien, Osnabrück (1904-1919).

3   Ebenda, 1690 Der Lehrerinnenverein zu Osnabrück, insbes. Unterhaltungen für Frauen und Mädchen aus dem Volk (1895-1920).

4   Vgl. z.B. Sheldon, W.: Jenny von Voigts (Niedersächsische Lebensbilder, Bd. 8), Hildesheim 1973.

5   Schwarze, W.: Eleonore von Münster. Eine unbekannte Dichterin aus der Zeit Mösers, Osnabrück 1929.

6   Vgl. z.B. Strebel, H.-J.: Die Osnabrücker Hexenprozesse, Osnabrück 1969.

Jenny von Voigts allerdings, um nur ein Beispiel herauszugreifen, wurde vor allem als Tochter ihres Vaters, Justus Möser, eine der bekanntesten Persönlichkeiten Osnabrücks im 18. und beginnenden 19. Jahrhundert, gesehen.

Was verbindet also die höchst unterschiedlichen Beiträge dieses Buches, das von Kindsmörderinnen, Hebammen und Lehrerinnen, von Mädchenschulen und Frauenvereinen, von Normalität und Ausgrenzung handelt? Es ist nicht nur die Tatsache, daß sich die Ereignisse in der Stadt Osnabrück abgespielt haben und auch nicht, daß Frauen eine wichtige Rolle darin einnahmen, sondern vor allem, daß es hier um Geschlechterverhältnisse, um die Beziehungen zwischen Männern und Frauen im privaten und öffentlichen Leben geht. Recht und Ordnung, Moral und Anstand, Politik und Geld sind die Orte, an denen sich Mann und Frau begegnen. Sie sind Träger einer Aufgabe, einer Funktion – und sie sind es in ihrer Männlichkeit/Weiblichkeit, hergeleitet aus der biologisch gesetzten Geschlechtlichkeit, eingefangen in das Prinzip der Ergänzung und Differenz – ein fruchtbarer Antriebsmotor gesellschaftlicher Entwicklung. Es geht also um Kontinuität und Wandel der geschlechtsspezifisch zugewiesenen Aufgaben und Funktionen, die Mann und Frau einnehmen sollen – und es geht um Abweichungen von diesem System als Hinweis auf die gelebte Realität, als Folie, auf der sich die ideologischen Wunschvorstellungen als Negativ abbilden lassen.

Zu den Quellen

Für das 17. Jahrhundert bzw. den Übergang vom 17. zum 18. Jahrhundert sind die sogenannten 'Hexenprozesse' zentral[7]. Die Gerichtsakten für die Stadt Osnabrück sind nicht vollständig erhalten. Es lassen sich jedoch sowohl regionale Besonderheiten hinsichtlich des Ablaufes der Prozesse und des Ausmaßes einzelner Prozeßwellen als auch Parallelen im überregionalen Rahmen erfassen und vor dem Hintergrund der relativ umfangreichen Sekundärliteratur interpretieren[8].

---

7   StArch. Osnabrück, Dep. 3 B IV Stadt Osnabrück, 3485-4495 Hexenprozesse.

8   Für den regionalen Bereich vgl.:
    Klein, U.: In Malefizsachen: Der Osnabrücker Hexenprozeß gegen Cathrina Witthaus (1639) und die Supplikation der Gödel Wedinghaus (Osnabrücker Mitteilungen 1985), S. 121 ff.
    Lodtmann, F.: Die letzten Hexen Osnabrücks und ihre Richter, Osnabrücker Mitteilungen 1978), S. 97-189.

Wichtig sind darüber hinaus die Prozeßakten[9], die Auskunft geben über das Verhältnis der Eheleute im Konfliktfall hinsichtlich der vermögensrechtlichen und innerpsychischen Konstitution sowie der Art und Einschätzung der Frauenarbeit, über die Beziehungen zwischen Mann und Frau im Rahmen der jeweiligen Moral- und Ordnungsvorstellungen. So eröffnen die Verfahren wegen Unsittlichkeit und die Alimentationsprozesse einen Einblick in das Verhältnis zwischen den Geschlechtern vornehmlich auch unterschiedlicher sozialer Schichten, die moralisch-sittliche Normierung und deren praktische Auslegung bzw. Kontrolle der Übertretungen.

Die Prozesse über nicht eingelöste Eheversprechen gewähren Einblick in die gesetzlichen Regelungen betreffend die Verlobungen und die damit verbundenen Besitzabsprachen. Die Testamente[10] geben Auskunft über die Haushaltsstruktur, enthalten auch vereinzelt Zusatzinformationen über das Verhältnis zwischen den Eheleuten, gegenüber Dienstboten und Kindern. Sie beziehen sich vornehmlich auf bürgerliche, bäuerliche und kleinbürgerliche bzw. handwerkliche Schichten.

Hannover um den Scharfrichter, der geheime Mittel kenne, den Hexen das Geständnis zu entlocken, nach Osnabrück zu senden (Mitteilungen des Historischen Vereins, Jg. 31853).

Reader zu Osnabrücker Hexenprozessen 1636-1639, Materialien, Osnabrück 1984.

Strebel, H.-J.: Die Osnabrücker Hexenprozesse, Osnabrück 1969.

Rebbenhoff, W.: Hexenverfolgungen in Niedersachsen (Osnabrücker Jahrbuch 1929).

Wilbertz, G.: Hexenprozesse und Zauberglaube im Hochstift Osnabrück, (Osnabrücker Mitteilungen 1980), S. 33-50.

Für den überregionalen Bereich seien an dieser Stelle nur exemplarisch einige neuere Titel aus der Sekundärliteratur benannt.

Becker, G., Bovenschen, S., Bracker, H. u.a.: Aus der Zeit der Verzweiflung. Zur Genese und Aktualität des Hexenbildes, Frankfurt am Main 1977.

Dülmen, R.v. (Hg.): Hexenwelten. Magie und Imagination vom 16. bis 20. Jahrhundert, Frankfurt am Main 1987.

Honegger, C. (Hg.): Die Hexen der Neuzeit, Studien zur Sozialgeschichte eines kulturellen Deutungsmusters, Frankfurt am Main 1978.

Dies.: Hexenprozesse und 'Heimlichkeiten der Frauenzimmer', Geschlechtsspezifische Aspekte von Fremd- und Selbstthematisierung, in: Hahn, A., Kapp, V. (Hg.): Selbstthematisierung und Selbstzeugnis: Bekenntnis und Geständnis, Frankfurt am Main 1987, S. 45 ff.

Schormann, G.: Hexenprozesse in Deutschland, Göttingen 1981.

Schwaiger, G. (Hg.): Teufelsglaube und Hexenprozesse, München 1987.

9 StArch Osnabrück, Dep 3 VI. Evangelisches Konsistorium der Stadt Osnabrück, K. Prozeßsachen. Generalia und Varia. C. Prozeßsachen. Specialia.
   Ebenda, Dep. 3 b IX Stadt Osnabrück. Niedergericht K. Gerichtsakten verschiedenen Inhalts. A. Ehedispense. N.

10 Ebenda, Dep. 3 b IV Stadt Osnabrück. Stadtsachen. Testamente in alphabetischer Reihenfolge.

Die Hochzeits- und Trauerordnungen[11] sind Ansatzpunkte, um Maßnahmen zur Stabilisierung berufsständischer Gruppen der Gesellschaft auf der verwaltungsrechtlichen Ebene nachzuzeichnen.

Über Familienpapiere unterschiedlicher Art erhält man einen begrenzten Einblick in die Lebenswelt bürgerlicher und adliger Schichten[12].

Mit Hilfe von Volkszählungen, Bürgerverzeichnissen und Kirchenbüchern bzw. Kirchennebenbüchern[13] lassen sich – immer unter der Einschränkung, daß es sich in dieser historischen Phase nicht um vollständige Listen handelt – quantitativ auszuwertende Informationen beziehen über die Anzahl der Frauen, ihre gesellschaftliche Präsenz sowie die Zusammensetzung der Familien, über Geburts- und Sterbeverhalten, Alter bzw. Altersunterschiede bei Eheschließungen, Anzahl der Kinder, Geburtenabstände, Krankheiten, Todesursachen, Wiederverehelichungen und ähnliches. Erfaßbar wird so ein Teil der Segmente, die die innerpsychische und physische familiale wie außerfamiliale Konstitution und Existenz von Frauen mitbestimmt. Die quantitativ auswertbaren Quellen verdichten sich in den folgenden Jahrhunderten in ihrer Aussagekraft. Melderegister für ledige Personen, weibliche Personen, kleine Meldebogen und große Familienbogen sowie Register über weibliche Fremde[14] geben einen differenzierten Einblick in die Familien- und Haushaltsstruktur, in Mobilitätsverhalten und Berufstätigkeit der Frauen.

Im 18. Jahrhundert werden auch die Familienpapiere, vor allem Nachlässe führender bürgerlicher und adliger Familien der Stadt umfangreicher. Hinzu kommen Zeitungen und Zeitschriften, die auf der gesellschaftspolitischen Ebene Aussagen über Normen zulassen. Nachlaßverzeichnisse ergänzen die Informationen über die Haushaltsstruktur dieser Schichten.

Neu hinzu kamen am Ende des 18. Jahrhunderts auch erste Ansätze im Mädchenschulwesen, die sich dann vor allem in der ersten Hälfte des 19. Jahrhunderts weiterverfolgen lassen und zu Beginn des 20. Jahrhunderts zu einem Mädchenschulwesen führen, das immer stärker aus privater und kirch-

---

11 Ebenda, Dep. 3 b V Stadt Osnabrück. Polizei- und Gildesachen. XXXIX. Luxus-Ordnungen, Begräbnisse.
     1676 Hochzeits- und Trauer-Kleiderordnungen (1641-1790)
     1681 Gebühren bei Hochzeiten und Beerdingungen (1768-1802).

12 Ebenda, Erw. A 4, A 12, A 14, A 15, A 16, A 23, A 24, A 100. Erw. B 5
     Dep. 3 a 7, 3 a 8, 3 b 11.

13 Ebenda, Dep. 3 b IV Stadt Osnabrück. Stadtsachen. Bürgerrechte. Einwohnerzahlen.
     Rep. 100.
     Rep. 491 Personenstandregister.
     Dep. 3 b IV Stadt Osnabrück. Kirchennebenbücher 2427-2454.

14 Ebenda, Dep. 3 b XVIII Stadt Osnabrück. Ordnungsamt, Einwohnermeldeabteilung.

licher Leitung in die Hände der städtischen und staatlichen Verwaltung übergeht.

Die Moral- und Sittenvorstellungen lassen sich des weiteren mit Hilfe von Verordnungen, zum Beispiel in der Behandlung von 'in Unehren schwanger gehenden Frauenspersonen' sowie der Behandlung von Kindsmörderinnen ablesen.

Die einsetzende Kontrolle bzw. Nutzbarmachung von Armen in der sich langsam vollziehenden Trennung vom Irrenwesen gibt Indikatoren für die Nutzbarmachung der Arbeitskraft von Männern und Frauen aus den unteren sozialen Schichten[15]. Der Ausbau der Polizeiaufsicht besonders im medizinischen Bereich[16] ist hinsichtlich seiner Kontrollansätze des Hebammenwesens durch die städtischen Ämter sicherlich in die überregionale Entwicklung einzuordnen. Die Anfragen der Hebammen, die Genehmigung der Ausübung ihres Berufes betreffend, geben Einblick in die Lebenssituation insbesondere kleinbürgerlicher Schichten, in der Erwerbsarbeit für unversorgte, d.h. unverheiratete, geschiedene, verwitwete oder getrennt lebende Frauen üblich und gesellschaftlich akzeptabel erschien. Die Berichte der Hebammen, die eine Kontrolle ihrer Arbeit darstellten, geben Einblick in die Lebenwelt der Frauen, ihre Geburtspraktiken, den Kampf gegen Abtreibungen und Kindstötungen und den Versuch, gegen das mündlich überlieferte Wissen dieser Frauen neue medizinische Standards zu setzen. In diese Versuche, das Hebammenwesen einer staatlichen männlichen Kontrolle zu unterwerfen, reihen sich auch Prozesse gegen Frauen ein, die sogenannte 'Winkelkuren'ausüben. Volkstümliche Medizin, sicherlich auch schon ein Angriffspunkt gegenüber Hexerei und Zauberei erfährt im 18. Jahrhundert einen großangelegten Versuch der Kontrolle.

Dazu kommen mit oder von Frauen getragene Vereinsgründungen, die von karitativ, sozial oder beruflichen Interessensvertretungen ausgingen.

Im 19. Jahrhundert dann laufen die Maßnahmen zur Stabilisierung der berufsständischen Gesellschaft, die sich in Hochzeits-, Kleider- und Trauerordnungen manifestieren, aus. Die Prozeßakten, die Aufschluß geben über die

---

15 Ebenda, Dep. 3 b V Stadt Osnabrück. Polizei- und Gildesachen. XXXIV Armenpolizei.
  Dep. 3 b V XXXVIII Sittenpolizei.
  Dep. 3 b VII Stadt Osnabrück. Allgemeine Fonds. F. Allgemeine Armenanstalt.
16 Ebenda, Dep. 3 b V Stadt Osnabrück. Polizei- und Gildesachen XLIV. Medizinalpolizei.
  Rep. 350   2357-2378 Hebammenwesen und Kleinkinderpflege
             2496-2524 Sitten- und Ordnungspolizei
             2513-1515 Unsittlicher Lebenswandel
  Rep. 701 I. Evangelisches Konsistorium zu Osnabrück.
  645. Hebammen und deren Gebrauch bei Entbindungen und Taufe.
  Rep. 725 a Landesfrauenklinik zu Osnabrück.

breite Palette sozialer und gesellschaftlicher Elemente in der Beziehung zwischen Mann und Frau, verlieren ihren zentralen Stellenwert. In der ersten Hälfte des 19. Jahrhunderts rücken verstärkt Maßnahmen zur Erziehung und Bildung von Frauen in den Vordergrund[17]. Personalakten städtischer Bediensteter, vor allem Lehrerinnen[18], geben ergänzend Auskunft über Ausbildung und beruflichen Werdegang[19] der Frauen vornehmlich aus dem Bürgertum. Die beginnende Industrialisierung schlägt sich in verschiedenen Verordnungen, Befragungen und Maßnahmen nieder[20], die sich mit der Frage der Spezifika weiblicher Erwerbstätigkeit im Hinblick auf ihre Auswirkungen auf die Familie und die unverheiratete Frau – bzw. deren Moral – auseinandersetzt. In diese Richtung weisen auch die Maßnahmen der Frauenbildungsvereine und der karitativen Einrichtungen, wenn sie sich dem leiblichen, gerade aber auch dem seelischen Wohlbefinden von Arbeiterinnen zuwenden.

Diese Form der 'Veröffentlichung' weiblicher Interessenbereiche in Vertretungsorganen und der Akzeptanz sich sozial verortender Mütterlichkeit für das gesamte Staatswesen können als erster Ausdruck einer zugleich restaurativen wie progressiven politischen Artikulation von Frauen gelten, auch wenn ihre Präsenz in den politischen Parteien erst im 20. Jahrhundert – und auch hier nicht durchgängig – möglich ist und sich in dem aktiven und passiven Wahlrecht dokumentiert.

---

17 Ebenda, Dep. 3 b IV Stadt Osnabrück - Stadtsachen. Noch Kulturelles. 1690, 1759, 1777, 1778, 1780, 1796.

18 Ebenda, Dep. 3 b IV Stadt Osnabrück - Stadtsachen. Städtische Bedienstete, 821 ff. Personalakten (alphabetisch).

19 Ebenda, Dep. 3 b IV Stadt Osnabrück. Mädchenschulen.
    Rep. 703 Katholisches Konsistorium zu Osnabrück 176, 218, 224, 230, 168, 236, 249, 286, 331-343.

20 Ebenda, Rep. 610. Gewerbeaufsichtsamt Osnabrück. A. Allgemeine Verwaltung. III Lage der Arbeitnehmer. 3. Jugendliche und weibliche Arbeitnehmer, 69-72.

1. Die Osnabrücker Hexenprozesse der Frühen Neuzeit. Ein Spiegel regionaler politischer Machtkämpfe

Keine Quellengattung, die sich mit dem Frauenleben beschäftigt, ist für Osnabrück so gut dokumentiert worden wie die Hexenprozesse, und das, obgleich ein guter Teil der Akten vernichtet worden sind[1]. Auch über den lokalen Rahmen hinaus bemühen sich unterschiedliche wissenschaftliche Fachrichtungen um die Aufarbeitung dieses historischen Phänomens. Die Erklärungsansätze bieten dem Leser eine breite Palette psychologisch, sozialgeschichtlich, ideen- und politikgeschichtlicher Variationen an[2]. Die Hexen und die 'weisen Frauen' waren darüber hinaus jahrelang ein beliebtes Identifikationsmodell für Frauen aus der Neuen Frauenbewegung, wenn es um die Suche nach ausmerzender, brutaler patriarchalischer Gewalt von Männern gegen Frauen ging. Diese Haltung und eine Reihe publikumsträchtiger Veröffentlichungen haben dazu beigetragen, ein Bild der Hexe und der Hexenverfolgungen zu formen, das gekennzeichnet ist durch brutale Folterungen, die in Scheiterhaufenorgien endeten, sowie unsinnigen und willkürlichen Anklagen

---

1 Vgl. u.a. Reader zu Osnabrücker Hexenprozessen 1636-1639, Osnabrück 1984.
Klein, U.: In Malefizsachen: Der Osnabrücker Hexenprozeß gegen Catharina Witthaus (1639) und die Supplikation der Gödel Wedinghaus (Osnabrücker Mitteilungen 1985), S. 121 ff.
Lodtmann, F.: Die letzten Hexen Osnabrücks und ihre Richter (Osnabrücker Mitteilungen 1978), S. 97 ff.
Moehmann, D.: Schreiben des Raths zu Osnabrück an den zu Hannover um den Scharfrichter, der geheime Mittel kenne, den Hexen das Geständnis zu entlocken, nach Osnabrück zu senden, 1561 (Mitteilungen des Historischen Vereins, Jg. 3, 1853).
Pohl, H.: 'Wahrhaftige Newe Zeytung'. Ein Beitrag zur Geschichte der Osnabrücker Hexeninquisition des 16. Jahrhunderts, (Osnabrücker Mitteilungen, 1985), S. 177 ff.
Strebel, H.-J.: Die Osnabrücker Hexenprozesse, Osnabrück 1969.
Wilbertz, G.: Hexenprozesse und Zauberglaube im Hochstift Osnabrück (Osnabrücker Mitteilungen 1978), S. 39 ff.

2 Vgl. u.a.:
Kriedtke, P.: Die Hexen und ihre Ankläger. Zu den lokalen Voraussetzungen der Hexenverfolgungen in der Frühen Neuzeit - Ein Forschungsbericht (Zeitschrift für Historische Forschung, 1987, Bd. 14, H. 1), S. 47 ff.
Loth, J.: Von der Folter in die Flamme. Hexenprozesse in Deutschland. (Damals. Das Geschichtsmagazin, H. 10, 1986), S. 831 ff.
Heinemann, E.: Hexen und Hexenglaube: eine historisch-sozialpsychologische Studie über den europäischen Hexenwahn des 16. und 17. Jahrhunderts, Frankfurt am Main/New York 1986.
Honegger, C.: Hexenprozesse und Heimlichkeiten der Frauenzimmer. Geschlechtsspezifische Aspekte von Fremd- und Selbstthematisierung, in: Hahn, A., Kapp, V.: Selbstthematisierung und Selbstzeugnis, Bekenntnis und Geständnis, Frankfurt am Main 1987, S. 95 ff.

und Formen der Massenhysterie. Die Hexe als Gegenbild der Maria, als sündige und sich prostituierende Magdalena, empfing somit im 20. Jahrhundert eine Aufwertung als Märtyrerin, als Opfer einer durch starre religiöse Dogmen und Mythen gekennzeichneten Welt des Aufbruchs in die Frühe Neuzeit. Sie galt als Sündenbock blindlings ausgeübter Machtgelüste einer sterbenden ständischen Gesellschaft.

Ein ernüchternder Blickwinkel scheint angesagt, zudem ein sozialgeschichtlich orientierter Blickwinkel, der Ursache, Ablauf und Funktion dieser Hexenprozesse in den jeweiligen historischen Zusammenhang einordnet und ihnen dabei – in der Berücksichtigung der zeitgenössischen Gerichtsbarkeit und den aus heutiger Sicht grausamen Prozessen selbst, einen angemessenen Stellenwert zuschreibt.

Das Osnabrücker Beispiel eignet sich hier vor allem hinsichtlich der vergleichsweise gut dokumentierten letzten Phase der Hexenverfolgungen in der ersten Hälfte des 17. Jahrhunderts besonders gut dazu, um die Einbindung der Verfolgungen in die politischen, wirtschaftlichen und gesellschaftlichen Verhältnisse aufzuzeigen. Deshalb steht am Beginn dieser kurzen Darstellung auch nicht die Beschreibung des Prozeßablaufes selbst, der vermutlich nur schaurig-schöne und entsetzenerregende Bilder heraufbeschwören würde, sondern das Hexenstatur vom 29. Juli 1639, das deutlich macht, und zwar unmißverständlich, daß Hexenverfolgungen ein kalkulierbares Mittel in der Politik waren. Im fünften Absatz des Hexenstatutes heißt es:

"Das bey bestraffung der Hexerey Sündtt, so viel immermöglich ann Reich und Armen die gleichheit und darunter so wol dero Herrn Obern respect, alß sonsten alle moderation und discretion nach eußrister möglichkeit gehalten, auch mehr etwan auf die vorfallende nothdreeckliche demonstrationes zu des Lasters Abscheu, alß die fast undiensame und sonsten bey diesen hochgefährlichen Kriegszeiten, auff eine Zeit zumahlen ohnmögliche total außreuttung dieses so lange Jahre alhier ungestrafften und dannenhero, bey vorab bey dero Religions verenderung und beschwerlicher Kriegeszeit angeheufften Lasters das absehen gerichtet werden soll."[3]

Hier wird beschlossen, daß immer nur eine bestimmte Anzahl von Frauen und wenigen Männern aus den verschiedenen sozialen Schichten pro Jahr verurteilt werden sollten – der 'Gerechtigkeit' wegen und um ein Zeichen zu setzen, daß Rat und Stadt durchaus fähig waren, wirtschaftliche und soziale Not, die sich durch Krieg, Krankheit und Mißernten ergaben, aktiv zu bekämpfen.

Die Auswahl derjeniger Personen, die verurteilt werden sollten, ergab sich nun nicht nur aufgrund von Denunziationen – denn denunziert wurde nahezu

---

3   Lodtmann, F.: Die letzten Hexen Osnabrücks, S. 198.

jede(r) Einwohner(in) in der Stadt – sondern auch hinsichtlich ihrer Wohnlage, ihrer Vermögensverhältnisse, der gesellschaftlichen und politischen Stellung des Ehemannes bzw. Vaters oder Sohnes, wegen undurchsichtiger Aktivitäten und unkonventioneller gesellschaftlicher Kontakte. Man kann sich in der Analyse dieser Prozesse also nicht auf die Angabe einer einzelnen Ursache beschränken, oder sich gar auf das schicksalsbedingte Zufallsprinzip verlassen.

Heinz Jürgen Strebel hat in seiner 1969 erschienenen Dissertation eine genaue Anzahl der Osnabrücker Hexenprozesse vorgelegt, die ergänzt wird durch einen frühen Aufsatz Lodtmanns in den Osnabrücker Mitteilungen, einen Aufsatz Ulrich Kleins über einen speziellen Hexenprozeß im Jahre 1634, einen kurzen Bericht Herbert Pohls über eine Flugschrift, die Aufschluß gibt über die Hexenverfolgungen des 16. Jahrhunderts und einen Aufsatz Gisela Wilbertz', die unter anderem einen Vergleich zwischen den Hexenprozessen der Stadt Osnabrück und den Hexenprozessen im Hochstift Osnabrück anstellt[4].

Strebel geht nach eigenen Schätzungen davon aus, daß in Osnabrück bis zum Ende des 16. Jahrhunderts etwa 200 Frauen und Männer als Hexen und Zauberer verurteilt wurden. Die genaue Anzahl, auch in der Verteilung von Männern und Frauen, ist nicht feststellbar, weil die meisten Akten, die über Hexenprozesse vor dem 17. Jahrhundert berichten, verbrannt sind[5].

Nach Wilbertz sind nun allerdings die Akten der letzten Verfolgungsperiode von 1636 bis 1638 fast vollständig erhalten. Der Verlauf der beiden vorhergehenden Verfolgungen von 1561 und 1583 bis 1592 läßt sich in etwa rekonstruieren. Sie gibt die Gesamtzahl der zwischen 1561 und 1639 hingerichteten Hexen und Zauberer mit 276 Frauen und 2 Männern an. Daneben sei die Anzahl der wegen sonstiger Delikte zum Tode Verurteilten nicht ins Gewicht gefallen. Deutlich wird hier in der geschlechtsspezifischen Differenzierung, daß vornehmlich Frauen von diesen Verfolgungen betroffen waren[6].

Es erscheint im Folgenden sinnvoll, sich exemplarisch auf die letzte Periode der Hexenverfolgungen von 1636 bis 1639 zu beschränken, die aktenmäßig gut belegt und zudem mit einigen Besonderheiten gekennzeichnet ist, die das traditionelle Hexenbild angreifen können.

Es ist die Zeit des Dreißigjährigen Krieges und der schwedischen Besatzung (seit 1633). Eine Zeit der religiösen und politischen Konflikte im Land und in der Stadt, eine Zeit der Hungersnöte, Krankheiten, der Unsicherheit und Un-

---

4 Vgl. Anmerkung 1.
5 Strebel, H.-J.: Die Osnabrücker Hexenprozesse, S. 22 ff.
6 Wilbertz, G.: Hexenprozesse und Zauberglaube, S. 33 ff.

ruhe, geradezu prädestiniert für ein Wiederaufleben der Hexenprozesse, die über vierzig Jahre lang geruht hatten. Es geht darum, die Rechte der Stadt gegenüber dem Landesherrn zu bewahren und zu festigen – ein Streitpunkt, der immer wieder deutlich wird, wenn die Stadt auf Eingaben der Angehörigen von Angeklagten reagiert und beweisen will, daß einzig und allein die Städtische Administration über den Ablauf der Prozesse zu entscheiden hat. Deutlich wird auch, daß hier die religiösen Auseinandersetzungen zwischen Katholiken und Protestanten keineswegs für die Letzteren zu einer Ablehnung der Hexenprozesse führen, daß hier Inquisitionsverfahren auf anderer Ebene, nämlich im Rahmen der städtischen Gerichtsbarkeit von lutherischen Bürgermeistern und dem Rat der Stadt unterstützt und vorangetrieben werden. Und – um ein weiteres Vorurteil gegenüber den Hexenprozessen abzubauen – angeklagt werden nicht nur arme Frauen aus dem Volk, sondern in starkem Umfang auch Frauen der gehobenen bürgerlichen Schichten, deren Ehemänner und Söhne Geld und Ansehen besaßen. Häufig sind politische Motive erkennbar, die sich über die Anklage weiblicher Familienangehöriger entladen; also geht es in diesem Sinne durchaus nicht nur um eine willkürliche Auswahl der zu Verfolgenden und eine Hetzerei in Form von Massenhysterie, sondern um die Verfolgung kalkulierter Interessen einzelner Gruppen, die ihren Einfluß und ihre Machtbestrebungen ausagieren. In diesem Netz politischer, wirtschaftlicher und sozialer Bezüge entflammen die Hexenprozesse erneut in einer Zeit, wohlgemerkt, die schon deutliche Hinweise einer sich aufklärenden Gesellschaft trägt, auch eines beginnenden politischen Umschwunges, der die Macht der Städte zugunsten der absoluten Herrscher schwinden läßt und dem Bürgertum aus der Religion neue Formen des Wirtschaftens, der Leistungsethik und des Gewinnstrebens vermittelt: Ein sehr früher Zeitpunkt beginnenden Umbruchs und gleichzeitig der Wunsch, althergebrachte Ordnungen festzuhalten.

Nun ist der Hexenprozeß in seinem juristischen und strafrechtlichen Ablauf von der Anklageerhebung bis zur Verurteilung kein individueller Prozeß. Er ist schematisiert, in seinem schuldigsprechenden Ausgang vorprogrammiert (auch die sogenannten 'Hexenproben' ändern daran nichts), und in der Definition der Schuld standardisiert. Weder der Ablauf des Prozesses noch der Einsatz von Folter grenzen diese Hexenprozesse in spezifischer Weise gegenüber anderen Strafprozessen ab; das einzige Unterscheidungsmerkmal besteht lediglich in der Zwanghaftigkeit der Verurteilung über eine mehrmalige Anwendung der Folter, verknüpft mit dem Problem der Beweisführung durch Denunziation **und** Selbstbeschuldigung.

Die einzelnen Tatbestände, die zu einer Kennzeichnung der Hexe führten[7] (Teufelsbündnis, Teufelsbuhlschaft, Umtaufen, Hexentanz, Verunehrung der Sakramente und Malefizien (Schadenzauber)) waren sicherlich weitgehend gleich, wenn auch unterschiedliche Schwerpunkte gesetzt wurden. Die Durchführung der Prozesse gehorchte ebenfalls einem regional leicht differierenden Ablauf. Zunächst einmal mußten Zeugen vorliegen, die einzelne Frauen durch 'Besagung' als Hexe auswiesen. Je mehr Besagungen eine Frau auf sich vereinigte, desto stärker unterlag sie der Gefahr, angeklagt zu werden. Der Rat entschied im Rahmen der Niederen Gerichtsbarkeit über die Apprehension (Abforderung). Die Beklagte wurde in ein Wachthaus vor dem Bocksturm gefangengesetzt und einer sogenannten 'gütlichen Befragung' durch den Rat in Anwesenheit des Scharfrichters unterzogen[8]. In Osnabrück wurde anschließend in dem Fluß Hase die 'Wasserprobe' eingesetzt, die nahezu immer zum Schuldbekenntnis führte, denn alle Angeklagten schwammen dabei aufgrund physischer Gesetzmäßigkeiten auf dem Wasser bzw. wurden von dem Seil des Scharfrichters an der Oberfläche des Wassers gehalten.

Erst dann schloß sich, wenn kein Schuldbekenntnis vorlag, das 'peinliche Verhör' an, das aus einer Territion (Schreckung) und bei weiterer Weigerung anschließender Folter bestand. Art und Ausmaß der Folterung war dabei nicht exakt vorgeschrieben und differierte im konkreten Fall[9]. War auch nach der ersten Folterung, die sich vom Nachmittag oder Abend bis Mitternacht oder zum nächsten Morgen hinziehen konnte, kein Geständnis erfolgt, wurde diese fortgesetzt, bis es zu einer Ratifizierung und Verifikation des Geständnisses kam, das formal nicht während einer Folter, sondern erst danach protokolliert werden durfte.

Erst dann kam es zu einer Anklageerhebung, gegen die keine Berufung zulässig war. Eine Begnadigung war nur möglich hinsichtlich der Form der Hinrichtung und Bestattung. Besaßen die Angehörigen genug Geld, konnten sie eine heimliche Enthauptung und 'ehrenvolle' Bestattung auf dem Friedhof erreichen. Die Kosten des Verfahrens mußten, soweit möglich, die Angehörigen selbst tragen.

Nun war zwar offiziell keine Berufung möglich; trotzdem unternahmen vereinzelt Angehörige der Beklagten den Versuch, im Rahmen politischer Differenzen und juristischer Unklarheiten Einfluß auf den Verlauf der Prozesse zu nehmen, was allerdings aufgrund des Bestrebens des Rates nach Autonomie der Entscheidung in allen Fällen negativ verlief.

---

7   Strebel, H.-J.: Die Osnabrücker Hexenprozesse, S. 61 ff.

8   Ebenda, S. 86.

9   Ebenda, S. 87.

Deutlich wird in diesen Versuchen allerdings, daß die Prozesse nicht mehr selbstverständlich hingenommen wurden; eine praktische Fortsetzung erfuhren damit die Stimmen, die sich schon im 15. und 16. Jahrhundert gegen die Hexenprozesse ausgesprochen hatten.

Im folgenden werden nun die wohl bekanntesten Hexenprozesse des 17. Jahrhunderts herausgenommen, die im Juli des Jahres 1636 eingeleitet wurden: der Prozeß gegen die Frau des Apothekers Heinrich Ameldung, Anna Ameldung, geborene von der Hude und die 82jährige Ratsherrenwitwe Anna Modemann, die Mutter des Bürgermeisters Modemann, der vor dem amtierenden Bürgermeister Dr. Peltzer starken politischen Einfluß in der Stadt gehabt hatte[10].

Die beiden Frauen gehörten zu den angesehensten Familien der Stadt und ihre Anklage ist nur im Zusammenhang politischer und privater Konflikte zu sehen. Daneben wurden auch von den 65 aktenmäßig belegbaren Osnabrücker Hexenprozessen des 17. Jahrhunderts Frauen aus dem 'einfachen Volk' wie z.B. Maria Bodeker, eine Dienstmagd Dr. Peltzers, hingerichtet[11].

Versuchen wir nun eine Rekonstruktion der Ereignisse des Jahres 1636 mit Hilfe der Darstellungen Lodtmanns und Strebels. Die konkrete Begebenheit, die zu einer Anklage Anna Ameldungs führte, ist durch einen Bericht ihres Ehemannes überliefert. Sie läßt sich allerdings nicht nur, wie es Strebel interpretiert, als Beispiel dafür anführen, 'welche kleine und unbedeutende Anlässe in der Zeit des Hexenwahns genügten, um einen Menschen zu vernichten', sondern verweist darüber hinaus auch auf die relative Beliebigkeit der Verdächtigungen, die ja zeitgleich vermutlich gegen eine ganze Reihe von Frauen in Osnabrück geführt wurden. Sie erklärt allein keineswegs, warum Anna Modemann und nicht eine andere Frau herausgegriffen wurde.

Doch zunächst der Bericht, wie ihn Strebel wiedergibt. Ein Vetter des Apothekers Ameldung hatte 1636 Verwandte auf der Schaumburg besucht.

"Bei einem der täglichen Zechgelage unter den männlichen Mitgliedern der Verwandtschaft, einem Amtmann und einem Amtsschreiber, erlaubten diese sich mit dem etwas einfältigen Rüdiger Vortkamp einen Scherz. Sie erzählte ihm, in letzter Zeit seien einige Hexen im Amt Schaumburg verbrannt worden. Diese hätten bekannt, sie seien mit etlichen Frauen aus Osnabrück und Münster in der Nähe von Essen auf Tanz gewesen. Die Mindener Frauen hätten das Bier und die aus Münster das Brot mitgebracht. Außerdem hätte eine Hexe eine Büchse mit Konfekt mitgebracht. Die Büchse habe die Initialen H.A. getragen.

---

10   Vgl. Strebel, H.-J.: Die Osnabrücker Hexenprozesse, S. 28 ff. und Lodtmann, F.: die letzten Hexen Osnabrücks.

11   Ebenda, S. 134.

Der leichtgläubige Vortkamp glaubte seinen Zechgenossen diese Geschichte. Schon auf dem Heimweg brachte er sie in Minden und Lübbecke, sowie an jedem Ort, den er auf seinem Wege berührte, unter das Volk. Auch nach seiner Ankunft in Osnabrück hatte er nichts Eiligeres zu tun, als die Geschichte jedem, der sie hören wollte, zu erzählen. Ameldung, der schon von einigen Leuten gefragt worden war, ob die Erzählung Vortkamps wahr sei, stellte den Vetter zur Rede. Er erklärte ihm, daß er eine mit H.A. beschriftete Büchse gar nicht besitze. Gleichzeitig befahl er ihm, beim nächsten Mal die fragliche Büchse mitzubringen, bis dahin aber sollte er schweigen.

Kurz darauf reiste Vortkamp abermals nach Schaumburg und berichtete dort den Verwandten, daß Heinrich Ameldung die Büchse zu sehen wünsche. Um zu zeigen, daß alles nur ein Scherz war, füllten die Schaumburger Verwandten einen alten silbernen Krug mit Kuhdreck und anderem übelriechendem Unrat, verpackten ihn gut und versahen ihn mit einem alten schaumburgischen Siegel. Dann steckten sie dem Vetter das Paket in sein Reisegepäck und trugen ihm auf, das Konfekt gut zu verwahren... Als Vortkamp bei Ameldung ankam und sie das Paket gemeinsam auspackten, verbreitete sich ein so übler Geruch, daß - wie Ameldung schreibt - 'kein Mensch hat dazu räuchern wollen'."[12]

Diese Geschichte verbreitete sich rasch in der Stadt. Am 1. August 1636 wurde Anna Ameldung verhaftet, da sie zudem von mehreren Frauen 'besagt' worden war, unter anderem von einer in ihrem Dienst stehenden Amme. Lodtmann gibt nun ergänzend Hinweise darauf, warum Anna Ameldung vermutlich zuerst angeklagt wurde.

"Ihr Ehemann mochte im Rathe nicht so viele Freunde besitzen. Als Kürgenosse hatte Ameldung vor einigen Jahren die dem Bischofe Franz Wilhelm genehmen Staträthe mitgewählt und war selbst als Ratsherr aus dieser Wahl hervorgegangen."[13]

Politische Querelen mögen neben der guten wirtschaftlichen Lage Ameldungs dazu beigetragen haben, seine Ehefrau vor Gericht zu stellen – wohlgemerkt nicht ihn selbst, sondern ein ihm nahestehendes weibliches Mitglied seiner Familie. Noch deutlicher treten die politischen Ursachen, die zur Anklage führen konnten, in der gleichzeitig mit Anna Ameldung verhafteten Mutter des ehemaligen Bürgermeisters Modemann zutage. Peltzer war durch Vermittlung des amtierenden Bürgermeisters Modemann im Jahre 1634 zum Syndikus der Stadt bestellt worden.

"Modemann aber, welcher gleichfalls während der Herrschaft Franz Wilhelms in freiwilliger Verbannung gelebt hatte, nach dem Abzuge des Fürstbischofs jedoch wiederum zum ersten Bürgermeister der Stadt bestellt war, wurde bei der alljährlich eintretenden Rathswahl im Anfange des Jahres 1636 nicht wieder zum Bür-

---

12   Ebenda, S. 28.
13   Ebenda, S. 113/114.

germeister gewählt, sei es, weil er dieses selbst wünschte, sei es weil er durch die zu Peltzer haltende Volkspartei verdrängt wurde ... Mochte der Wechsel des Bürgermeisteramtes schon einige Mißstimmung zwischen dem abgetretenen und dem regierenden Bürgermeister erzeugt haben, so boten andere Principstreitigkeiten noch mehr die Gelegenheit, ein gespanntes Verhältnis zwischen beiden herbeizuführen. Modemann hatte als erster des alten Rathes, Mittheilung der Verdachtsgründe an den Vertheidiger der Angeklagten und Zulassung der Vertheidigung vor der Tortur verlangt, Peltzer aber dieses Verlangen mit Geringschätzung unbeantwortet gelassen. Überdies hatte Modemann die Zulässigkeit der Wasserprobe bei den Hexenprozessen entschieden bekämpft."[14]

Daß sich aufgrund der Verhaftung dieser beiden Frauen Probleme ergeben würden, wurde vom Rat wohl gesehen, führte allerdings trotz der Eingaben des Ehemannes der Anna Ameldung und des Sohnes von Anna Modemann nicht zu einer Einstellung des Verfahrens. Sie wurden vielmehr als Beweis dafür genutzt, daß gegen Arme und Reiche mit gleicher Härte und Strenge vorgegangen werde, d.h. keine sozialen Unterschiede gemacht würden.

Versuchen wir nun den Prozeßverlauf in drei Richtungen zu verfolgen: die Reaktion der Betroffenen selbst, die der Angehörigen und des Rates, nachdem vorab der zeitliche Ablauf des Prozesses dargelegt wird.
Am 1. August 1636 werden die beiden Frauen neben anderen verhaftet und am selben Tage noch ihren 'Besagerinnen' gegenübergestellt, die sie einhellig als Hexen denunzieren. Am 3. August wird von Bürgermeister Dr. Peltzer die Angelegenheit dem Rat und den Ständen vorgetragen. Erst acht Wochen nach der Verhaftung wird die 'Wasserprobe' an den beiden Frauen angewendet. Ein ungewöhnlich langer Zeitraum liegt zwischen Verhaftung und 'Wasserprobe', der angefüllt ist mit den Versuchen der Angehörigen, den Prozeß zum Stocken zu bringen. Am 20. September 1636 fassen Rat und Stände den Beschluß, trotz aller Eingaben das Verfahren weiterzuführen. Am selben Tage wird die 'Wasserprobe' durchgeführt, am 22. und 26. September und 5. Oktober finden dann getrennte Verhöre statt, die mit Folterungen verbunden sind. Dabei gestehen beide Frauen die ihnen angetragenen Verfehlungen. Am 7. Oktober sollen sie vor das öffentliche Halsgericht zitiert werden. Heinrich Ameldung nimmt das teuer bezahlte Angebot des Rates an, daß gegen seine Frau unter Ausschluß der Öffentlichkeit gerichtet wird. Am 8. Oktober wird Anna Ameldung um vier Uhr morgens wiederum unter Ausschluß der Öffentlichkeit geköpft. Anna Modemann dagegen wird am 7. Oktober zusammen mit 7 anderen Frauen öffentlich verurteilt und hingerichtet.

---

14   Lodtmann, F.: Die letzten Hexen Osnabrücks, S. 114/115.

Wie sich die beiden Frauen während ihrer Verhaftung fühlten und verhielten, ist über die Darstellungen Strebels und Lodtmanns, wenn auch nur ungenau und punktuell zu erschließen. Sie verlieren beide ihre anfängliche – vor allem bei der 82jährigen Anna Modemann deutlich erkennbare – wütende und empörte Haltung während des Prozeßablaufes vollständig, wenn sie auch vermutlich zwischenzeitlich immer wieder durch die Unternehmungen ihrer Angehörigen Mut fassen[15].

Beide Frauen erklären sich zu Beginn der Untersuchung für unschuldig. Anna Modemann beschimpft offensichtlich ihre Ankläger recht heftig und auch Anna Ameldung bezeichnete ihre 'Angeberinnen' als Lügnerinnen. Über die Zeit der achtwöchigen Haft, die zwischen Anklageerhebung und 'Wasserprobe' liegt, ist wenig zu erfahren. Anna Ameldung schickt die silbernen Haken ihres 'Schnurmiders' nach Hause, was ihr als erneuter Beweis der Schuld ausgelegt wird, wohl aber daraus resultiert, daß sie diese nicht, wie andere Wertgegenstände, dem Scharfrichter in die Hände fallen lassen möchte. Während der achtwöchigen Haft ist ein Kontakt zwischen den Angeklagten und ihren Angehörigen möglich. Vermutlich setzt da schon der Prozeß der Entmutigung durch die Haftbedingungen, die sich gänzlich von den bekannten Lebensbedingungen unterschieden, ein. Die 'Wasserprobe' als entwürdigender Akt des Schuldbeweises – beide Frauen werden entkleidet (für Schaulustige sichtbar), an Händen und Füßen zusammengebunden und in die Hase geworfen – bereitet sie dann schon darauf vor, ihre Situation als ausweglos zu empfinden. Das Gottesurteil geht gegen sie aus und als gläubige Frauen können sie sich vielleicht sogar diesem Zeichen nicht gänzlich entziehen.

Die entwürdigende und zudem schmerzhafte und schreckenerregende Behandlung setzt sich in den folgenden Wochen durch die erfolterten Geständnisse fort. Beide Frauen brechen zusammen. Anna Ameldung schon sehr früh, als sie mit entblößtem Oberkörper gegeißelt wird, Anna Modemann wahrscheinlich erst im weiteren Verlauf der Tortur. Sie stimmen dann, ganz entsprechend den Erwartungen, allen Suggestivfragen zu und wissen wahrscheinlich schon sehr deutlich, daß sie nur noch der Tod erwartet. Wenn Anna Modemann ihren Sohn flehentlich bittet, doch der heimlichen Verhandlung und Exekution zuzustimmen, wird die Veränderung in der Einschätzung der eigenen Lage ganz offensichtlich: es geht nicht mehr um Schuld oder Unschuld, Rechte und Pflichten gegenüber den Kindern, sondern nur noch darum, möglichst schnell und schmerzlos zu sterben. Die Widerstandskraft ist gebrochen, obgleich weder die Angehörigen noch die Angeklagten

---

15 Ebenda, S. 128 ff.

selbst ihre Schuld einsehen und dem psychologischen Wahn der Selbstbezichtigung verfallen, also verrückt werden.

Wenig genug läßt sich hier zusammentragen, das Auskunft gibt über den Umgang der Frauen mit ihrer Anklage. Ihr anfänglicher Widerstand, möglicherweise auch ein Resultat ihrer vormaligen hohen gesellschaftlichen Stellung, bricht mit der ersten körperlichen Züchtigung zusammen. Hierin unterscheiden sie sich vermutlich nicht von dem größten Teil der als Hexen angeklagten Frauen.

Der Widerstand ihrer männlichen Angehörigen allerdings bleibt, wenn auch bei Modemann und Ameldung unterschiedlich, noch über das Prozeßende hinaus wirksam. Beide versuchen, mit allen ihnen zur Verfügung stehenden rechtlichen und gefühlsbestimmten Aktionen, gegen den Rat und die Stände als Verantwortliche vorzugehen. Innerhalb dieses Rechtskampfes, der auch ein politischer Kampf ist, scheitern sie letzendlich an der starren Haltung des Rates, dem es vornehmlich um den Beweis seiner alleinigen Verfügungsgewalt geht.

Schon einen Tag nach der Verhaftung bittet Modemann im Einvernehmen mit Ameldung den Rat um Mitteilung der gegen beide Frauen erhobenen Verdachtsgründe. Modemann verlangt zudem die Verschickung der Indizien an unparteiische Rechtsgelehrte, von denen auch eine Rechtsbelehrung darüber eingeholt werden soll, ob das beabsichtigte Wasserbad zulässig sei. Dies wird aufgrund der herrschenden Rechtspraxis abgelehnt. Danach wenden sich beide an die landesfürstlichen Räte, die verfügen, daß die Sache vor dem Spruchkollegium einer Universität entschieden werden soll. Auch dagegen protestiert der Rat und beruft sich dabei auf ein Gerichtsprivileg von 1172, das ihm selbst die oberste Gerichtsbarkeit in peinlichen Sachen zusprach[16].

Der Stadthalter Münzbruch stimmt dem Rat zu und hebt damit das landesfürstliche Edikt auf. Modemann und Ameldung richten weitere Eingaben an den Rat und die Kanzlei des Landesfürsten und lassen die Rechtsgutachten, die der Rat verweigert, mit eigenen finanziellen Mitteln erstellen. Diese fallen grundsätzlich zu ihren Gunsten aus. Der Rat beharrt jedoch weiterhin auf seiner Position. Die Auseinandersetzungen eskalieren auch auf der Ebene der persönlichen Konflikte zwischen Modemann und dem amtierenden Bürgermeister Peltzer. Ersterer dringt in die Amtsstube des Bürgermeisters ein und 'beschimpft ihn übel'.

---

16 Strebel, H.-J.: Die Osnabrücker Hexenprozesse, S. 31.
Vgl. für die folgenden Ausführungen:
Lodtmann, F.: Die letzten Hexen Osnabrücks, S. 116 ff.

Am 3. September werden Bürgermeister und Rat von dem schwedischen Konsul verpflichtet, nichts gegen die beiden Angeklagten zu unternehmen, bis alle Indizien 'wie es rechtens' sei, erörtert wären. Der Rat hält sich nicht an diese Aufforderung, sondern beschließt am 20. September die Fortführung der Prozesse. Der letzte Befehl Gustav Gustavssons vom 1. Oktober, den Prozeß bis zu seiner Rückkehr nach Osnabrück auszusetzen, wird nicht befolgt bzw. erreicht den Rat zu spät, denn am 6. Oktober wird die Verurteilung der Frauen beschlossen. Eine auf Betreiben Modemanns nachträglich eingereichte Beschwerde Gustav Gustavssons beim schwedischen Hof bleibt ohne Wirkung, da sich Bürgermeister und Rat an den Reichskanzler gewandt haben, der zur Mäßigung rät, d.h. den Status Quo als gegeben hinnimmt.

In dieser letzten Phase der Auseinandersetzungen trennen sich die Wege Modemanns und Ameldungs endgültig. Ameldung verpflichtet sich, nichts gegen den Rat der Stadt zu unternehmen. Modemann tritt in schwedische Dienste ein und betreibt von dieser Position aus, die ihn der Gerichtsbarkeit der Stadt entzieht, einen weiteren Kampf gegen Bürgermeister und Rat der Stadt.

Die Haltung des Rates bleibt während des gesamten Prozeßverlaufes – und hier ist die Person des Bürgermeisters Dr. Peltzer sicherlich entscheidend – unverändert. Dies resultiert vermutlich aus dem exemplarischen Charakter, den diese Hexenprozesse im Rahmen der städtischen Politik haben; sie dienen insbesondere dem Nachweis, daß die Stadtrechte gegenüber den landesfürstlichen Rechten und Reichsgesetzen über die Strafgerichtsbarkeit Vorrang haben. Es ist eindeutig ein politischer Kampf, hinter dem das Schicksal der beiden Frauen zurücktritt. Die Eingaben Modemanns und Ameldungs bewirken lediglich einen Prozeßaufschub. Der Prozeß selbst wird angesichts der Gefahr landesherrlicher Eingriffe beschleunigt durchgeführt, um eine faktische Lösung durch die Verurteilung und Hinrichtung der beiden Frauen zu setzen.

2. Von Liebe, Ehescheidung und unehelichen Müttern. Ein Paradigma bürgerlicher Geschlechterbeziehungen im 18. und beginnenden 19. Jahrhundert

Vor dem Osnabrücker Niedergericht wird im Jahre 1820 folgender Fall behandelt[1]: Ein junges Mädchen, 18 Jahre alt, wird in der Stadt aufgegriffen, weil sie kein Geld mehr hat, um ihre Unterkunft bezahlen zu können. Nach Befragung ergibt sich, daß dieses junge Mädchen, das sich selbst Frau von Hochdahl nennt, in Wirklichkeit Caroline Charlotte Financé heißt und die Tochter des Königlichen Staats-Prokurators Financé aus Cleve ist. Sie hat sich, zusammen mit einem Mann, dem Buchhalter Holle, der 33 Jahre alt ist und schon wegen verschiedener 'Betrügereyen' gesucht wird, heimlich von zu Hause entfernt. In dem Verhör durch den Polizei-Commissär gibt sie zwei Gründe für ihre Flucht an: zum einen seien ihr die Geschwister immer vorgezogen worden und zum andern sei der Vater mit ihr 'zu strenge' gewesen. Sie betont, daß sie mit dem obengenannten Holle keine 'liaison', d.h. wahrscheinlich kein sexuelles Verhältnis eingegangen ist. Sie wird vorläufig, bis Nachricht von ihren Eltern eintrifft, in einem Zimmer des Wirtes Gößmann untergebracht mit der Auflage, sich nicht aus diesem zu entfernen. Sie hält sich allerdings nicht an diese Absprache, sondern versucht mit Holle zu entkommen. Als besonders unmoralisch wird ihr zudem angelastet, daß sie darüber hinaus in Osnabrück eine neue Bekanntschaft mit einem Mann eingeht, der 'sich nicht empfiehlt' und sich vielleicht ein Vergnügen daraus macht, dem Mädchen zu Hilfe zu kommen.

Charlotte Financé entstammt einem gutbürgerlichen Elternhaus. Der Vater ist staatlicher Beamter. Die Motive, die ihren Ausbruch bestimmen, liegen ihrer eigenen Darstellung nach in der Unverträglichkeit häuslicher Erziehung und nicht in einem schwärmerischen Liebesverhältnis begründet. Es ist wichtig für sie, ihre sexuelle Unversehrtheit zu betonen und damit ihre Unschuld und Naivität in den Vordergrund zu rücken. Nun läßt sich an dem Wahrheitsgehalt ihrer Aussagen zweifeln. Möglicherweise baut sie in ihrer Argumentation Jugend und Unschuld sowie gutbürgerliche Herkunft bewußt ein, um sich vor Verfolgung zu schützen. Andererseits kann sie auch, aufgewachsen in einem wohlbehüteten Klima von Unwissenheit, tatsächlich so naiv gewesen sein, daß sie die Tragweite ihres Handelns nicht durchschaut. Zumindest aber wird an diesem Beispiel deutlich, daß auch Töchter aus den bürgerlichen Schichten den Ausbruch aus der Familie vollzogen und eben nicht in jedem

---

1   StArch Os., Dep. 36 Stadt Osnabrück IX Niedergericht, No. 1002. Untersuchung gegen Holle (wegen Verführung eines Mädchens und Betrügerey) 1820.

Fall im Elternhaus blieben, bis sie heirateten. Der Buchhalter Holle muß darüber hinaus – das wird aus den Briefen der Charlotte Mühlenfort aus Hannover deutlich – ein Mann gewesen sein, dem die Herzen der Frauen zugetan waren. Die beiden Briefe, die sie ihm und einem Herrn Meyer in das Gefängnis am 31. Mai und 13. Juni 1820 schreibt, lassen erkennen, wie stark sie Holle liebt. Die Briefe verweisen auch auf den relativ hohen Bildungsstand Charlotte Mühlenforts und eine schwärmerische Grundhaltung der Empfindsamkeit, die in der alles verzeihenden Weiblichkeit kumuliert. Ihre beiden Briefe werden im folgenden vollständig zitiert, da sie Einblicke in die 'weibliche' Denkweise einer Geliebten geben, die vermutlich auch als unverheiratete Frau sexuelle Beziehungen zu ihrem Auserwählten unterhielt.

Die gesamte Konstellation ist aus der Zeit heraus gesehen sittenwidrig, ähnelt eher den Figuren eines literarischen Schauspiels und spiegelt demnach auf der Schablone gesellschaftlicher Moral die andersartige Lebensrealität als eine mögliche wider.

31. Mai 1820

Herrn Meyer in Osnabrück

So wie es Tage, Stunden und Augenblicke giebt, deren Werth nur die Erinnerung zu bestimmen vermag, so gibt es Momente, wo man das Gräßliche den Dolch so tief in das zerrissene Herz stößt, daß nichts ihn hervor zu ziehen vermag, und ein solcher Augenblick war nämlich der, wo sie mir sagten, Holle sey nicht mehr frey; weil ich mir zugleich den Vorwurf machte, ihn verrathen zu haben. Tausend Vorwürfe aber mache ich H. in meinem Herzen wegen seines ganz unerklärlichen Leichtsinns, er ganz allein ist Schuld an allem was das Geschick über ihn verhängt, und nie kann er es verantworten, so gehandelt zu haben. Doch wie leicht ist es für andere weise zu seyn! Wie mancher strenge Moralist trägt mit hoher Weisheit im Auge, mit unbefleckter Tugend im Munde Thorheit und Laster im Herzen, verdammt jeden Menschen und ist doch nicht im Stande selbst menschlich zu fühlen. Sei ein jeder was er seyn kann! Menschlichkeit ist besser als Weisheit.

Sie wünschen von mir das Buch zu haben, welches ich Ihnen hierbei übersende, es enthält 19 beschriebene pag..Von Hollens Zeuge kann ich Ihnen durchaus keine Auskunft geben. Einige alte Hemden und einen alten Hut habe ich noch das steht gern jedem zu Dienste, wer es haben will, übrigens kann er das, was er nicht mehr hat gern verkauft haben, da er kein Geld hatte und auf dem Weg hierher noch die Zeche schuldig geblieben war; auch sagten sie ja selbst, er habe keinen

Kleiderrock angehabt, so muß er ihn wohl unterwegs gelassen haben. Da er hat mit jenem Mädchen auf und davon wollen; so glaube ich immer, die muß besser um seine Sachen Bescheid wissen als ich. Fordert der Schneider aber für einen Rock und eine Hose zu machen 10 Rth. so muß ich glauben, er denkt jetzt fordern zu können, was ihm beliebt. Über meine Kosten und andere Kleinigkeiten die H. von mir hat will ich gar nicht disponieren. Sollte es ihm oder sonst jemandem aber einfallen mir dieses schicken zu wollen, so ersuche ich Sie Herr Meyer recht sehr dieses nur in Verwahrung zu nehmen, Recht sehr ersuche ich Sie aber um die Güte, daß Sie den Herrn unter welchen H. dort steht in meinem Nahmen um die Briefe ersuchen, die von mir dort in seiner Brieftasche sind und sie mir bei Gelegenheit zukommen zu lassen, übrigens nehmen Sie alles von mir in Verwahrung, es sey, was es will.

Wundern soll mich's was aus der Geschichte wird, wahr ist es, man sollte nie anders lieben als ob man täglich dahin kommen könnte zu hassen, verlohrenes Glück der Liebe thut weh – doch süß ist dieser Schmerz gegen das Gefühl betrogenen Glaubens und kömmt der Pfeil von der Hand des Geliebten – auch dann bringt uns keine irdische Zukunft den geraubten Frieden wieder zurück.

Haben Sie Herr Meyer eine müßige Stunde, so schreiben Sie mir doch mal, wie es dort steht, ich bin doch neugierig wie es abläuft.

Leben Sie wohl.
Ihrem Andenken empfiehlt sich   *Dorette Mühlenfort*

Hannover 24. May 20.

Hannover, den 13. Juny 1820

Gestern war erstarrende Kälte, die Kälte des Todes dringt durch meine Seele. Schmerzlich! Schrecklich! Daß ich Dir auch jetzt wieder unter solchen Verhältnissen schreiben muß. – Finstre Nacht wallet um den Geliebten. O mein Gustav, was ist aus Dir geworden! Zwischen Furcht und Hoffnung, langen Zweifeln und bessern Aussichten wirken meine Tage einförmig dahin. Da steht sie, die schon bleiche Sonne auf dem Aschenhügel, der zusammenbrechen läßt und fordert den Zoll dafür. – Ach alle die in meinem Herzen waren haben nun nichts darin zurück gelassen, als schwarze Dornen, und ihr Rosenduft war so bald zerlaufen – in eben deren Sonnenblick wächst den schon die Gewitterwolke, und wenn es um uns glänzt, so bewegt sich nur das wiederschimmernde Schwarz, das der künftige Tag gegen den freudigen Busen zieht. Aber mag es noch so dunkel um uns seyn, die Finsternis ist nicht ohne Hoffnung, gäbe es keine Vorsehung, wenn wir ver-

zweifeln müßten? – Doch verzweifle ich nicht, denn, hast du auch unerhört leichtsinnig gehandelt, so kann ich mir doch unmöglich denken, daß dem unlautere Gedanken zugrunde lagen. Bist du frei von Schuld, so gelob ich es Dir, mein bester Gustav, noch einmal im Angesicht des Himmels, nie auch in meinem Herzn der Gedanken an einen andern zu seyn, was ich dir bin, Gustav, ist es aber mehr, daß eine Andere dein Herz gefesselt hat, dann stoß sie nur den Dolch mit einem mal in das blutende Herz damit es nicht mehr schlägt. Sagt dein eigenes Herz dir nicht, daß du mir unrecht thust, so soll nie wieder ein Vorwurf dich daran erinnern. Ich verliere den Glauben an Dich nicht eher, bis ich vom Gegentheile überzeugt bin....

Kaum warst Du einige Tage von hier so kam der Obrist v.Sch. zu mir. Ich wunderte mich, nachdem was vor 2 Jahren unter uns vorgefallen war ihn wieder zu sehen, er ist in Schwachhausen und hatte die ganze Litanei vom Hauptmann gehört. Welche Hoffnungen gingen in meinem Herz auf!! O!! Und jetzt – Wie ist das alles plötzlich anders geworden! Thränen können meinem gepreßten Herzen Luft machen – und das seinige gehört vielleicht – doch mir! es ist möglich, daß ich irren werde, auch diese Möglichkeit ist mir zu theuer, als daß ich mich gegen sie versündigen mag. Gott ist mit dir, mein bester Gustav, mein Gebet steigt mit Inbrunst für Dich zum Himmel, der meinen Schmerz, meine Thränen um dich besser kennt und versteht, als Menschen mit ihrer Macht und Ohnmacht. Bedarfst du etwas, so schreib es mir, aber auch ohne Beruhigungen wenn du darfst bald einige Zeilen.

Deine unglückliche Dorette

Verbleiben wir im Rahmen des als unmoralisch und unsittlich gekennzeichneten Verhaltens von Frauen, wechseln allerdings die soziale Schicht: vom Beamten bzw. gehobenen Bürgertum zum Kleinbürgertum. Es handelt sich um die uneheliche Geburt eines Mädchens, Tochter der Juliane Knieziehn, deren Mutter Marie Agnes Witwe ist und in der Alten Münze Nr. 31 wohnt[2]. Vor Gericht verhandelt wird im Jahre 1819 nicht die Tatsache der unehelichen Geburt selbst, oder daß die Mutter den Namen des 'Schwängerers' nicht angeben will, sondern einzig und allein die Unkenntnis der Mutter, die nicht bemerkt haben will, daß ihre Tochter schwanger ist. Verhandelt wird die Tatsache, daß der Geburtsablauf unkontrolliert, ohne Hinzuziehung der Hebamme oder eines Arztes erfolgt ist, die laut gesetzlicher Bestimmung als einzige berechtigt sind, die Geburt des Kindes anzuzeigen.

---

2   Ebenda, Dep. 3 b, Stadt Osnabrück, IX Niedergericht, No. 1012 (1819).

Die Befragung der Mutter durch den Polizeimeister erinnert in der Art der Befragung an die hochnothpeinlichen Verhöre der der Hexerei beschuldigten Frauen, wenn auch hier die Inhalte andere und Foltermethoden auszuschließen sind.

"Befragt:
Ob sie gar keine Anzeichen der Schwangerschaft wahrgenommen?
dieselbe:
das ihre Tochter seit langer Zeit gekrampft, und sie daher der festen Meinung gewesen sey, daß alle ihre Unpäßlichkeiten sich auf so etwas als jetzt zur Frage stehe, nicht gründeten, zumahl als sie einen Arzt gebracht und auch dieser nämlich der Herr Fabian dergleichen nicht geahndet habe.
Befragt: bey wem ihre Tochter bislang über Nacht geschlafen habe?
dieselbe:
daß sie mit ihr in einem Bette geschlafen und dennoch nicht bemerkt habe."

Es bleibt unklar, ob es sich im Falle der mütterlichen Aussage um taktisches Kalkül oder reale Unwissenheit gehandelt hat. Die Mutter will, obgleich sie mit ihrer Tochter das Bett teilt – was durchaus nicht ungewöhnlich war – nichts von der sexuellen Beziehung ihrer Tochter zu dem Schneidergesellen und der daraus folgenden Schwangerschaft gewußt haben, ganz davon abgesehen, daß auch die Tochter selbst so dargestellt wird, als habe sie nichts davon gemerkt.

Was hätten nun allerdings die Motive von Mutter und Tochter sein können, die Schwangerschaft zu verbergen?

Die Hoffnung, daß es in der Zukunft doch noch zu einer Eheschließung kommen könne? Mögliche Versuche, das Kind abzutreiben oder auf eine Fehlgeburt oder Totgeburt zu warten? Dann hätten sie vermutlich nicht den Arzt in dieser letzten Phase hinzugezogen. So unwahrscheinlich es heute auch klingen mag – es ist durchaus denkbar, daß keine der beiden Frauen die Schwangerschaft bemerkt hat, die Mutter vielleicht, weil sie es nicht denken wollte und die Tochter, weil sie wirklich nicht wußte, daß sie ein Kind erwartete, denn der Zeugungsprozeß in seinem biologischen Ablauf war unbekannt und alle auf eine Schwangerschaft hindeutenden Zeichen konnten verleugnet werden. Es gibt eine Reihe von Beschreibungen, aus denen hervorgeht, daß die nächste Umwelt einer Schwangeren nichts von deren Zustand gemerkt hat. Kindsmörderinnen geben an, daß sie selbst von der Geburt überrascht gewesen seien und in Panik die Schreie des Neugeborenen verhindern wollten und es dabei erstickten. Man muß, auch wenn man diese Stellungnahmen kritisch betrachtet, wohl auch zugeben, daß sie in einzelnen Fällen auf einer subjektiven wahrheitsgemäßen Darstellung der Betroffenen beruhten.

Das Gericht entschied dann auch in diesem konkreten Fall und sicherlich auch deshalb, weil das Kind lebte, für die Angeklagten.

"Daß sie aber nicht eher als die Geburt eingetreten, damit bekannt geworden, somit seint sie, kann man nach demjenigen, was der Herr Dr. Fabian darüber referiert noch als ziemlich sicher annehmen."

Wenden wir uns nun in einem dritten Beispiel zu: dem Verhältnis zwischen Dienstherrn und Dienstmagd, das es häufig gegeben hat, und das nicht selten von Beschuldigungen und sexueller Hörigkeit gekennzeichnet war.

Erstaunlich ist, daß einige dieser Dienstmädchen das Recht in Anspruch nahmen, gegen ihren Dienstherrn wegen Verleumdung, Schwängerung und uneingelöster Eheversprechen sowie unrechtmäßiger Entlassung zu prozessieren, obgleich sie in den meisten Fällen weder lesen noch schreiben konnten und sich durch eine geeignete Person vertreten lassen mußten.

So klagt im Jahre 1832 Marie Engel Osterbrink gegen ihren Dienstherrn, den Dechanten Herrn von Bruchhausen 'in puncto iniuria'[3]

In der Stadt hat sich das Gerücht verbreitet, daß sie mit ihrem derzeitigen Dienstherrn 'unerlaubten Umgang', d.h. sexuellen Verkehr gehabt habe. Sie begibt sich daraufhin selbst zu dem Dechanten, um aus seinem Munde die Anschuldigungen zu hören. Er behauptet daraufhin, er könne sogar Zeugen dafür aufweisen. Im Laufe eines langwierigen Prozesses, der sich bis zum Jahre 1836 hinzieht, nimmt Herr von Bruchhausen seine Behauptungen immer mehr zurück, die er gar nicht belegen kann. Marie Osterbrink läßt sich also offensichtlich nicht von der höheren gesellschaftlichen Stellung ihres Dienstherren von ihrem Vorhaben abbringen, ihre sittliche Unschuld auch über das Gericht wiederherstellen zu lassen.

Hilflos hingegen bleibt eine im Jahre 1786 im Zuchthaus verstorbene und als Kindsmörderin verurteilte junge Frau namens Wilhelmine Meyer[4]. Ihr steht niemand zur Seite. Sie kommt Ostern 1782 nach Osnabrück, dient zunächst ein halbes Jahr lang bei Frau Westerkamp, dann 'einige Wochen' bei Rebmann, dann bei Brunemann. Sie stammt aus Gesmold, ist evangelisch und hat in ihrem Heimatort noch eine Mutter und zwei Schwestern als Anverwandte. Sie wird von einem Soldaten geschwängert und bringt ihr Kind ohne ärztliche Hilfe zur Welt. Sie gibt an, am Morgen aufgestanden, von dort in den Garten gegangen und dort ein Kind zur Welt gebracht zu haben. Sie legt das Kind in

---

3   Ebenda, Rep. 703, No. 352. Maria Engel Osterbrink - Herrn Dechant v. Bruchhausen p. iniuria.

4   Ebenda, Dep. 3 b IX Stadt Osnabrück, Niedergericht, 1024 Vernehmungsprotokolle der W. Meyer wegen versuchter Kindstötung (1786).

23

die Erde, weil sie zu schwach ist, um es zu tragen, und verscharrt es dort, weil sie glaubt, daß es tot sei. Das Kind überlebt jedoch und wird getauft. Die näheren Umstände des Überlebens sind nicht bekannt.

Obgleich es sich also nur um den Versuch eines Kindsmordes, nach ihren eigenen Aussagen sogar nur um eine hilflose Aktion gehandelt hat, wird sie zu einer mehrjährigen Zuchthausstrafe verurteilt.

Hinter diesen dürren Aussagen der Prozeßakten verbirgt sich die ganze armselige Lebenswelt eines Dienstmädchens, deren Bild sich mit Hilfe anderer Berichte ergänzen läßt. In einem Bauerndorf aufgewachsen, vermutlich in der Familie eines armen Kötters, geht sie, wie viele andere junge Mädchen auch, nach dem Tode des Vaters mit 18 Jahren in die nahegelegene Stadt, um ihren Lebensunterhalt zu verdienen. Sie ist auf sich allein gestellt, hat wenig gelernt und verdingt sich als Dienstmagd. Sie wechselt, durchaus nicht unüblich, häufig ihre Dienstherren und Stellungen. Ihre Freizeit ist vermutlich eng begrenzt – ein Nachmittag oder Abend in der Woche, den sie nutzt, um sich mit anderen Mädchen zu treffen, vielleicht auch, um mit ihnen zum Tanz zu gehen. Sie lernt einen Soldaten kennen und 'läßt sich mit ihm ein'. Vielleicht ist sie verliebt, vielleicht auch einfach nur einsam, sucht jemanden, mit dem sie reden kann. Vermutlich hat sie auch keine genaue Kenntnis darüber, wodurch sie schwanger werden könnte, gibt indes aus Angst vor Verlust dem Drängen ihres Freundes nach sexuellen Beziehungen nach. Sie erwartet ein Kind und ist sich wohl deutlich der Tatsache bewußt, daß sie damit keineswegs die Möglichkeit zu einer Ehe hat. Auf beiden Seiten fehlt das notwendige Geld. Sie verheimlicht ihre Schwangerschaft vor ihrer Umwelt und vielleicht auch vor sich selbst, bringt ohne Hilfe ein Kind im Garten zur Welt und reagiert panisch, erschrocken, im Affekt. Sie läßt das Kind einfach liegen, deckt es wohl auch mit Erde zu, möchte ungeschehen machen, was ihr widerfahren ist, hat aber nicht mehr ausreichend Kraft, um so zu tun, als wäre nichts geschehen. Andere entdecken, daß sie ein Kind zur Welt gebracht hat, durch Blut, Nachgeburt, Schwächezustände – und sie wird verurteilt, muß ins Zuchthaus und weiß sicherlich auch, daß sie damit für ihr zukünftiges Leben gezeichnet ist – als uneheliche Mutter, Kindsmörderin ohne Erfolg, arm und unfähig, gute Arbeit zu finden. Ob Selbstmord, Schwermut und/oder Krankheit ihrem Leben ein Ende setzen, bleibt dann fast belanglos – ihr Schicksal ist vorgezeichnet und besiegelt. In diesem Geschehen spielt der Vater keine Rolle, hat er ihr doch vermutlich weder die Ehe versprochen noch sie vergewaltigt. Alle Schuld fällt auf sie zurück, denn sie allein hätte standhaft und moralisch bleiben müssen. Sie ist das 'gefallene Mädchen' aus eigener Schuld – in der Sicht der Zeit – von niemandem in ihr Elend getrieben. Hätte sie ihrem Freund vor Zeugen ein Eheversprechen abgerungen, und hätte dieser

zudem einen ausreichenden Lebensunterhalt verdient, so hätte sie zumindest
– und diesen Weg gehen einige Frauen – einen gewissen Unterhalt für sich
und das Kind oder sogar die Anerkennung der Ehe als Versorgungsanstalt
einfordern können.

So klagt auch Marie Elisabeth von der Heide im Jahre 1822/23 gegen
Dr.med. Lapais wegen eines nicht eingelösten Eheversprechens[5] – und er
wird verpflichtet zu zahlen.

Marie Elisabeth von der Heide arbeitet als Magd im Hause des Arztes und
'ist von ihm unter dem mehrfachen Versprechen der Eheschließung geschwängert worden'. Am 13. Januar 1822 bringt sie ein gesundes Kind zur
Welt. Der Beklagte weigert sich, seine Magd zu heiraten, kümmert sich auch
nicht um die Alimentation des Kindes, gibt ihr lediglich 2 1/2 Reichsthaler im
Wochenbett. Vor Gericht gibt er an, er habe seiner Magd die Alimentation
des Kindes angeboten, sie habe aber die Ehe verlangt und die habe er nie
versprochen. Sie muß nun den Beweis führen, daß sie das Eheversprechen erhalten hat, was ihr nicht gelingt. Trotzdem muß Lapais, weil er sich der Vaterschaft prinzipiell nicht entzieht, eine Summe von 23 Reichsthaler 4 Mariengroschen und 1 Pfennig zahlen. Nun hat die Magd vermutlich hier noch
das zweifelhafte Glück gehabt, daß sich ihr Schwängerer zur Vaterschaft bekennt und nicht, wie es auch üblich war, andere Zeugen anführt, die bezeu-
gen, ebenfalls mit der Kindsmutter geschlafen zu haben; dies war eine belieb-
te Art, sich von der Zahlungsverpflichtung zu befreien. Dieser Gefahr einer
sittlichen Abqualifizierung mußte sich besonders die gesellschaftlich niedrig
stehende und zudem abhängige Frau aussetzen, wenn sie den gerichtlichen
Weg wählte.

Ähnlich ergeht es im Jahre 1826 der Magd Elisabeth von Hagel, die von ihrem Dienstherrn Anton Mache geschwängert worden ist[6]. Sie kann nicht
schreiben und muß einen Fürsprecher vor Gericht bestellen. Der Beklagte ist
offensichtlich schon wegen einer ähnlichen Sache gegen eine gewisse Margarethe Schmidt bekannt. Zur Verhandlung erscheint er nicht selbst, sondern
schickt seinen Schwager mit einer eidlichen Erklärung, daß er ihr nie die Ehe
versprochen habe. Er gibt allerdings zu, sie geschwängert zu haben und ist bereit, eine Alimentation des Kindes in Form einer einmaligen Abfindung von
25 Reichsthalern zu zahlen. Da sie ebenfalls den Beweis des Eheversprechens
nicht führen kann, nimmt sie diese Bedingungen an. Zusätzlich wird ihr ein

---

5   Ebenda, Rep. 703, No. 345, Marie Elisabeth von der Heide contra Dr.med. Lapaise p.
    stupri et matrimonii. 1822/23.

6   Ebenda, Rep. 703, No. 350 Elisabeth von Hagel-Anton Mache p. stupri et matrimonii.

neues Bett, ein Koffer und ein Tisch zugestanden. Der Beklagte wird zudem verpflichtet, die Gerichtskosten zu tragen. Sie erhält allerdings nur einen Teil des Geldes. Das Kind stirbt nach Beendigung des Prozesses, so daß sie einen weiteren Antrag zur Erstattung der Begräbniskosten in Höhe von 5 Reichsthalern stellt.

Geschlechtsspezifisch erscheint die Gesetzgebung in jedem der genannten Fälle. Die Klägerin wird immer zur Beklagten; der Beklagte kann sich, gutwillig wie er ist, relativ preisgünstig freikaufen; es ist eine gesellschaftlich anerkannte Form der Prostitution, die die Alimentation – den Unterhalt für das unehelich geborene Kind – auf eine einmalige Abfindung reduziert und der Geschwängerten das Kind und damit auch die Schande in der alleinigen Verantwortung überläßt. Mit 27 Reichsthalern eine neue Existenz aufzubauen, bleibt ein unmögliches Unterfangen. So wird die Magd im Hause, scheinbar ergeben und freiwillig für ihren Dienstherrn ein praktisches und billiges Sexualobjekt, deren Abhängigkeit, Angst und Naivität genutzt wird – aber heiraten kann man diese Frau natürlich nicht. Dafür geeignet ist nur das Positivbild der 'unschuldigen Jungfrau' aus gutbürgerlichen Kreisen, mit Aussteuer versehen und dem männlichen Geschlechte vor der Ehe möglichst weit entfernt.

Die Polarisierung der Heiligen und der Hure ist eine gesellschaftlich anerkannte Form der männlichen Sexualität, die sich bestimmter, oft gesellschaftlich benachteiliger Frauen bedient, um die "Reinheit" der potentiellen Ehepartnerin nicht anzugreifen und damit schänden zu müssen. Man muß in Betracht ziehen, daß vermutlich viele Frauen gar nicht den Mut oder die Energie und das Geld besaßen, um ihre Schande/Ehre öffentlich zu verteidigen. Man muß berücksichtigen, daß sich gerade auch in dieser Zeit die obrigkeitlichen Bemühungen um eine Eindämmung der Schwangerschaftsabbrüche aus der Kritik an der Realität ergaben und daß Kindsmörderinnen deshalb so gnadenlos verfolgt wurden, um ein scheinbar deutliches Zeichen einer bürgerlichen Moral zu setzen. Es ging dabei niemals nur um das Wohl des Kindes, sondern auch darum, die Folgen der doppelbödigen Moral auf ein anerkanntes Maß zu begrenzen.

Nehmen wir nun den 'Normalfall' der Ehe heraus, denn diese ist nicht Thema der Gerichtsakten und in ihrem alltäglichen Ablauf auch nicht Thema von Briefen, Autobiographien oder anderen zeitgenössischen Darstellungen. Hier werden häufig zu Floskeln erstarrte Vexierbilder gehandelt, die vermitteln, wie eine Ehe – und hier stellt sich sowieso nur die bürgerliche Ehe der Öffentlichkeit – sein soll. Die Rituale des Kennenlernens vor der Ehe, die Arbeitsteilung in der Ehe – all das läßt sich sehr gut mit Hilfe von Anstands- und Moralbüchern nachvollziehen (vgl. Kapitel 5). Denn der bürgerliche Mann führt der Öffentlichkeit gegenüber immer eine 'glückliche Ehe' mit einer verständigen Hausfrau, Ehefrau und Mutter, die, im Hintergrund agierend, eine beglückende Kombination herzlicher Zuneigung und gesunder Vernunft ist.

Die Ehescheidung hingegen dokumentiert eindeutiger als es versteckte Andeutungen von Frauen während der Ehe vermögen, Konfliktzonen, die über einen öffentlichen Rahmen ausgetragen und auseinanderdividiert werden. Aus der Vielfalt der Beispiele – seit 1794 ist die Ehescheidung auch entsprechend dem Preußischen Landrecht auf zivilrechtlichem Wege möglich (und andere Länder folgen dieser Regelung mehr oder minder schnell) – seien nur zwei herausgegriffen: zum einen aus der Schicht des Kleinbürgertums, zum anderen aus dem Osnabrücker Landadel. Es ist jeweils eine andere Form der Auseinandersetzung und es sind andere Worte, die dabei zur Disposition stehen.

Der Ehescheidungsprozeß der Eheleute Aping beginnt im Jahre 1810 und ist 1817 noch nicht beendet[7]. Er zieht sich also, wie andere Prozesse auch, über Jahre hin. Er kostet Zeit und Nerven – für viele ein Grund, getrennt zu leben oder sich weiterhin in alltäglichen Auseinandersetzungen zu zerschlagen.

Die Ehefrau reicht am 21. Oktober 1810 die Klage gegen ihren Ehemann ein. Sie lebt zu diesem Zeitpunkt schon getrennt von ihm. Ihren Angaben zufolge hat sie durch ihren Ehemann 'Unbilden, Gewalttätigkeiten und Nachstellungen nach dem Leben' erdulden müssen. Sie kann Beweise erbringen, daß er mehrmals versucht hat, sie zu erdrosseln. Darüber hinaus verschwendet er das Vermögen der Frau durch häufige Kneipenbesuche. Am 3. November 1810 wird ein Polizeibericht erstellt, aus dem hervorgeht, daß sie 'erst' 3 1/4 Jahr mit ihrem Mann zusammengelebt hat, als sie mit ihrem Kind das erste Mal Zuflucht bei ihren Eltern sucht. Sie ist zu diesem Zeitpunkt 22 Jahre alt. Nach einem halben Jahr der Ehe habe er sie – bezeugt durch Nachbarn – öfters mit dem Knüttel durchgeprügelt, ihr Ohrfeigen versetzt und sie tagtäglich beschimpft und sie vor die Tür gejagt mit der Bemerkung, sie solle doch zu ihren Eltern zurückkehren. Der Mann gibt zu, sie geprügelt zu haben, aber einfach deshalb, weil sie ihr 'Maul' nicht habe halten können. Sie sei nicht so 'unterthänig' gewesen, 'wie eine Frau das tun soll, denn sie wollte mir nicht parieren, und betrug sich in ihren Haushaltsgeschäften nachlässig'. Aus seinem individuellen Blickwinkel und damit auch in der Begründung für seinen Zorn im Einklang mit der gesellschaftlichen Anforde-

---

7   Ebenda, Dep. 3 b III, No. 144, Aping cra. maritum, 1816/17, Ehescheidung.

rung, ist er durchaus berechtigt, seine Frau zu strafen, da sie sich nicht geschlechtskonform verhält. Sie erfüllt ihre Pflichten im Hause nicht regelgerecht und, was viel schlimmer ist, sie gibt ihm Widerworte, wehrt sich, läßt sich nichts gefallen und reizt ihn damit bis zur Weißglut – er, der zudem seinen Kummer im Alkohol ertränkt und desto reizbarer ist.

Der Zustand 'häuslicher Zerrüttung' wird festgestellt. Aping muß acht Tage ins Gefängnis. Das gemeinsame Kind stirbt währenddessen. Beide wollen nun die Trennung, ebenso wie der Friedensrichter, der jeden Versöhnungsversuch für gescheitert erklärt.

Die Ehescheidung findet aber nicht statt. Das Ehepaar lebt noch weitere Jahre zusammen, zwei Kinder werden geboren und erst im Jahre 1812 kommt es zu einem erneuten Trennungsversuch auf Seiten der Ehefrau. Am 25. April erscheint dann der benannte Ehemann Aping vor dem Gericht 'fast aller Kleidung entblößt'. Nachdem seine Frau ihn verlassen habe, habe er als reisender Handwerksgeselle sein Brot verdient, sei allerdings durch Trunkenheit an den finanziellen und gesundheitlichen Ruin gekommen. Auch jetzt kommt es nicht zur Ehescheidung. 1817 wird neues Beweismaterial vorgelegt – alles endet undurchsichtig und verläuft im Sande.

Auffällig an diesem Prozeßverlauf ist nicht die lange Dauer, die zwischenzeitlichen Versöhnungsversuche und die praktische Anerkennung der Trennung, ohne daß es zu einer rechtskräftigen Ehescheidung kommt.

Auffällig ist vielmehr der Ehealltag, wie er aus diesen Prozeßakten herausschimmert. Er gestaltet sich als wechselvolle, handgreifliche und heftige Form der permanenten Auseinandersetzung eines jungen Ehepaares, die nur deshalb vor Gericht ausgetragen wird, weil die Frau auf einer Trennung besteht. Ihre widerstreitenden Gefühle von Zuneigung, Angst vor dem Alleinsein und andere mögliche Ursachen manifestieren sich darin, daß sie immer wieder bereit ist, mit diesem Manne zu leben, noch mehrere Kinder zur Welt zu bringen und erst nach weiteren Eskalationen eine erneute Trennung zu vollziehen.

Körperliche Mißhandlungen werden zwar auch von Sophie von Bothmer geborene von Korff gegen ihren Ehemann Anton von Bothmer als Grund für eine Scheidung 'von Tisch und Bett' angeführt[8], da beide mit der Scheidung einverstanden sind, geht es schwerpunktmäßig jedoch um die Verteilung des großen Besitzes und das Sorgerecht für den gemeinsamen Sohn. Der Scheidungsprozeß zieht sich ebenfalls über Jahre hin und wird stellvertretend von dem jeweiligen Rechtsbeistand der Eheleute geführt. Wiederum ist die Frau

---

8   Ebenda, Rep. 703, No. 346, Vol. I u. II.

die Klägerin. Sie verlangt die Ehescheidung und stellt dabei sich selbst als eine Frau dar, die bisher versucht hat, auf die tätlichen Angriffe und Ausfälle ihres Mannes mit 'Sanftmut' zu reagieren. Aus der Anklageschrift ergibt sich nun wiederum das Bild einer Ehe, in der Auseinandersetzungen und Kämpfe im Mittelpunkt gestanden haben.

In der ersten Klageschrift der Frau vom 15. Januar 1822 gibt sie als Ursache für ihren Trennungswunsch das 'fürchterliche Wüten und Toben' ihres Mannes an. Er habe sich Gewalttätigkeiten an Möbeln, verknüpft mit den gröbsten wörtlichen und tätlichen Beleidigungen und Iniuriis zuschulden kommen lassen. Sie habe keinen Augenblick Ruhe gehabt und beständig in der Angst geschwebt, daß er ihrem und dem Leben ihres Sohnes nachstelle. Zunächst fordert sie, daß er sich per Gerichtsentschluß von dem Gut Sutthausen entfernen solle.

Am 23. Januar desselben Jahres geht dann die Antwort des Ehemannes bei Gericht ein. Er versucht, ihr die Hauptlast an dem Zerfall der Ehe zuzuschreiben. Seine Frau habe sich schon vor langer Zeit räumlich von ihm getrennt und halte sich in Osnabrück oder auf dem benachbarten Gut auf. Er fordert nun im Gegenzug, daß sie solange in ihr Heim zurückkehren soll, bis Beweise für ihre Behauptung vorlägen. Zwar habe er ihr öfters ein 'ernstes Wort' zukommen lassen und sie an ihre Pflichten als Ehefrau erinnert, sie allerdings nie geschlagen. Vielmehr sei sie es gewesen, die ihn mehrere Male geschlagen und ihm 'getrotzt' habe. Sie habe ihn verlassen, während er auf einer Geschäftsreise war und habe die Dienstboten mitgenommen, so daß er nun selbst ohne Bewirtung und Versorgung sei.

Nach einer gerichtlichen Verfügung muß er selbst allerdings das Gut Sutthausen verlassen, hält sich aber in der Nähe bei einem Colonen auf. In den folgenden Jahre häufen sich dann schier endlose Aktenberge aufeinander, so daß es im Jahre 1828 notwendig wird, den geschichtlichen Ablauf des Prozesses festzuhalten, um überhaupt den Überblick über die bisherigen Entscheidungen zu bewahren. Der Beklagte hat nun zwar nach der Gerichtsentscheidung das Gut verlassen, kehrt allerdings, da er die Schlüssel behalten hat, wieder in die Wohnung zurück und mißhandelt seine Frau so schwer, daß er zu einer hohen Geldstrafe verurteilt wird. Es folgen seinerseits mehrere Versuche zur Aussöhnung, die immer mit der Bemerkung abgelehnt werden, sie wolle lieber sterben, als in dieser Ehe zu leben.

Im Jahre 1824 wird von der Juristenfakultät Würzburg ein Urteil erstellt, das die Scheidung von Tisch und Bett befürwortet. Herr von Bothmer erhebt Einspruch, vor allem aus finanziellen Gründen, denn entsprechend dem Ehepakt hätte er vermutlich als der schuldige Teil Vermögensverluste hinnehmen müssen. Ein zusätzliches Problem ergibt sich durch das Kind, das während der Zeit der ehelichen Auseinandersetzungen geboren wird.

Die Form der Austragung der ehelichen Streitigkeiten erscheint in den beiden vorgestellten Beispielen gar nicht so unterschiedlich. Der gesellschaftliche Status manifestiert sich vielmehr in der Art der gerichtlichen Verhandlung, die im zweiten Beispiel von Anwälten ausgehandelt und in einer anderen Weise geführt wird. Die Situation der Frau als vermögende Landadelige ist jedoch insofern anders, als die Eheschließung selbst mit einem Ehepakt verknüpft wurde, der die jeweiligen Vermögensteile und ihre Vergabe im Scheidungsfalle regelte. Der Mann als der schuldig gesprochene Teil verliert möglicherweise – und vor allem deshalb führt er diesen Rechtsstreit – einen Teil des gemeinsamen Vermögens an Grund und Boden und anderer Vermögenswerte. Und auch nur in diesem Sinne ist das Kind für ihn wertvoll. Bekäme er nämlich die Vormundschaft über den Sohn zugesprochen, unterstände ihm bis zu dessen Volljährigkeit die Verwaltung des Erbes.

Die Geschichte der Ehescheidung in Deutschland von 1794 bis 1945 wurde gut und umfassend aufgearbeitet von Dirk Blasius[9]. Für das Fürstentum Osnabrück wurden juristische Fragen des ehelichen Güterrechtes von der Frühen Neuzeit bis zur Mitte des 19. Jahrhunderts umfassend dargestellt von G.R. Petersen[10].

Diese beiden regional juristisch und überregional sozialgeschichtlich angelegten Untersuchungen ergänzen sich in ihrer Aussagekraft für das Ehescheidungs- bzw. auch Unehelichenproblem im 19. Jahrhundert. In den von Blasius entwickelten Rahmen lassen sich die vorab gemachten Ausführungen einbinden und verknüpfen. Das Schwergewicht liegt im folgenden auf der rechtlichen und auch sozialgeschichtlichen Position, die den Frauen in der Ehe bzw. auch als uneheliche Mutter auch ohne Ehe entsprechend ihrem gesellschaftlichen Status zukam.

"In der Rolle der Frau bündeln sich gleichsam die Probleme von Scheidung und Scheidungsrecht in dieser Zeit; sie ist, das deuten die Befunde aus der Romantik schon an, eine Art Brennspiegel für die geschlechtsspezifische Weite des Schei-

---

9   Blasius, D.: Ehescheidung in Deutschland, 1794-1940. Scheidung und Scheidungsrecht in historischer Perspektive (Kritische Studien zur Geschichtswissnschaft, Bd. 74), Göttingen 1987.

10   Petersen, G.R.: Das eheliche Güterrecht in den Städten und Flecken des Fürstenthums Osnabrück, Osnabrück 1863.

dungsproblems; aber darüber hinaus auch der Schlüssel zu seiner sozialgeschichtlichen Dimension."[11]

Grundlegende Wirkung für die Durchsetzung der Verweltlichungstendenzen
im Eherecht[12] hatte sicherlich das Eherecht des "Allgemeinen Landrechtes"
aus dem Jahre 1794. Es ermöglichte grundsätzlich die Trennung der Ehe auf
zivilrechtlichem Wege, allerdings 'nicht anders als aus sehr erheblichen Ursachen'. Dazu gehören "Ehebruch, bösliche Verlassung, Nachstellung nach dem
Leben und andere". Dieses Eherecht hielt am Schuldprinzip als Kern der
Scheidungsfolgenregelung fest. Ehebruch, dessen sich der Ehepartner schuldig gemacht hatte, berechtigte nur den unschuldigen Teil, auf Scheidung zu
klagen.[13] Die Schuldsprechung spielte in der Auseinandersetzung wegen des
Vermögens eine wichtige Rolle. Der unschuldige Teil mußte bei 'groben Vergehen' mit einem Viertel des Vermögens des Schuldigen abgefunden werden.
Bei minderschweren Vergehen wurde die Abfindung auf 1/6 festgelegt[14].
Möglich war jetzt auch eine Scheidung, die auf dem Zerrüttungsprinzip be-
ruhte. Aufgrund gegenseitiger Einwilligung konnten kinderlose Ehen getrennt
werden[15]. Dem Richter war es darüber hinaus erlaubt, eine unglückliche Ehe
zu trennen, in der der 'Widerwille so heftig und tief eingewurzelt ist', daß eine
Versöhnung aussichtslos erschien – ein Nachweis, den ja auch Frau von
Bothmer als Reaktion auf wiederholte Versöhnungsversuche angibt.

Warum jedoch, kann man sich fragen, reichten auch vergleichsweise viele
Frauen aus den niederen Ständen eine Scheidung ein? Das Motiv der Frauen
aus den höheren Schichten, die damit auch gesicherte und geklärte Vermögensverhältnisse und Unterhaltszahlungen durch den Mann erhalten konnten,
trifft für diese kaum zu. Nach Blasius konnte eine Ursache vielmehr in der
Möglichkeit der Wiederverheiratung nach der Scheidung und damit einer sozialen Rückversicherung begründet liegen.

Die Fixierung der Rechtsbeziehungen zwischen dem nichtehelichen Kind
und seiner Mutter bzw. seinem Erzeuger waren in diesem Zusammenhang
rechtlicher Neuorientierung ebenfalls ein Problem, das es zu lösen galt.

"Das gemeine Recht hatte in der Nichtehelichenfrage eine Tradition rechtlicher
Diskriminierung geschaffen. Der uneheliche Beischlaf wie die uneheliche Geburt
galten als eine streng zu verfolgende Schande. Diesem Rechtssystem warf beson-

11   Blasius, D.: Ehescheidung in Deutschland, S. 117.
12   Ebenda, S. 28.
13   Ebenda, S. 28.
14   Ebenda, S. 29.
      Petersen, G.R.: Das eheliche Güterrecht, S. 239.
15   Blasius, D.: Ehescheidung in Deutschland, S. 30.

ders das Aufklärungsdenken des 18. Jahrhunderts ungezügelte Grausamkeit vor. Man brachte das Grauenhafte des Kindesmordes mit ihm inenge Verbindung. So sind es neben bevölkerungspolitischen Motiven auch humanitäre Aspekte gewesen, die Preußen am Ende des 18. Jahrhunderts eine entscheidende Wende vollziehen ließen. Das Allgemeine Landrecht veränderte nicht nur die rechtliche Lage des nichtehelichen Kindes und seiner Mutter, es ging ihm auch um eine Hebung der Sozialposition, die beide künftig 'im bürgerlichen Leben' einnehmen sollten."[16]

Das "Allgemeine Landrecht" regelte nun die Verhältnisse der Geschwängerten und des unehelichen Kindes eindeutig.

"Wer eine Person außer der Ehe schwängert, muß die Geschwängerte entschädigen und das Kind versorgen."[17]

Der Entschädigungsanspruch wurde gestaffelt nach den jeweiligen Umständen, die der Richter in einer 'angestellten Schwängerungsklage' ermitteln mußte. Hatte der 'Verführer' die Ehe versprochen, sollte in einem abzufassenden 'Bekenntnis' der Geschwängerten der Name, Stand und Rang des Schwängerers sowie überhaupt alle Rechte einer geschiedenen, für den unschuldigen Teil erklärten Ehefrau desselben beigelegt werden. Dieser Rechte sollte sie sich im bürgerlichen Leben und bei allen Verhandlungen desselben wirklich erfreuen können[18].

Damit konnte die Frau Anspruch erheben auf die gesetzliche Ehescheidungsstrafe aus dem Vermögen oder den Einkünften des Mannes. Auch wenn der Mann den Beischlaf ohne das Eheversprechen vollzogen hatte, sollte er zu einem standesgemäßen Unterhalt der Frau verpflichtet werden. Die Verpflegung und Erziehung der unehelichen Kinder wurden als Anspruchsrechte gegenüber dem Vater weitgehend abgesichert.

Blasius verweist in seinen weiteren Ausführungen darauf, daß Probleme in den Gesetzesbestimmungen selbst als auch in ihrer praktischen Anwendung besonders für die Geschwängerte und ihr Kind lagen, die die fortschrittlich klingende generelle Formulierung in ihrer Beweisführung schwierig machte. Die Unterhaltszahlungen reichten zudem, wie in den vorab ausgeführten Beispielen belegt, nicht in jedem Falle aus, um 'Verpflegung und Erziehung des Kindes' und den standesgemäßen Unterhalt der Mutter zu garantieren. War der Nachweis des Eheversprechens kaum zu führen, so waren vermutlich auch den Frauen selbst ihre rechtlichen Möglichkeiten gar nicht klar, so daß sie sich mit geringen Abfindungen zufrieden gaben.

---

16 Ebenda, S. 99.
17 Ebenda, S. 100.
18 Ebenda.

Die Scheidungsklagen und Schwängerungsklagen dokumentieren sicherlich nur die Spitze des Eisberges ehelicher bzw. außerehelicher Problemkonstellationen zwischen den Geschlechtern. Viele Frauen, vor allem aus den höheren Schichten werden den Weg der 'Trennung von Tisch und Bett' als Lösung einer Ehekrise nicht gegangen sein aus Angst, innerhalb ihres sozialen Milieus gesellschaftlich ausgeschlossen zu werden und ihre individuellen Probleme vor einer öffentlichen Kulisse diskutieren zu müssen. Für den Adel und das gehobene Bürgertum gab es dementsprechend andere Formen eines lebbaren Ausweges aus diesen unerträglichen Situationen. So bestand die Möglichkeit, seine Sexualität in einer 'Ehe zur linken Hand', in den beschriebenen Beziehungen zu Dienstmädchen oder anderen Frauen aus niederen Schichten zu befriedigen. Frauen konnten sich, je nach Bildungsgrad und Arbeitsethos in empfindsamen Freundeskreisen (wie z.b. Jenny von Voigts) oder schriftstellerischen Versuchen (wie z.b. Eleonore von Münster) ergehen. Auch diese Form war, solange sie zwischen den Ehepartner nicht zu unerträglichen Streitigkeiten und körperlichen Züchtigungen führten, die der Außenwelt gegenüber sichtbar blieben, gesellschaftlich akzeptabel und widersprach nicht dem Bild der 'guten, seligen Frau', wie es Möser in seinen Patriotischen Phantasien beschworen hatte.

3. 'Sie werden es mir gütigst verzeihen ...'.
Die Briefe der Margarethe Agnese Elisabeth Lodtmann, geborene Pagenstecher an ihren Schwager Gabriel Friedrich Wilhelm Lodtmann aus den Jahren 1779 bis 1795.[1]

An den Herrn Richter
Lodtmann
zu Fürstenau

Insonders Hochgeschätzter Herr Bruder,
Sie werden es mir gütigst verzeihen, daß ich Ihren werthen mir so angenehmen Brief von voriger Woche nicht gleich beantwortet habe aber meine Entschuldigung wil ich Ihnen so gleich sagen am Sonnabend wie ich ihn erhielt waren wir eben bey den Würsten machen beschäftigt. Wir haben einen recht großen Ochsen geschlachtet er kostet 9 1/2 Pistolen aber er hat auch 663 Pfd. gewogen und ist recht gut gewachsen. Ich hoffe den übersandten Pantine werden der Herr Bruder erhalten haben ich erhielt Ihren Brief nur noch sehr spät dafür, war ich besorgt der Bote mögte schon weg gewesen sein ehe ich ihn hinschicken konte, aber es ging noch so eben an. Mein Mann ist jetzt wieder zu Sondermühlen und jetzt geht bald die zeit an, daß er beständig da sein muß und ich immer allein zu Hauße sitzen muß den bey der schlechten Witterung kann man nicht weit gehen. Daß es doch immer so schlechtes Wetter sein muß. an vorigen Sonabend haben wir noch etwas Grannen gemehet aber der Himmel mag wissen ob wir sie oach zu Hauße bringen aus der halben Wiese haben wir sie recht gut nach zu Hauße gekriegt aber von diese werden wir wohl nichts bringen oder die Witterung mögte sich bald bessern.
Der Herr Bruder schreiben mir doch letzt ich mögte Ihnen mahl die Freude meiner Eltern bey der Ankunft meines Bruders schildern .. Den ersten Empfang habe ich nicht beygewohnet aber doch wie ich da kam freuten sie sich recht sehr darüber und wol keine mehr als meine Großmutter. Wie er da hingekommen hat sie für freuden geweinet. Den sie hat wol immer gedacht sie kriegte ihn nicht wieder zu sehen. aber der Himmel gebe daß so wohl sie als auch meine lieben Eltern meinen zweiten Bruder so munter und gesund wieder antreffen mögen. Dieser ist recht munter und gesund und er sagt ihn hätte in den 3 Jahren da er von hier gewesen noch gar nichts gefehlt. Neues von hier kan ich Ihnen gar nichts schreiben weil ich nichts weiß, daß Ihnen interessieren könte übrigens empfehle ich mich Ihnen gantz gehorsamst und verharre Lebenslang

Meines hochgeschätzten Herrn Bruders
gehorsame Dienerin
MAE Lodtmann, geb. Pagenstecher   Osnabrück, d. 21. oct. 1786

---

1   StaArch. Osnabrück Erw. A 11 18 Familie Lodtmann No. 18, Briefe von Frau Lodtmann geb. Pagenstecher an ihren Schwager Gabriel Friedrich Wilhelm Lodtmann 1785/1789.

Nicht die Leichtigkeit eines romantisch gefärbten Liebesbriefes, die Offenheit der persönlichen Mitteilung, die man einer 'Herzensfreundin' gegenüber hat, sondern eine distanzierte, schwerfällig um Formen und Worte ringende Sprache kennzeichnen diese Briefe der Margarethe Agnese Elisabeth Lodtmann an den jüngeren Bruder ihres Ehemannes Gabriel Friedrich Wilhelm Lodtmann, seines Zeichens Richter zu Fürstenau, Gograf zu Schwagsdorf und Amtmann zu Wittlage. Was sagen nun die vorliegenden sieben Briefe über die Beziehung dieser beiden Menschen aus? Was erfahren wir darüber hinaus über den Lebenszusammenhang dieser Osnabrücker Bürgersfrau, ihren Alltag und ihre Arbeit?

Werfen wir zuvor einen Blick auf die Genealogie, um dieses individuelle Leben zeitlich und in seiner Schichtzugehörigkeit einordnen zu können.

Margarethe Agnese Elisabeth Pagenstecher wird am 23. Oktober 1757 als älteste Tochter der Margarethe Agnese, geb. Ehmbsen (15. Februar 1737 - 7. Mai 1799) und des Gabriel Bernhard Pagenstecher (20. Dezember 1708 - 28. Dezember 1786) siebzehn Monate nach der Eheschließung der Eltern am 20. Mai 1756 in Osnabrück geboren. Es ist die zweite Ehe des Vaters, der in erster Ehe mit Clara Lewine Lodtmann (26. Dezember 1717 - 1752) verheiratet war. In der ersten Ehe kamen drei, in der zweiten Ehe vierzehn Kinder zur Welt. Margarethe Agnese Elisabeth Pagenstecher ist also schon über ihren Vater und ihre Stiefgeschwister mit der Familie ihres zukünftigen Ehemannes verwandtschaftlich verbunden. Die Pagenstechers sind eine alteingesessene Osnabrücker Familie. Ihre Mutter entstammt einer nach Osnabrück zugezogenen Familie. Ihr Großvater war Bürgermeister in Rendsburg gewesen, ihr Vater Apotheker in Osnabrück.

Die Familie des Ehemannes gehört ebenfalls zu einer der angesehenen bürgerlichen Familien der Stadt. Der Vater des Franz Gerhard Wilhelm Lodtmann (2. Dezember 1745 - 10. März 1827), Rentmeister und Mühlenbesitzer, der Ratsherr Rudolph Christian Lodtmann (9. April 1711 - 18. Juni 1765) war verheiratet mit Regina Margarethe von Lengerke – ebenfalls Mitglied einer bekannten Osnabrücker Bürgerfamilie. In der Ehe der Margarethe Agnese Elisabeth und des Franz Gerhard Wilhelm Lodtmann werden nun in einem Zeitraum von 14 Jahren sechs Kinder geboren. Das erste kommt achtzehn Monate nach der Eheschließung zur Welt. Zwischen den nachfolgenden Geburten liegen immer etwa 2 bis 3 Jahre. Als das letzte Kind geboren wird, ist die Mutter 41 Jahre alt. Von diesen sechs Kindern stirbt eines im Alter von dreizehn Jahren. Ein Sohn fällt vermutlich als Offizier im Jahre 1812 im Alter von neunzehn Jahren. Die vier anderen Geschwister heiraten alle standesgemäß und – das gilt für die männlichen Nachkommen – ergreifen einen standesgemäßen Beruf.

Margarethe Agnese Elisabeth Lodtmann gehört also ebenso wie ihr Ehemann zu den wohlhabenden und angesehenen bürgerlichen Kreisen der Stadt Osnabrück. Beide entstammen Familien, die in gesellschaftlicher und politischer Hinsicht führende Persönlichkeiten hervorbrachten. Der Vater der Ehefrau ist Beamter (Konsistorialsekretär und Oberpostmeister) und hat einen akademischen Doktorgrad; der Vater des Ehemannes war Richter und Ratsherr. Der Ehemann selbst ist Rentmeister in Sondermühlen und Mühlenbesitzer in Osnabrück. Sein jüngerer Bruder, der Adressat der Briefe, ist Richter zu Fürstenau, Gograf zu Schwagsdorf und Amtmann zu Wittlage, d.h. ein einflußreicher und angesehener Beamter. In der sozialen Hierarchie steht die Familie des Franz Gerhard Wilhelm Lodtmann unter der seines jüngeren Bruders – eine erste mögliche Erklärung für die distanziert ehrerbietige Art, die Margarethe Agnese Elisabeth ihrem Schwager gegenüber hat.

Soweit ist diese Frau also durchaus ein 'normales' Mitglied der Osnabrücker Bürgersfamilien, eingebettet in Tradition und Besitz. So 'normal' und gleichzeitig 'langweilig' erscheint auf den ersten Blick auch das alltägliche Leben, das aus diesen Briefen herausschimmert. Nach einer ersten Durchsicht legt man diese Briefe dann zunächst einmal schnell zur Seite, findet man darin doch nichts anderes als eine floskelhafte Sprache, beständige 'Wetter-Berichte', nichts Weltbewegendes. Dieses Bild der Langeweile und Einöde ist jedoch geprägt durch die Erwartungshaltung, die ihnen aus heutiger Sicht entgegengebracht wird. Mit dem entsprechenden Raster des Spektakulären im Kopf ist es zunächst nicht möglich, ergiebige Fragestellungen zu entwickeln. Die Langeweile mit den Briefen entspringt eher der Langeweile und Ungeduld, die man mit dieser auf den ersten Blick untertänig wirkenden, spröden Bürgersfrau empfindet. Erst hinter der Fassade der Briefe läßt sich ein Stück ihres Lebens erschließen.

Deutlichstes Zeichen der distanziert-höflichen Beziehung zu dem Schwager sind die Anrede- und Schlußformeln der Briefe, sowie die durchgehend gewählte Anrede in der Siezform. Margarethe Agnese Elisabeth Lodtmann redet ihren Schwager mit der Formel 'Werth- bzw. Hochgeschätzter Herr Bruder' an. Demgegenüber variiert die Schlußformel in begrenztem Umfang, enthält allerdings immer die gleichen festen Strukturelemente:

"Leben Sie wohl bester Herr Bruder und vergessen Sie uns nicht gantz und besonders mich die ich stets sein werde Ihre gehorsamste Dienerin und Schwester."

"... so wie ich mich Ihnen gleichfalls bestens zu ferneren geneigten Andenken empfehle und mit der größten Hochachtung verharre."

"... übrigens empfehle ich mich Ihnen gantz gehorsamst und bitte Ihnen recht sehr uns nicht zu vergessen. Die ich mit der größten Hochachtung verharre."

"... jetzt muß ich mich Ihnen gantz gehorsamst empfehlen und verharre lebens-lang."

"Leben Sie jetzt bester Herr Bruder recht wohl und vergnügt und vergessen Sie uns nicht gantz und ich verharre Lebenslang."

"Leben Sie so lange recht wohl und vrgnügt und empfehlen Sie mich Ihrer lieben Frau bestens also Donnerstag gewiß erwarten wir Sie hier leben Sie nochmahls wohl und ich verharre lebenslang."

Eine Vergleichsmöglichkeit, um diese Abschlußformel auf ihre Aussagekraft hin überprüfen zu können, stellt der Brief an die Schwägerin, d.h. die Ehefrau des Gabriel Friedrich Wilhelm Lodtmann vom 22. August 1789 dar. Sie duzt diese 'Theuerste beste Frau Schwester' und verabschiedet sich von ihr mit den folgenden Worten:

"Leb wohl beste Frau Schwester und behalte mich lieb und denke zuweilen an Deine, Dich ewig liebende Schwester."

Die Formel ist also auch Ausdruck der Beziehung zwischen Adressat und Empfänger eines Briefes, nicht nur ein gleichbleibend stilisiertes Mittel, das einen Brief einrahmt.

Folgen wir zunächst dem Eindruck dieser Anrede- und Schlußformel, so begibt sich Margarethe Agnese Elisabeth ihrem Schwager gegenüber in die untergeordnete Position der gehorsamen Dienerin, indem sie vor ihm in 'Hochachtung verharrt'. Man glaubt es förmlich vor Augen zu sehen: das Bild des aufrecht stehenden Bürgers und die vor ihm in gebückter Haltung erstarr-te, den Blick ehrfurchtsvoll gesenkten untertänigen Frau – typischer Aus-druck patriarchalischer Hausvaterideologie. Hier nun gilt diese Hochachtung nicht dem Ehemann, sondern dem an Jahren jüngeren, aber gesellschaftlich hochstehenden Schwager, zu dem sie eine räumlich, zeitlich und gefühlsmäßig begrenzte Beziehung unterhält.

Nun läßt sich dieses über Anrede- und Schlußformel konstituierte Bezie-hungsgefüge zwischen Schwager und Schwägerin, wie es von der Frau darge-stellt wird, in seiner weiteren Struktur überprüfen. Das dient einmal dazu, um die in den Briefen angesprochenen Themen und die Art der Präsentation die-ser Themen in einen sinnvollen Bezugsrahmen zu stellen, und um sie zum an-deren im Hinblick auf das Verhältnis zueinander und schließlich im Hinblick auf den Aufgabenbereich der Margarethe Agnese Elisabeth Lodtmann, auf ihre Gefühle, Ängste und Wünsche hin zu interpretieren. Das alles in einen Zusammenhang gestellt könnte dann ein Bild des weiblichen Lebenszusam-menhanges dieser Osnabrücker Bürgersfrau vermitteln, das ergänzt werden müßte durch Informationen über den Lebenszusammenhang anderer Frauen derselben Zeit und Schicht. Auf dieser Folie ließen sich dann Gemeinsamkeiten und Unterschiede, aber auch bisher unbekannte Teile der Normalität erfassen und hypothetisch behandeln.

Was sind nun die Themen, die diese Frau ihrem Schwager gegenüber für berichtenswert erachtet und wie werden diese Themen präsentiert?

In einem Überblick über die sieben Briefe aus der Zeit von 1786 bis 1795 ist zwar festzustellen, daß bestimmte Themen immer wieder auftauchen; allerdings ist die Form der Briefe nicht so weitgehend standardisiert, daß diese Themen auch immer in derselben Reihenfolge auftauchen.

In jedem Brief, mal zu Beginn, in der Mitte oder auch am Schluß erwähnt sie, daß sich ihr Ehemann in Sondermühlen befindet. Sie schreibt ihrem Schwager also nur dann, wenn ihr Mann nicht zu Hause ist. Sehr häufig bittet sie ihren Schwager, ihn doch zu besuchen. Die Gründe sind unterschiedlich, verweisen jedoch darauf, daß er ihr als eine Art männlicher Autorität bei schwierigen Problemen der Wirtschaftsführung helfen soll. Während der Abwesenheit ihres Mannes beaufsichtigt sie das Schlachten, das Heueinfahren, die Ernte, den Mühlenbau, kümmert sich um Anfragen und Beschwerden abhängiger Bauern. Während sie sich nun fähig fühlt, einen großen Teil dieser 'zusätzlichen' Pflichten zu erfüllen, erwachsen ihr aus anderen Aufgaben Probleme, die sie als Überlastung immer auch dann empfindet, wenn sie als Frau untergebenen Männern gegenüber die Autorität ihres Mannes vertreten muß. So schreibt sie am 30.11.1785:

'Was ist es doch jezt alle Tage schlechtes Wetter bald regnet es, bald schneits und bald hagelt es wieder ich bin jezt wirklich für vieles Wasser und für eine Flut besorgt, besonders da ich jezt so ganz allein bin. Denken Sie mahl bester Herr Bruder mein Mann ist jezt in 3 Wochen gar nicht hier gewesen und vorher in 14 Tagen auch nicht in 5 Wochen nur einen einzigen Tag ich glaube nicht seitdem der Hr. Bruder von hier weg sind daß er ist 14 Tage in allem hier gewesen und wird auch für Weihnachten noch nicht viel kommen. Ich hoffe aber der Hr. Bruder werden uns bald das Vergnügen machen und zu uns nach Osnabrück komen. und alsdann einige Zeit hier verweilen. Ich habe es schon oft gewünscht daß Sie hier sein mögten besonders auch in ansehung der Zimmerleute welche in der Tobacksmühle arbeiten. Da sind täglich so viel Leute bey gewesen und man kan nicht sehn was sie daran gemacht haben aber sie haben auch herzlich nicht viel aufsicht gehabt und müssen nur alles nach ihren eigenen Gefallen machen. Jezt ist sie aber doch bald fertig es fehlt nur noch die eiserne Spille so darauf die Steine kömt. Wen die nur hier ist so hoffe ich sol sie doch bald in Gang kommen aber wo das Pferd ziehen sol ist noch gar nicht an gearbeitet und daß hat ja auch noch Zeit.'

In demselben Brief beschreibt sie auch in einem Postskriptum ein weiteres Problem, das sie nicht allein entscheiden und lösen kann:

38

"... noch eins hätte ich bald vergessen es ist vor einigen Tagen ein Bauer hier gewesen von Engter und wen ich es recht verstanden so heist er Menge. Der hat mir
gebeten ich mögte Ihnen doch schreiben Sie mögten ihn doch keine ungelegenheit
machen. Wie Sie ihn geschrieben hätten. Den er wußte nicht wie viel es machte
daß er Ihnen schuldig er wolte also um Weihnachten wieder kommen und alsden
von Ihnen hören wie vil er Ihnen schuldig und es den auch gleich bezahlen weil
ihn der Weg nach Fürstenau gar zu weit wäre.'

In jedem weiteren Brief auch erwähnt sie das widrige Wetter, immer jedoch
in bezug zu einem wichtigen anderen Lebensbereich: der Gesundheit, einer
bevorstehenden Reise oder der einzufahrenden Ernte.

Häufig sind auch die unterschiedlichen Nachrichten und Informationen über
die Wirtschaftsführung, die nicht nur im Zusammenhang mit dem Wetter
vorgebracht werden, und gerade auch diese Informationen sind wichtig, um
die Arbeit, die Margarete Agnese Elisabeth leisten muß, einschätzen zu können. In diesem Zusammenhang stellt sich dann auch die Frage, ob die räumliche Trennung, wie sie für die Eheleute Lodtmann nachzuweisen ist, nicht
auch ein Teil der Normalität anderer Familien war. Wenn dem so wäre,
müßte es vermutlich auch zu einer Revision der Einschätzung der von Frauen
geleisteten Arbeit im Haushalt kommen. Nimmt man z.B. nur einmal an, daß
in den Bürgerfamilien, in denen die Ehemänner ein staatliches Amt bekleide-
ten, das sie zwang, des öfteren ihr Heim zu verlassen, Frauen die anfallenden
Aufgaben und Pflichten der Beaufsichtigung über die Wirtschaft hatten, so
erscheint hier zwischen dem Ackerbürger auf der einen und dem Beamten
auf der anderen Seite eine im Übergang zur bürgerlichen Gesellschaft existie-
rende Gruppe von Personen, in denen der Anteil der von Frauen geleisteten
Arbeit und übernommenen Verantwortung sich nicht nur verlagerte und hinsichtlich ihrer häuslichen Pflichten veränderte, sondern punktuell als eine Art
Lückenfüller sogar erweiterte. Daß eine Frau wie Margarete Agnese Elisabeth damit einige Schwierigkeiten und Probleme hatte, denen sie relativ hilflos ausgeliefert war, ist dann Ausdruck einer ungenügenden Vorbereitung auf
diese männliche Arbeit, denn sie tritt zeitweise sowohl in die Rolle des Haus-
vaters als auch in die der Hausmutter ein, während sich ihr Ehemann auf die
Rolle als Beamter konzentrieren, sich in diese einüben kann.
    Neben vielfältigen Informationen über wirtschaftliche Vorgänge finden
sich in den Briefen nur selten private Informationen über das Wohlbefinden
der Familie. Als Entschuldigung für die lange Zeit, die zwischen dem Empfang und der Beantwortung eines Briefes des Schwagers lag, berichtet sie über
die Krankheit ihres Kindes am 29. März 1786:

"Schon den Sontag nach des Herrn Bruders Abreise kriegte es (das Kind) recht
starkes hitziges Fieber und mußt sich recht viel Galle ausbrechen. Der Hr. Doctor
sagte daß es eine Art von kalten Fieber gewesen ist es war sehr schlecht dabey
und ich war sehr besorgt daß wir es hätten verlieren müssen aber jetzt ist es den
Himmel sey dank beinahe schon wieder besser und hat auch weit bessern Appetit
zum Essen, wie nach dem kalten Fieber. Die jüngste Demoiselle Schwester ist
noch so übel zufrieden wie der Herr Bruder sie verlassen haben und kan noch gar
keine Besserung spüren und hatte sie auch in lezten Tagen nicht gesehen weil ich
keinen Augenblick von meinem kleinen Mädchen gehen konnte ...'

Noch ein weiteres zeit- und energieaufwendiges Arbeitsfeld der Frau Lodtmann tut sich hier auf: die Pflege der Kranken, die sie bei ihrem Kind offensichtlich selbst übernimmt.

Die Informationen und Nachrichten, die sie darüber hinaus ihrem Schwager
vermittelt, können, trotz der Ansätze dazu, nicht unter dem Begriff des Klat-
sches subsumiert werden. Dieser Begriff läßt sich passender auf die Familien-
nachrichten beziehen, die sie ihrer Schwägerin gegenüber formuliert. Sie sind
bissig, ironisch und zeugen von einer heimlichen Freude am Mißgeschick anderer, während das, was sie ihrem Schwager an Gesellschafts- und Familien-
nachrichten übermittelt, vielmehr den Charakter einer sich um Distanz be-
mühenden Informationsvermittlung hat.
Am 9.2.1786 schreibt Margarete Agnese Elisabeth an ihren Schwager:

"Der Herr Bruder werden es vermutlich schon wissen, daß der Hr. Secretair
Vecin jezt die älteste Demoiselle Perlsticker heirathen wird eine gantz wunderli-
che Heirath von beiden Seiten. Sie einen Mann wie ich glaube mit zehn Kindern
und er mögte ich sagen eine Närrin heirathen."

Der Schwägerin gegenüber berichtet sie am 22.8.1789 von einer anderen nicht
minder 'wunderlichen' Eheschließung.

" ... aber was denkst Dir Du pflegtest immer zu fragen von dem niedlichen Pastor
zu Melle daß der unsere Cousine Ehmbsen heirathete diese Heirath ist sehr geschwind auf gekommen vorigen Dienstag ist schon beim ja wort zugleich die ver-
lobung gewesen und die Heirat sol auch wol jetzt im Oktober oder anfangs November sein geht das nicht recht geschwind, den haben wir doch mit der unrech-
ten aufliegen lassen, ich freue mich schon nun habe ich zwey Hochzeiten. Wen
sie nur nicht zugleich kommen."

Auch in den Briefen an den 'Bruder' ist die verhaltene Lust am Klatsch spür-
bar, der in dem Brief an die Schwägerin deutlich hervorsticht. In diesem Brief
ist auch die Sprache mehr Alltagssprache, verweist auf eine gemeinsame
Grundlage des Gespräches über diese Dinge.

Nur ein einziges Mal, dann allerdings sehr ausführlich, berichtet sie über ein öffentliches gesellschaftliches Ereignis in der Stadt: die Garnisonsfeier zur Wiederherstellung des Königs. Ansonsten beschränkt sie sich auf den engsten Kreis der Familie.

Nun ist nicht anzunehmen, daß es über das öffentliche Leben der Stadt Osnabrück nichts gibt, was berichtenswert gewesen wäre. Aber einmal war es offensichtlich nicht ihre Aufgabe, darüber zu schreiben – vielleicht fürchtete sie ihre fehlende Kompetenz, vielleicht waren auch ihre Informationen zu gering – und vermutlich galt für sie zum anderen auch das Verbot, sich zu politischen und gesellschaftlichen Themen der Zeit zu äußern. Möglicherweise konnte dieses Verbot durchbrochen werden, wenn man sich an 'gute Freunde' und eine 'innige Herzensfreundin' wandte; keinesfalls jedoch einem Manne gegenüber, mit dem man eine distanzierte, durch Autorität gekennzeichnete Verbindung unterhielt.

Am 27. 4. 1789 schreibt sie also:

> "Gestern hat hier die Garnison das Danckfest wegen der Wiederherstellung des Königs gefeiert es war recht feyerlich. Sie haben den Gottesdienst in unserer Marienkirche gehabt woselbst schöne Musik und unten Gesang Herr Gott wir dich loben wir werden die Canonen abgefeuert. Welche sie hatten auf der Freiheit bringen lassen und Hr. Pastor that eine schöne Predigt. Sie können sich gar nicht vorstellen so erstaunlich viel Menschen darinnen waren daß zuletzt keiner mehr herein kommen konnte nach der Kirche versammelten sich die Soldaten auf der Freiheit und wurden von denselben 3mahl rundgefeiert. Wie auch mit den Canonen und des Mittags war große Tafel auf den alten Rathause von 150 Personen und den Abend getanzt und hat den ganzen Nachmittag die Canonen gefeuert und alle Soldaten haben was zu besten gekriegt. Die Bürger sind auf der Wache gewesen - das ist alles was ich hier von weiß."

Sammelt man am Schluß noch einmal alle Informationen, die sich aus den Briefen der Margarete Agnese Elisabeth Lodtmann herausziehen lasssen, so erscheint unter der zunächst eintönig wie nichtssagenden Fassade doch eine Frau, die ein von Arbeit angefülltes Leben führte, das bestimmt war durch die beständige Abwesenheit ihres Ehemannes, die vielleicht nicht nur ein Unglück für sie war, aber sie einsam machte. Die starre Form der Briefe, die zunächst auf eine untertänig gebeugte Frau zu verweisen scheinen, sind dabei nicht einzig und allein Ausdruck der Persönlichkeit dieser Frau, sondern vielmehr Ausdruck ihres Verhältnisses zu dem Schwager. Sie ist weder dumm noch beschränkt, sondern durchaus auch lebensfroh, interessiert an ihrer näheren Umgebung und eingebunden in eine große Verwandtschaft – und sie arbeitet zeitweise 'wie ein Mann' – und das wird durchaus als 'normal' betrachtet: Anlaß für uns, unsere Vorstellungswelt über das 'normale' Leben einer Frau in der Geschichte zu überprüfen.

4. Von Hebammen und 'weisen Frauen'.
Ein Beitrag zur Arbeits- und Lebenssituation von Frauen im 19. Jahrhundert

Im 19. Jahrhundert entdeckten die Mediziner den weiblichen Körper und seine Seele als höchst interessantes, bisher weitgehend unbekanntes Feld ihrer Forschungen. Die 'Heimlichkeiten der Frauenzimmer' galt es zu enthüllen und es ist bewundernswert im negativen Sinne, welche Vorstellungen über die Funktionsweise des weiblichen Körpers in der medizinischen Männerwelt herrschten. Nicht erstaunlich allerdings, wenn man bedenkt, daß Ärzte lange Zeit kaum Zugang zum weiblichen Körper hatten, der tabuisiert war und zumindest, was Geburt und Geschlechtlichkeit anbetraf, in den Händen von Frauen lag. Die Tendenz vom Theoretisieren hin zum Erfahrungswissen erforderte auch Maßnahmen zur Einsicht in dieses unbekannte Wesen 'Frau'[1].

Ein Gradmesser dieses Wandels sind die zunehmenden Versuche der Medicinalpolicey, durch Vorschriften und Bestimmungen Einfluß zu gewinnen auf die Geburtshilfe, wie sie vornehmlich von den Hebammen ausgeübt wurde. In Osnabrück fand diese Entwicklung in der Gründung einer Hebammenlehranstalt im Jahre 1824, der sich eine Entbindungsabteilung anschloß, einen vorläufigen organisatorischen Abschluß[2].

Die Hebammen unterstanden zwar formal auch im 18. Jahrhundert schon der städtischen Aufsicht; in der praktischen Ausübung ihres Berufes waren sie jedoch nur in geringem Umfang kontrollierbar.

---

1   Vgl. z.B. Geyer-Kordesch, J., Kuhn, A. (Hg.): Frauenkörper-Medizin-Sexualität: auf dem Wege zu einer neuen Sexualmoral (Geschichtsdidaktik: Studien und Materialien, Bd. 31), Düsseldorf 1986.
Shorter, E.: Der weibliche Körper als Schicksal, Zur Sozialgeschichte der Frau, München 1984.
Fischer-Homberger, E.: Krankheit Frau. Zur Geschichte der Einbildungen, Darmstadt und Neuwied 1984.

2   StadtArch Osnabrück
Rep. 725a Landesfrauenklinik zu Osnabrück
12 Reglement Hebammenschülerinnen (1923-24)
13 Hebammenlehr- und Tagebücher (1855-1938)
15 Aus- und Fortbildung Hebammen (1909-1936)
24 Organisation (1853-1937)
25 Beratungsstelle für Mütter und Säuglinge (1906-1937)
30 Aufnahme von Wöchnerinnen (1883-1938)
Rep. 701 I. Evangel. Konsistorium zu Osnabrück
648 Die Hebammen und deren Gebrauch bei Entbindungen und Taufe (1789-1818)
Rep. 350 2367-2378 Hebammenwesen und Kleinkinderpflege. Dep. 3 b V Stadt Osnabrück, Polizei- und Gildesachen XLIV. Medizinalpolizei, 1977, 1879, 1887.

Erst zu Beginn des 19. Jahrhunderts häufen sich in den Berichten des Stadtarztes Hinweise, die darauf abzielen, Auswahl und Ausbildung der Hebammen besser als bisher in den Griff zu bekommen.

Für Osnabrück läßt sich nun anhand der vorliegenden Quellen feststellen, welchen Regulationsmechanismen die Hebammen in der Ausübung ihres Berufes unterlagen. Erschließen läßt sich darüber hinaus, aus welchen sozialen Schichten sich diese Frauen rekrutierten und welche Motive sie für ihre Berufstätigkeiten hatten.

Überlegungen zu einer Organisation und Reglementierung des Hebammenwesens von offizieller Seite sind erstmals ersichtlich aus Berichten des Jahres 1789[3]. Sie verweisen auf Probleme, die innerhalb einer Kirchengemeinde anfallen, wenn nur 'gehörig approbierte' Hebammen die Geburt eines Kindes anzeigen dürfen.

Aus dem Brief des evangelischen Pfarrers Eberhard Rudolph Ide zu Badbergen vom 15. Oktober 1789[4] geht eindeutig hervor, daß in seinem Zuständigkeitsbereich häufig 'Mütter ihre Töchter, Schwestern ihre Schwester, Schwägerin ihre Schwägerinnen accouchieren, und denen ihre Kinder zur Taufe tragen'. Wenn er, so seine Befürchtung, diese melden müsse – und das ist seit 1789 gesetzlich vorgeschrieben – werde er als Denunziant seiner Beichtkinder auftreten und damit seelsorgerische Probleme bekommen.

Zumindest auf dem Lande also wurden die Geburten nicht in jedem Fall von einer staatlich ausgebildeten Hebamme überwacht. Nachbarschaftliche und verwandtschaftliche Hilfe erscheinen üblich. Vertrautheit und Nähe mag ein Grund für dieses Verhalten gewesen sein. Auf der anderen Seite war aber auch die Geldersparnis ein Argument, sich keiner Hebamme zu bedienen.

So stellt der Rentmeister Meyer der Ämter Wittlage und Hunteburg am 10. Juli 1789 fest, daß in seinem Bezirk dem 'so sehr nützlich gefundenen Hebammen Institut' alles entgegengesetzt werde.

"Der gewöhnliche und althergebrachte Verdienst einer Hebamme bey einer Wöchnerin ist bisher auf 12 Mgr. gelaufen; so gering auch dieser Verdienst ist, so finden sich doch allerhand schlechte Weiber, welche ihre Dienste denen für 6,7 und 9 Mgr. als Hebammen anbieten. Der gemeine Mann, welcher die Gefahr bey der Entbindung verknüpft ist, nicht einsieht, und der mehr für die Erhaltung seines Viehs als seiner Frau und Kinder besorgt ist, läßt sich um einige Groschen zu ersparen, dergleichen schlechte Weiber zu leicht verleiten. Die unterrichteten Hebammen haben also wenig oder gar keinen Verdienst, und es fällt schwer sehr

---

3   StadtArch Osnabrück, Rep. 701 I Evangel. Konsistorium zu Osnabrück, 645, Die Hebammen und deren Gebrauch bei Entbindungen und Taufen (1789-1818).

4   Ebenda.

gute tüchtige Hebammen dabei zu vermögen, daß sie sich zum Unterricht bequemen."[5]

Vor der Gründung der Hebammenlehranstalt werden die Hebammen durch den Stadtarzt lediglich hinsichtlich ihrer moralisch-sittlichen Haltung überprüft. Geringe theoretische Kenntnisse in der Geburtshilfe werden darüber hinaus vermittelt. Ein wichtiger Einschnitt in der Ausbildung der Hebammen erfolgt durch die bereits benannte Gründung der Lehranstalt. Bis zum Jahre 1855 verbleibt das Institut im Haus in der Johannisstraße 41, wird dann in die Knollstraße 7 verlegt, 1904 in die Knollstraße 16, und findet am Ende des Jahres 1925 seinen Sitz am Lieneschweg (der heutigen Frauenklinik). Das gesamte 19. Jahrhundert über bleibt es allerdings problematisch, die zur Verfügung stehenden Betten auch mit Wöchnerinnen zu füllen, obgleich 'Kost und Logis' sowie ärztliche Betreuung für bedürftige Frauen unentgeltlich sind. Die bürgerlichen Frauen gebären weiterhin zu Hause und nur arme, zumeist unverheiratete Frauen nehmen notgedrungen diese Einrichtung oft als letzte Zufluchtstätte in Kauf. Diese Ablehnung der Entbindungsanstalt von großen Teilen der Bevölkerung ist nicht nur in Osnabrück, sondern auch in anderen großen Städten zu beobachten.

So heißt es in einem Bericht des Landes-Direktoriums der Provinz Hannover vom 22. Dezember 1879:

"In den Hebammenlehr- und Entbindungsanstalten der Provinz hat die Zahl der Geburten seit einer Reihe von Jahren fast stetig und in merklicher Weise abgenommen. Sollte diese Verminderung der Entbindungen in den Anstalten noch weitere Fortschritte machen, so wird die Besorgnis nicht abzuweisen sein, daß die Hebammenschülerinnen sich während ihrer Lehrzeit nicht die praktischen Erfahrungen anzueignen vermochten, welche ihnen für die sichere Ausübung ihres Berufes erforderlich ist ... Es ist anzunehmen, daß viele von denen welche einer außerehelichen Niederkunft entgegensehen, nicht wissen, wo sie ein Unterkommen finden und womit sie die Kosten ihrer Entbindung bestreiten sollten. Auch manche Frauen der arbeitenden Classe sind wegen der Beschränktheit ihrer Wohnung, wegen des Mangels eines von den übrigen Familienmitgliedern getrennten Schlafraumes kaum in der Lage, ein Wochenbett im eigenen Hause abzuhalten."[6]

Der Tenor der weiteren Ausführungen geht dahin, daß schon eine bessere Aufklärung über die Funktionsweise der Klinik dazu beitragen könnte, den Frauen diese Form der Entbindung nahezubringen.

---

5   Ebenda.
6   Ebenda, Rep. 725a Landesfrauenklinik zu Osnabrück, 24 Organisation (1853-1937).

"Eine Vergütung wird nur insoweit beansprucht, als die Aufnahme suchenden Schwangeren, solche zu geben im Stande sich befinden, und haben wie die Anstaltsdirectoren angewiesen, bei der Prüfung der Zahlungsfähigkeit möglichst nachsichtig zu Werke zu gehen und eine völlige Befreiung von den Kosten nicht nur aufgrund eines förmlichen Antrages Armenscheine zu gewähren, sondern auch schon dann, wenn sich aus den sonstigen Umständen die Bedürftigkeit ergibt."[7]

Man muß also um die Schwangere werben.

Drei Fragen gilt es nun hinsichtlich der Ausbildung und des Berufsfeldes der Hebamme zu klären:

- Wer wird überhaupt Hebamme? Was sind die Motive und die Auswahlkriterien?
- Wie werden diese Hebammen ausgebildet?
- Welchen Beschränkungen unterliegt ihre Arbeit?

Die erste Frage läßt sich mit Hilfe der von den Frauen gestellten Anfragen nach Beschäftigung sowie den vom Stadtarzt benannten Auswahlkriterien beantworten.

Die wirtschaftliche Notlage, der Zwang, arbeiten zu müssen, um die Familie zu ernähren, ist in nahezu allen Anträgen der Hebammen um Einstellung bzw. Übernahme in die Ausbildung leitendes Motiv. Die Frauen, die weitgehend aus dem Kleinbürgertum stammen, haben einen arbeitsunfähigen Mann, unversorgte Kinder, sind Witwen oder geschiedene bzw. getrennt lebende Frauen oder müssen wegen des geringen Verdienstes ihres Ehemannes 'dazuverdienen'.

Exemplarisch wird im folgenden das Anstellungsgesuch der Ehefrau Catharina Brühning, geborene Ellermann vom 17. November 1837 angeführt:

"Im Monate September d.J. wagte ich meine Vorstellung mit einem prüfungs-Atteste um Anstellung als Hebamme für die mit Tode abgegangene Hebamme Hollmann einzureichen, welches bis jetzt mir nicht bewilligt worden ist meine häußlichen Verhältniße und Umstände werden Ew. Wohlgeb. schon etwas aus meiner damaligen Vorstellung ersehen haben, welches sich seitdem nicht gebeßert, sonder so viel mehr verschlimmert hat, daß ich jezt nothgedrungen weil die Hebamme Könnerscamp mit Tode abgegangen und dadurch eine weitere Stelle erledigt worden ist, nun dafür wieder anzustellen gehorsamst bitten muß, weil mein Mann schon über 3/4 Jahr Krank gelegen, wo, über 6 Wochen lang hat nächtlich mußten bey gewacht werden, hat mein Gehalt nicht zureichen lassen und sind meine Vermögens Umstände die lange Zeit her dadurch so geschwächt worden, daß ich nicht mehr im Stande bin, mit den besten Willen bestehen zu können. Da ich nun alle Mühe um in der Hebammenkunst recht zu bilden mich gegeben habe, daß ich mit meinen Kindern mich damit zu ernähren gedachte, so wage ich es abermahls die gehorsamste Bitte auszusprechen, daß Eure Wohlgeb.

---

7   Ebenda.

doch für diesmal mögten, mir durch das Ableben der Hebamme Könneskamp
vaccant gewordene Stelle als Hebamme allergütigst wieder anzustellen.
In der Hoffnung, daß Ew. Wohlgeb. meine gehorsamste Bitte nicht ungeneigt
bemerken werde, beehre ich mich zu unterzeichnen.
Ehefrau Brühning."[8]

In der Stadt sind immer nur vier, selten fünf Hebammen zu einem Zeitpunkt
zugelassen. Den wenigen Stellen steht eine große Anzahl von Frauen gegenüber, die als Hebammen ausgebildet werden möchten. Schon auf dieser ersten Vorstufe werden viele Frauen abgelehnt.

Ausgebildet werden soll entsprechend dem Bedarf – und die Bemühungen
gehen dahin, Frauen zu finden, die neben einem nachweisbar guten und sittlichen Lebenswandel auch ein gewisses Maß an Allgemeinbildung mitbringen.
So berichtet dann der Stadtphysikus Dr. Droop dem städtischen Magistrat am
1. August 1842:

> "Mein Wunsch, solche Frauen zu finden, welche neben den nützlichen Requisiten
> etwas mehr äußere und innere Bildung besitzen, ist leider! so sehr ich auch be-
> müht gewesen bin, nach denselben mich umzusehen, nicht in Erfüllung gegangen.
> Und doch ist das Bedürfnis solcher mit mehr als gewöhnlicher Bildung ausge-
> statteter Hebammen mit einigen Jahren in unserer Stadt recht fühlbar, und
> spricht sich am deutlichsten dadurch aus, daß in den höheren und gebildeten
> Ständen nicht wie früher die Mehrzahl der Geburten von Hebammen, sondern
> von Accoucheuren geleistet wird. Auch jenen beiden sonst qualifizierten Frauen
> gehen jene Vorzüge ab; es wird aber, da sich keine bessere Candidatinnen gemel-
> det haben, und die Hoffnung daß sich solche noch melden werden, fernliegt, vor-
> erst auf diese beiden Rücksicht zu nehmen sein."[9]

Ganz entsprechend diesen Vorgaben kritisiert Droop einige der Hebammen
als 'zu blöde und zurückhaltend', um sich das Vertrauen der Schwangeren vor
allem aus den höheren Kreisen zu erringen.

Nach welchen Grundlagen nun werden die Hebammen geschult? Die Ausbildung

> "erfolgt in der Anstalt durch theoretischen Unterricht, welcher von dem Director
> und nach dessen Anordnungen von der Lehrhebamme erteilt wird, und durch
> practische Unterweisung, namentlich durch Zuziehung zu den Entbindungen, zu
> den Untersuchungen der Schwangeren, zu den vorkommenden Operationen und

---

8   Ebenda. Dep. 3 b V Stadt Osnabrück, Polizei- und Gildesachen XLIV Medizinalpolizei
     1877. Hebammen-Anstellung und Personalien der Hebammen (1819-1872).

9   Ebenda.

Sectionen, sowie auch durch Mitverwendung bei der Wartung und Verpflegung der Wöchnerinnen und neugeborenen Kinder."[10]

Der Kursus dauert fünf Monate und ist nur für Frauen zugelassen, die ganz bestimmte Erfordernisse erfüllen. Sie müssen einen 'richtigen Verstand' besitzen, dürfen nicht über 36 Jahre alt sein, müssen lesen und schreiben können, von äußeren Gebrechen frei und von einer gesunden und festen Körperbeschaffenheit sein, dürfen nicht schwanger sein und müssen in 'Hinsicht ihres Charakters und ihrer sittlichen Aufführung vorwurfsfrei sein.'

Am Ende ihrer Ausbildung legt die Hebamme eine Prüfung ab, die sie zur Ausübung der Hebammengeschäfte befähigt. Die Ausbildung selbst muß von den Hebammenschülerinnen zum Teil selbst bezahlt werden.

Die Aufgaben der Hebammen, wie sie 1824 schon in der 'Instruction für die angestellten Hebammen' formuliert werden, umfassen die Geburtshilfe und die nachgeburtliche Pflege. Darüber hinaus werden sie verpflichtet, in 'gerichtlichen Fällen', z.B. verheimlichten Schwangerschaften und Geburten, die ersten Untersuchungen, wenn sie dazu aufgefordert werden, anzustellen und auch ohne Aufforderung solche Fälle der Obrigkeit anzuzeigen. Einem Mißbrauch der Hebammenkunst im Falle von Abtreibungen soll damit vorgebeugt werden. So darf sie 'keiner Person etwas zur Beförderung der monatlichen Reinigung anrathen oder geben ... bey Leibesstrafe keinen Rath oder Anschlag zur Abtreibung, Wegsetzung oder Umbringung der Leibesfrüchte' geben und muß, wenn sie 'Verdacht solcher Verbrechen' schafft, dieses sofort melden.

Im Vordergrund aller Maßnahmen muß das Wohl des Kindes, dann erst das der Mutter liegen; ein Grundsatz, der sich in der heutigen Geburtshilfe weitgehend erhalten hat. Die letzte Entscheidungs- und Kontrollinstanz bleibt der Mann als Arzt und Richter.

'Schlechte Weiber' allerdings, die trotz staatlicher Verbote unausgebildet und damit auch ungesetzlich als Hebammen wirkten, hat es wohl nicht nur auf dem Lande gegeben. Und auch die handauflegende, durch Zauberei und Gottesfurcht heilende 'weise Frau' gehört im 19. Jahrhundert noch keineswegs der Vergangenheit an. Überliefert ist für Osnabrück der Prozeß gegen Catharina Maria Stradtmann, geborene Henkenberg aus Hilter, aus dem Jahre 1843. Sie wird wegen ihrer 'Winkelkuren' angeklagt[11]. Mit Hilfe dieses Beispiels läßt sich erschließen, welche traditionellen Heilmethoden sich außerhalb der anerkannten ärztlichen Kunst auch über die Geburtshilfe hinaus er-

---

10   Ebenda.
11   Ebenda.

halten haben. Zudem wird deutlich, daß der Volksglaube an diese Methoden des Handauflegens und Beschwörens lange Zeit wirksam bleibt.

Der Stadtphysikus Dr. Droop schreibt am 17. August 1843 einen Bericht an den Städtischen Magistrat 'betrifft: die Pfuscherei der Ehefrau Strathmann zu Hilter'. Dieser Bericht sowie die indirekt vermittelte Antwort der Catharina Maria Strathmann wird im folgenden auszugsweise wiedergegeben:

"Schon seit längerer Zeit kommt, wie mir von glaubhaften Leuten versichert ist, öfters und gewöhnlich des Sonnabends eine Frau aus der Nähe von Hilter, Strathmann genannt, hierher, welche durch verschiedene oft abenteuerliche Rathschläge und selbst durch Darreichung von äußern, vielleicht unschädlichen Mitteln, leichtgläubige Menschen anlockt, und bei vielen derselben in dem Rufe steht, äußern Schaden, namentlich Krebs und krebsartige Übel gründlich zu heilen. Es soll diese Strathmann die Tochter jener alten Frau seyn, die schon seit Jahren in der Nähe von Hilter mit Besprechungen und sympathischen Kuren ihr Wesen getrieben hat. Mit Drüsenverhärtungen und Krebsschäden behaftete aus vornehmen und niedern Ständen wallfahrten tief in der Nacht vor Sonnenaufgang nach jedem Vollmond und Freitags zu derselben hin, um sich die Schäden mit einem hölzernen Löffel, der zuvor in Holzasche gerieben wird, berühren und dann besprechen zu lassen. - Die Erbin der geheimnisvollen Künste der alten Frau scheint mit größter Offenheit und Ausdehnung ihr Kurgeschäft zu betreiben und versäumt es nicht, selbst zuweilen irgend ein äußeres Mittel leichtgläubigen Kranken darzureichen oder anzuempfehlen. - So ist doch kürzlich der Fall vorgekommen, daß ein mit einem ... rheumatischen Augenübel behafteter Arbeiter, der bei jener Frau Hilfe suchte, nach der Besprechung den Rath erhalten, ein Stück Geld mehrere Tage auf das kranke Auge zu binden. Daß eine solche Procedur aber das Übel verschlimmern mußte, braucht hier wohl nicht erwähnt zu werden. In andern zu meiner Kenntnis gekommenen Fällen soll die Frau einfache und unschädliche Stoffe, Salben und Oele angerathen und selbst ausgegeben haben."[12]

Dieser Frau nun soll das Handwerk gelegt werden. Zunächst klingen ihre Heilmethoden verglichen mit modernen Behandlungsmethoden von Krebs und krebsartigen Geschwüren für den heutigen Leser reichlich obskur. Nicht mehr ganz so obskur allerdings wirken diese 'Winkelkuren', wenn man den medizinischen Standard der Zeit einmal vergleichend hinzuzieht. Die Behandlungsmethoden der Ärzte gehorchen jeweils den vertretenen theoretischen Positionen hinsichtlich der Funktionsweise des Körpers. Die gesammelten Erfahrungen sind relativ gering und die gewählten Behandlungsmethoden mit einer hohen Versagerquote belegt. Die angewandten Arzneimittel entsprechen häufig in keiner Weise dem jeweiligen Krankheitsbild, sondern unterliegen einer gewissen regelhaften Beliebigkeit. So muß man, und das wird der Ehefrau Strathmann wohl auch zugestanden, zumindest zugeben, daß ihre Behandlungsmethoden wenig schädlich sind.

---

12   Ebenda.

"Ich kann es nicht in Abrede stellen, nicht allein an meinem Wohnorte, sondern auch hier in Osnabrück manche von äußeren Fehlern befreit zu haben. Mit innerlichen Kuren gebe ich mich nicht ab, und gebrauche zur Heilung äußerer Schäden nur Hausmittel ... Nimmt man meine Hilfe in Anspruch, so reiche ich nur Hausmittel her und bediene mich, während ich die Wunde untersuche, eines Messers, bei welchem ich dann aus den Reden, die Jesus als er am Kreutze hing, führte, einige Worte denke. Des Messers bediene ich mich dreimal hinter einander, und damit ist es geschehen. Überall bin ich bekannt und habe Besuch aus der Nähe und Jene, welche meine Hülfe in meiner Wohnung ansprechen, wissen, daß ich nur am Freitage handle, und daß sie vor Sonnenaufgang in meiner Wohnung sein müssen. Eine bestimmte Gabe für meine Arbeit habe ich nicht, ich stelle meine Abfindung jedem anbei, von Mehreren nehme ich auch nichts."[13].

Ein starker religiöser Bezug und ein nicht geldgieriger Charakter − so stellt sie sich hier der Obrigkeit dar; vielleicht ein taktisches Kalkül, vielleicht aber auch innere Überzeugung, die Frau Strathmann zur Ausübung ihrer Heilkunst treibt. Sie gibt sich unwissend, naiv, gibt an, daß sie nichts von einem Verbot ihrer Arbeit gewußt habe.

Sie hat auch ihren Korb dabei, um zu demonstrieren, wie harmlos ihre Arbeit ist: ein Messer ohne Schale, vier kleine Flaschen, fünf kleine Töpfe und eine kleine Schachtel mit Salben, Kräutern und 'Flüssigkeiten' gefüllt.

Das vorläufige Ergebnis: sie wird nach Hause geschickt, um dort ihre Strafe abzuwarten und darf ihre Heilkunst nicht weiter ausüben. Sie ist sicherlich nicht die Einzige, die so ihren Lebensunterhalt verdient − und sie findet eine ausreichende Zahl von Kunden, die sie über Jahre hin besuchen und aus den unterschiedlichsten sozialen Schichten stammen.

---

13   Ebenda.

5. Das 'Weib in seiner geschlechtlichen Eigenart' als bildungsfähiges Wesen. Ideologische Grundlagen und erste Realisierungsversuche der Mädchen- und Frauenbildung im 18. und beginnenden 19. Jahrhundert

Das 18. Jahrhundert – eine Zeit des Aufbruches aus der 'selbstverschuldeten Unmündigkeit' zu Vernunft und Einsicht auch für Frauen? Der große Vater der Aufklärung, Kant, zumindest hat es weder so formuliert noch so gemeint – für ihn bleiben die Frauen die 'schöne Seele', das schwache und liebenswert hilflose Geschöpf. Nicht durch Kant also fließen die Ideen der Aufklärung in die Erziehung der Mädchen und Frauen ein; seine Rezeptoren wie Campe und andere hingegen nehmen sich auch der Frauen als Menschen, als bildungsfähige Wesen an, die prinzipiell gleichermaßen denkfähig sind wie der Mann. 'Vernunft' und 'Einsicht' werden zu Leitlinien der neuen Bildungskonzeptionen, mit deren Hilfe es gelingt, das dualistische Prinzip der Geschlechtsrollenzuweisungen entsprechend den gewandelten gesellschaftlichen Bedingungen zu zementieren. Auf den ersten Blick entpuppt sich diese neue, sprengende Kräfte in sich tragende Denksystem als außerordentlich tragfähiges Element einer Gesellschaftsordnung, der es eben nicht nur darum zu tun ist, sich zu erneuern, sondern in der Erneuerung selbst schon auch Althergebrachtes zu tradieren.

Die vernünftige Einsicht in den gottgewollten und biologisch nachvollziehbaren Geschlechterdualismus mit all ihren Folgen für Arbeit und Leben der Menschen setzt neue Standards in der Erziehung der Mädchen, macht sie zu einer unabdingbaren Voraussetzung, um ihr Fortbestehen zu garantieren. Das Weib als Frau und Mensch zugleich erkennt sich selbst in seiner Begrenztheit, in seiner ergänzenden Funktion zum Mann und wird das, was sie, per definitionem bis in die Gegenwart bleiben soll: Hausfrau, Ehefrau und Mutter. Auch als eheloses und damit halbes Wesen verbleibt sie, ob erwerbstätig oder nicht, in diesem Aufgabenkanon und verlangt in ihrem 'tiefsten Herzen' nach ihrer 'wahren Erfüllung'. Alles andere bleibt Ersatz, gesellschaftlich sinnvoll einsetzbar zwar in einer sich immer stärker industrialisierenden Welt, aber nie 'gefühltes' Ziel. Aufklärung wirkt sich hier für Frauen nicht anders aus als der Eingang in die fremdverschuldete Unmündigkeit, getarnt durch selbstdefinierte 'Mütterlichkeit', wie sie die Bürgerliche Frauenbewegung im 19. Jahrhundert auf ihre Fahnen schreiben sollte.

Diese ideengeschichtliche Entwicklung- auf die im weiteren Verlauf noch mehrfach, besonders hinsichtlich ihrer Funktion, eingegangen wird, korrespondiert mit einer Veränderung der wirtschaftlichen, politischen, sozialen und gesellschaftlichen Entwicklung. Diese wird gemeinhin als der Weg von der Ständegesellschaft zur bürgerlichen Gesellschaft beschrieben. Sie schafft Voraussetzungen für die Industrialisierung, d.h. auch Veränderungen in der Arbeitswelt durch fortschreitende Technisierung. Die wirtschaftliche Entwicklung setzt in Deutschland zwar erst in der zweiten Hälfte des 19. Jahrhunderts ein, kündigt sich allerdings bereits in der Diskussion über die Entwicklung in England und – im Hinblick auf die politische Entwicklung – der Französischen Revolution an.

Welche Merkmale der Veränderung lassen sich dann allerdings für das Deutschland des 18. Jahrhunderts beobachten? Auffällig sind der aufgeklärte Absolutismus Preußens, Vorformen der Bürokratisierung durch Ausbildung einer leistungsstarken, herrschaftstreuen Beamtenschaft als Gegenpart zu den unberechenbaren landständischen Territorialfürsten und Junkern, daneben einige wenige, erfolglose Versuche, Manufakturen einzurichten und – vor allen Dingen – die Entwicklung eines deutschen Bürgertums, das in seiner Vielfalt kaum durch einen einzigen Begriff zu erfassen ist.

Dieses Bürgertum wird, wenn auch nicht politisch, so doch wirtschaftlich und vor allen Dingen im Hinblick auf die Ausformulierung einer übergreifenden Moral, ja ganzen Lebensweise, zum Träger und Wegbereiter einer verspätet einsetzenden Industrialisierung und Bürgerlichkeit als Mentalität, wie wir sie aus den Nachbarländern England und Frankreich kennen. Leistungsethik gepaart mit Ordnungsliebe und Pflichtbewußtsein wird in der Tradition der protestantischen Ethik Antriebsmotor einer sich dem Fortschritt verpflichtenden Gesellschaft, einer Gesellschaft wohlgemerkt, die weiterhin, vor allen Dingen in ihren Familienleitbildern, aber auch im Erwerbsleben, ständische Traditionen über Begriffe wie 'Berufsstand' und 'Familienehre' transportiert. Allerdings – und hier setzen die Differenzierungen ein – nicht im Kleinbürgertum der Handwerker, wohl aber in den Schichten der Intellektuellen, Beamten und Teilen des Wirtschaftsbürgertums. Gerade in diesen Gruppen beginnt nun auch der Prozeß der Weiblichkeitsformung entsprechend der gewandelten Bedürfnisstruktur. Er ist nicht gradlinig und eindimensional auf das ausgerichtet, was wir im 19. Jahrhundert als Mädchen- und Frauenbildung vorfinden, sondern vielmehr höchst widersprüchlich – und in dieser Widersprüchlichkeit auch als Ausdruck der Suche nach möglichst 'passenden' Weiblichkeitsbildern.

Entsprechend sind die Erziehungsvorstellungen für Mädchen und Frauen aus den bürgerlichen Schichten in der ersten Hälfte des 18. Jahrhunderts geprägt durch die Ideen des christlichen Hausstandes als Grundlage eines 'echten christlichen Gemeinwesens'. Grundelemente weiblicher Bildung sollten dementsprechend der Katechismusunterricht, geringe Kenntnisse im Lesen, Schreiben und Rechnen sowie häuslichen Fertigkeiten zur Führung eines Haushaltes und zur Unterweisung bzw. Beaufsichtigung der Kinder und des Gesindes bilden. Es lassen sich allerdings auch schon erste Ansätze einer weiterführenden Mädchenbildung erkennen, die auf eine veränderte Anspruchshaltung der zukünftigen 'Hausmutter' gegenüber verweisen. So entwickelte z.b. August Hermann Franke in seinem 1698 gegründeten 'Gynaeceum' (Pensionat) ein Erziehungskonzept für Mädchen der höheren Stände, das Vorbildcharakter in den protestantischen Territorien Deutschlands hatte. Er befürwortete grundsätzlich die Konbination häuslicher und außerhäuslicher Erziehung. In seinem Institut sollten die Mädchen neben dem Elementarunterricht und der christlichen Unterweisung auch Unterricht in französischer Sprache, feinen Manieren, in 'nützlichen Künsten und Wissenschaften' sowie der Führung des Haushaltes erhalten. Diese und ähnliche Konzeptionen erlangten allerdings keine Breitenwirkung, so daß die Realität der Mädchenbildung noch weitgehend anders aussah. Die Mädchen in reichen Bürgerhäusern hatten nur gelegentlich eine Erzieherin oder wurden von den Hofmeistern der Jungen mit unterrichtet. Mädchen in Häusern geringeren Standes hatten – außer dem kirchlichen – vermutlich keinen Unterricht, so daß von einer planvollen Erziehung keineswegs die Rede sein konnte.

In einer zweiten Phase der Mädchenbildung von der Mitte bis zum Ende des 18. Jahrhunderts wurde nun intensiver daran gearbeitet, die Frauen besser als zuvor und entsprechend dem gewandelten Anspruchsverhalten dazu zu befähigen, ihre Kinder zu erziehen, generelle Anfangsgründe des Lesens und Schreibens zu beherrschen und eine adäquate Gesprächspartnerin des Mannes zu sein. Sie sollte also gebildet werden, um mehr Einsicht in ihre angestammten Pflichten zu erlangen und diesen besser nachzukommen. Das pädagogische Denken in dieser Phase wurde wesentlich bestimmt durch die Auseinandersetzung mit den Schriften Rousseaus.

Rousseau geht davon aus, daß Mann und Frau – trotz aller körperlichen Unterschiede – von Natur aus mit gleichen Geistesgaben ausgestattet seien. Ein Unterschied bestehe allerdings in ihrem 'Naturell'. Die Frau sei entsprechend dieser Vorgaben eigens dazu geschaffen, dem Manne zu gefallen. Der von Rousseau entwickelte Typus der Frau, die empfindsam und doch lebenstüchtig, von feiner Herzensbildung und in allen Dingen des Haushaltens vorbildlich, zur Selbständigkeit erzogen, doch unter der Vormundschaft des Mannes stand, wurde von einer inneren Ambivalenz getragen, die auch die Rezeption in Deutschland bestimmte.

Einerseits wurde die Notwendigkeit besonderer Erziehungsmaßnahmen für Mädchen und Frauen betont und auf ihre spezifische Bedeutung als Ehefrau, Hausfrau und Mutter hingewiesen. Andererseits wurde ihre Abhängigkeit und ihre Beschränktheit auf den Haushalt hervorgehoben. So wurden in einer experimentellen Phase der Entwicklung von Erziehungskonzeptionen für Mädchen viele Kenntnisse für nützlich erklärt und ihnen daher auch ein Bildungswert zugesprochen. Gleichzeitig spürte man wohl auch, daß in dieser Mädchen- und Frauenbildung sprengende Kräfte lagen, die es einzudämmen galt.

Genau an diesem Versuch der Eindämmung gesellschaftssprengender Kräfte setzten nun die Konzepte der Mädchenbildung zu Beginn des 19. Jahrhunderts ein. Das 'gelehrte Frauenzimmer', die 'Überbildung' der Frauen wurden ebenso abgelehnt wie die ungebildete Frau. Die verstandes- und gefühlsmäßige Einsicht in die naturgegebene Unterordnung der Frau unter den Mann, die sich in einer geschlechtsspezifisch definierten Aufgaben- und Funktionszuweisung manifestierte, wurde in einem egalitären Konzept der Mädchenbildung aufgehoben. Traditionelle Elemente der Mädchenbildung, wie die Unterweisung im christlichen Gedankengut und haushälterischen Fähigkeiten blieben bestehen. Hinzu trat allerdings ein exakt ausformuliertes und gegenüber dem männlichen Wissensstand drastisch reduziertes Maß an Allgemeinbildung, das vornehmlich dazu dienen sollte, die anfängliche Erziehung der Kinder übernehmen zu können und in einer gesellschaftlichen Konversation keine offensichtlichen Blößen erkennen zu lassen.

Die am Ende des 18. und zu Beginn des 19. Jahrhunderts vermehrt entstehenden Töchterschulen trugen in der Ergänzung zur häuslichen Erziehung zu einer Verbreitung und Egalisierung dieses Konzeptes der Mädchenbildung bei.

In Osnabrück spiegelt sich die Diskussion über Mädchen- und Frauenbildung im 18. und beginnenden 19. Jahrhundert zum einen wider in den Vorstellungen, wie sie Justus Möser in einen Schriften entwickelt hat[1]. Die Position Mösers ist dabei getragen von dem Wunsch nach einer Stabilisierung der herrschenden, weitgehend noch ständisch strukturierten städtischen, aber auch das ländliche Umland betreffenden Gesellschaft. Die Tradition einer 'Hausvater- bzw. Hausmutterideologie' schimmert dabei durch, gerade auch in der Kontrastierung mit den von ihm kritisierten Erziehungsergebnissen der 'feinen Dame', die unfähig ist, 'einen Haushalt zu führen und ihre Kinder zu er-

---

1   v. Voigts, J.W.J., geb. Möser (Hg.): Patriotische Phantasien von Justus Möser, T. 1, Berlin 1842.

ziehen, deren puppenhaftes Wesen mit der Realität eines Osnabrücker Kaufmannes und Bürgers nur wenig zu tun hat. Zwei Beispiele mögen genügen, um das Frauenbild Mösers, hinter dem auch eine bestimmte Vorstellung von Mädchenerziehung steht, zu illustrieren. Beide entstammen seinen 'Patriotischen Phantasien'! Die 'gute selige Frau'[2] und 'Die allerliebste Braut' beschreiben dabei beides, wie eine Frau sein soll und wie sie nicht sein darf.

Auf der anderen Seit läßt sich mit Hilfe von Aktenbeständen, die im Staatsarchiv Osnabrück gesammelt sind, ausschnitthaft der Weg der zunächst privaten Gründungen von Mädchen- bzw. Töchterschulen nachvollziehen, der ganz entsprechend der überregionalen Entwicklung am Ende des 18. Jahrhunderts einsetzt und zu Beginn des 19. Jahrhunderts zu einer Flut von Neugründungen führte.

Inhaltlich allerdings, und das läßt sich aus den wenigen Informationen über den Unterrichtsstoff ermitteln, handelt es sich dabei doch um ein stark den Traditionen der Hausmutter verhaftetes Bild der Erziehung, das sich vornehmlich durch das Erlernen der französischen Sprache und eines geringen Anteils 'gemeinnütziger Kenntnisse' auszeichnet, die auf das Eindringen neuer Standards und Erwartungen hinweisen. Sie verweisen zudem auf eine Tendenz in der Mädchenbildung für bürgerliche Mädchen, die neben die häusliche Unterweisung des Mädchens durch die Mutter eine institutionalisierte außerhäusliche Bildung setzt, die erstere ergänzen, aber nicht ersetzen sollte.

Es handelt sich bei diesen Mädchen- bzw. Töchterschulen um private Gründungen, die, wie jedes wirtschaftliche Unternehmen, gewinnbringend organisiert waren und ihren Trägern einen angemessenen Lebensunterhalt durch Erhebung eines Schulgeldes verschaffen sollten.

Der städtische Eingriff beschränkte sich dabei auf eine Genehmigungspflicht, die ähnlich wie bei der Arbeitserlaubnis auf die städtischen Hebammen, einer Überversorgung vorbeugen und – durch die Angabe der Qualifikation des jeweiligen Trägers und der Konzeption der Schule – eine begrenzte Garantie für ihr Niveau geben sollte. In der summarischen Behandlung dieser privaten Institute erscheint es thematisch sinnvoll, die ersten Jahrzehnte des 19. Jahrhunderts diese Vorform städtischer bzw. auch staatlich organisierter und damit auch kontrollierter Mädchenschulen als bekannt voraussetzen zu können.

Generell ist für die Osnabrücker Entwicklung festzuhalten, daß es hier das 'gelehrte Frauenzimmer', die 'überbildete Frau' aufgrund des herrschenden wenig intellektuellen Klimas dieser Landstadt nicht gegeben hat. Ganz anders als in Universitätsstädten wie Göttingen oder großen Handelsstädten wie

---

2   Ebenda, Bd. 1, S. 203 ff.

54

Hamburg oder gar Zentren wie Berlin, fand hier die Auseinandersetzung über Erziehungskonzeptionen für Mädchen und Frauen nicht ihren Niederschlag, die sehr wohl in anderen Städten sehr gebildete, scharfzüngige und literarisch fähige Frauen hervorgebracht hat. Möglicherweise müßte dieses Bild einer Revision unterzogen werden, wenn bisher nicht zugängliches Material wie Tagebuchnotizen, Briefe und literarische Texte eingesehen würden. Inwieweit man Jenny von Voigts, die 'Mösertochter' oder Eleonore von Münster dieser Gruppe von Frauen zurechnen kann, müßte einer genauen Analyse vorbehalten bleiben.

Doch wenden wir uns zunächst den beiden vorab benannten Quellengruppen zu. Eine von ihnen steht in der Tradition der Volksaufklärer und bildet eine parteiische und normsetzende ideologische Form der Auseinandersetzung, die andere ist Teil einer Auseinandersetzung mit praktischen Ausflüssen der Normsetzung in Struktur und Aufbau der außerhäuslichen Bildungsanstalt.

'Die gute selige Frau' des Justus Möser

Unterhaltsam aufklären und damit zu einer Meinungsbildung beitragen wollen die 'Patriotischen Phantasien' des Justus Möser – und er hat Erfolg damit über den regionalen Raum hinaus. Die Stärke seiner Schriften liegt in den angesprochenen Themen selbst und in der Art ihrer Aufbereitung – ansprechend, verständlich und leicht geschrieben halten sie Eingang in das gutbürgerliche Haus und wirken ähnlich prägend wie die Benimm- und Anstandsbücher des 19. Jahrhunderts (vgl. Kap. 5) auf das Frauenbild ihrer Zeit. Wie soll sie nun sein, die Frau, wie sie sich Möser vorstellt?

> "Ich wünsche eine rechtschaffene christliche Frau, von gutem Herzen, gesunder Vernunft, einem bequemen häuslichen Umgange und lebhaftem doch eingezogenem Wesen, eine fleißige und emsige Haushälterin, eine reinliche, verständige Köchin, und eine aufmerksame Gärtnerin."[3]

Und genau diese kann er nun nirgends mehr finden. Auf der Suche nach dieser Frau eröffnet sich ihm ein eher deprimierender Ausblick auf unfähige, falsch erzogene, überempfindliche und damit völlig überzüchtete Frauen, die alles andere können, nur nicht einen Haushalt, wie es ihm vorschwebt, 'vernünftig' führen.

---

3   Ebenda, Bd. 1, S. 203.

"Die jetzigen Schönheiten sind ohnehin so fein, so zart und so geistig, sie verfliegen so leicht, und sind chargeant, daß man es fast nicht wagen kann, mit dem Pinsel oder der Feder daran zu kommen, ohne etwas davon zu zerstören. Was dem guten Manne am seltsamsten vorgekommen ist, ist dieses, daß er keine einzige gesund angetroffen hat. Alle haben sich über eine Schwäche der Nerven, und einige über Migräne und Wallungen beklagt. Zwei haben ihre Sinnen dergestalt verfeinert gehabt, daß die eine von dem Schnurren eines Rades, und die andere von dem Geruch eines kurzen Kohls in Ohnmacht gefallen ist. Die mehrsten haben französisch und immer die Worte tant pis und tant mieus überaus zierlich gesprochen. Alles ist Empfindung an ihnen gewesen, weswegen auch keine das Herz gehabt, sich zum Säen und Pflanzen in die Märzen- und Aprillenluft zu wagen."[4]

Diese sogenannte 'schöne Erziehung' könne höchstens die Frisur der gesunden Vernunft sein, sie allerdings keineswegs ersetzen. Lediglich französisch und englisch plaudern zu können, ohne die geringste Theorie und Praxis der Haushaltung zu beherrschen, sei für die Seele ebenso schädlich wie übermäßige Wollust für den Körper. Die guten alten ehrlichen Traditionen der Mütter gelte es neu zu beleben und erst diese würden einen stabilen Grund für das spätere Leben der Frau abgeben können.

Ebenso unsinnig erscheint es, wenn eine Frau viele Bücher liest – und hier beklagt sich nicht nur Möser über die Lesewut der Frauen. Nicht Weisheit sei die Folge, sondern eine Verwischung der wahren Tugenden und Werte, die man auch ohne diese Bücher begründet im guten Herzen jeder Frau vorfinden könne. Gerade auch in der Ablehnung des Fremdsprachenlernens befindet sich Möser hier in Übereinstimmung mit Campe. In seiner Kritik an der falschen Bildung von Frauen, die ihnen jede häusliche Tätigkeit als Zumutung erscheinen läßt, steht er in Verbindung mit einer weitverbreiteten Kritik an der Frauenbildung seiner Zeit. Offensichtlich hat es also diese Frauen gegeben und darüber hinaus bestand ein Interesse daran, derartige Formen der Erziehung einzudämmen bzw. sie wieder in der Tradition der 'Hausmutter' aufzufangen. Auch hier steht keineswegs die Ablehnung der neuen Erziehung, sondern eine sinnvolle Anpassung an die Erfordernisse der bürgerlichen Haushaltung im Mittelpunkt der Überlegungen.

---

4   Ebenda, S. 208/209.

Mädchen- und Töchterschulen in Osnabrück 1794-1818

Neben den sogenannten Kinder- bzw. Spielschulen, d.h. Schulen für Mädchen, in denen vornehmlich Handarbeitsunterricht erteilt wurde, sind für Osnabrück an der Wende vom 18. zum 19. Jahrhundert drei private Mädchenbzw. Töchterschulen aktenmäßig belegt. Das Avertissement der E.M. Bindseil[5], die Vezinsche Mädchenschule[6] und die Töchterschule der Sophie Warnecke[7].

E.M. Bindseil stellt im Jahre 1794 ihren Plan zur Gründung einer Töchterschule vor, deren Endzweck die Erziehung der Kinder zu nützlichen und guten Menschen sein sollte. Sie legt in ihrem Antrag einen Unterrichtsplan bei, aus dem hervorgeht, welche Unterrichtsfächer wann und von wem unterrichtet werden sollten.

Der Unterricht solle morgens um 8 Uhr mit der Lesung eines geistigen Liedes und eines Kapitels aus der Heiligen Schrift beginnen, gefolgt von Naturgeschichte 'auch um sich im Lesen zu üben'. Von 10 bis 11 Uhr unterrichtet ein Sprachmeister in der Regel französisch. Von 11 bis 12 Uhr erteilt ein Herr Bodeker Religion und einmal wöchentlich Geographie. Von 13 bis 16 Uhr unterrichtet Mademoiselle Weber Französisch, Lesen und Schreiben. Diese Übungen sollten gekoppelt sein mit Näh- und Stickarbeiten. Von 16 bis 17 Uhr wiederum erteilt Herr Bodeker Schreiben, Geschichte und Orthographie. Für die 1. Klasse beträgt der Eintritt 24 Mariengroschen.und monatlich 1 Reichsthaler 12 Mariengroschen In der 2. Klasse ist monatlich 1 Reichsthaler 12 Mariengroschen und 2 Reichsthaler Schulgeld zu zahlen. Der Unterricht in der 2. Klasse sei ähnlich wie in der 1. Klasse. Hinzu komme allerdings Zeichnen, Sticken und Putzmachen.

Aus diesem Lektionsplan gehen die Prioritäten der Mädchenbildung und damit auch genau ein Teil der Kritikpunkte Mösers hervor: die Kenntnis der französischen Sprache und das Erlernen feiner Handarbeiten. Die religiöse Erziehung nimmt einen vergleichsweise geringen Raum ein, während die Vermittlung eines grundlegenden Allgemeinwissens auf eine Stunde am Tag begrenzt und zudem noch auf die nachmittägliche letzte Unterrichtsstunde reduziert wird.

Der Begriff des 'guten Menschen' bezieht sich hier wohl vornehmlich auf die religiöse Erziehung, während sich die Nützlichkeit weitgehend in der Er-

---

5   StArch Osnabrück, Dep. 3 b IV, Stadt Osnabrück, Nr. 3173 Acta betr. Projekt zu einer
    Mädchenschule (1794-1816).

6   Ebenda, Nr. 3174, 1816.

7   Ebenda, Nr. 3174, Acta betr. die Anlegung einer Töchterschule von der Ehefrau
    Warnecke.

lernung haushälterischer und gesellschaftlicher Fähigkeiten erschöpft. Bis auf den Französischunterricht und die Unterweisung in Allgemeinbildung ist diese Konzeption der Mädchenbildung noch weitgehend, allerdings in verfeinerter Form, bestimmt von den tragenden Säulen der häuslichen Mädchenerziehung: Religion und Hauswirtschaft.

Die Höhe des Schulgeldes verweist darauf, daß hier nur wohlhabende Eltern ihren Töchtern eine zusätzliche Ausbildung angedeihen lassen konnten. Die Vezinsche Mädchenschule wird vermutliche eine ähnliche Struktur besessen haben; überliefert ist aber nur eine Eingabe an die Stadt, in ihrem Falle auf Einquartierungen zu verzichten, da sie mit der Fortführung ihrer vom Vater gegründeten Erziehungsanstalt sowie dem Haushalt ausgelastet sei.

Aus dem Antrag der Sophie Warnecke 'betr. die Anlegung einer Töchterschule' vom 10. September 1818 geht neben dem Unterrichtsplan auch hervor, welche Voraussetzungen die Leiterin einer solchen Anstalt vorweisen kann: In ihrer Begründung weist sie darauf hin, daß sie sich selbst fünfzehn Jahre lang dem 'Erziehungsfach gewidmet' habe, sieben Jahre lang als Gouvernante und acht Jahre als Lehrerin in der französischen Sprache und in 'weiblichen Handarbeiten aller Art'. Diese will sie selbst unterrichten; die 'übrigen gemeinnützigen Kenntnisse' wolle ein Herr Ehlers unterrichten. Der Unterrichtsplan entspricht in wesentlichen Grundzügen dem Lehrplan des Bindseilschen Institutes. Neu hinzugekommen sind allerdings – wohl aufgrund einer Auflage von seiten der Behörden – das Fach Geschichte und Unterricht in der Deutschen Sprache.

6. Von 'Eheglück' und 'Herzensgüte'.
Aufgabe und Funktion der bürgerlichen Frau im Spiegel zeitgenössischer Moral- und Anstandsbücher

Die Frau ist ein Mangelwesen. Erst in der Ergänzung durch den Mann kann sie existieren und ihre angeborenen Fähigkeiten so entwickeln, daß sie der Gesellschaft zugute kommen.
Die Frau ist ein Triebwesen. Erst mit Hilfe des Mannes kann es ihr gelingen, der Familie 'Herr zu werden' und sie in geordneten moralisch-sittlich einwandfreien Bahnen zu lenken.

So oder ähnlich lauten die Kernaussagen der Anstands- und Benimmbücher, die – speziell für Frauen und da wiederum für die Frauen aus dem gehobenen Bürgertum geschrieben – im 19. Jahrhundert den Büchermarkt überschwemmen. Erziehung und Bildung sollen die Frau zu dem weiblichen Wesen machen, das sie sein soll; anmutig, achtenswert, häuslich, angenehm, arbeitsam und pflichtbewußt.

Erziehung und Bildung lassen sie begreifen, daß es ihre naturgegebene Aufgabe ist, Hausfrau, Mutter, Ehefrau, Erzieherin und Gesellschafterin zu sein. Die vernunftgemäße Einsicht, nicht das von außen gesetzte Dogma, macht ihre Geschlechterrolle so stabil.

Die Anstands- und Benimmbücher sollen das Mädchen von der Wiege bis zum Tode begleiten und für jeden nur erdenklichen Zufall des Lebens die 'passenden' Verhaltensmaßregeln bereithalten. Eine Frau mußte lernen, ihr inneres wie äußeres Erscheinungsbild zu bezähmen, ohne ihre 'natürliche' Anmut zu verlieren. Natur und Kunst verbanden sich zum scheinbar Natürlichen – ein Kunstwesen also, das sich so in Szene setzt, das es selbst und die Zuschauer dieses Schauspiel als wahr und wirklich begreifen.

Beim Lesen dieser Benimm- und Anstandsbücher, die sich mit vielversprechenden Titeln und einer teilweise recht aufwendigen Aufmachung der Leserin präsentieren, fällt die Gleichförmigkeit der Argumentation auf, die die Ratschläge einer angemessenen Lebensführung betreffen.

Auch wenn sie nicht voneinander abgeschrieben haben – was nicht selten vorkam- offenbart sich die Einheitlichkeit des Denkens, die auf eine in ihren Grundlagen stabile Ordnung bürgerlicher Normen und Werte verweist.

Versuchen wir uns nun dem Bild des Weiblichen, wie es sich in den Benimm- und Anstandsbüchern des 19. Jahrhunderts darstellt, über einige Sequenzen zu nähern. Wählen wir dafür die Themenbereiche aus, die mit schöner Regelmäßigkeit das Schulungsfeld des angemessenen weiblichen Verhaltens bestimmen: der weibliche Körper, die Ehe, das Verhalten in der Gesellschaft, die Berufstätigkeit und schließlich die Einstellung zur Emanzipation der Frau, die ein Schlaglicht wirft auf unübersehbare Konflikte, die sich anbahnen und die es zu bewältigen gilt.

Der weibliche Körper - ein kultivierbares Schicksal

Reinsein ist des Weibes Ehre,
Ordnung ist ihr höchster Schmuck[1]

Der weibliche Körper, gekennzeichnet durch die 'monatliche Unordnung', ist - so die Vorstellungen der Zeit - naturnotwendig auf die 'geschlechtliche Verrichtung', das heißt die Kopulation und Zeugung von Kindern verwiesen, um 'gesund' zu bleiben.

So gibt Max Runge ins einem 1898 in Berlin erschienenen Aufsatz 'Das Weib in seiner geschlechtlichen Eigenart' ein Beispiel für die Auswirkungen mangelnder geschlechtlicher Betätigung:

"Auch der Laie kennt die sogenannte alte Jungfrau mit ihrem frühzeitigen Process des Verwelkens und ihren seelischen Eigenthümlichkeiten. Es gibt nun ein wirksames Mittel, diesen Process des Welkens auszuhalten, ja die fast entschwundene Blüthe wieder zurückkehren zu lassen: das ist ein regelmäßiger geschlechtlicher Verkehr, am besten mit freudigen Folge, also der Ehe ...
Weitere Beweise für die Naturnothwendigkeit der geschlechtlichen Verrichtung bietet die Pathologie. So ist den Frauen- und Nervenärzten eine wohlbekannte Thatsache, das schwere, relativ plötzlich ausbrechende Erkrankungen an Hysterie bei jungen Mädchen in einer sehr grossen Anzahl von Fällen ihre Aetiologie in getäuschter Liebeshoffnung finden ... Wie intensiv das Weib in der geschlechtlichen Sphäre lebt, offenbart sich ferner, wenn die Hemmung, welche Scham und Krankheit gebieten, fortfällt. Wir sehen dies bei Geisteskrankheiten der Weiber. Hier tritt das erotische Moment oft in erschreckender Weise in den Vordergrund, und es ist erstaunlich, wie selbst unschuldige Mädchen von bester Erziehung bei vielen Psychosen sich in den unanständigsten Redensarten ergehen und zuweilen, besonders bei Anwesenheit von Personen des anderen Geschlechts, in die rasendste geschlechtliche Aufregung gerathen, und diese in völlig unzweideutiger Weise behandeln ... Vielerlei interessante Aufschlüsse giebt uns auch das körperlich kranke Weib, besonders wenn in Unterleibskrankheit sich, wie so außerordentlich häufig, mit einer Nervenschwäche (Neurasthenie) complicirt ... Man kann mit Recht behaupten, dass ein großer Teil der Prognose von Neurasthenie, welche die Frau oft mehr peinigt als das Unterleibsleiden, davon abhängt, ob es dem Arzt

1   Campe, J.: Väterlicher Rath für meine Tochter. Ein Gegenstück um Theophron, Braunschweig 1789.

gelingt, ausser Beseitigung des lokalen Übels befriedigende sexuelle Verhältnisse im weitesten Sinne des Wortes zu schaffen: harmonische Ehe, Kindersegen ..."[2]

Der eigentliche Beruf der Frau – und hier wird Beruf und Berufung gleichgesetzt – ist es demnach, Kinder zu gebären und aufzuziehen. Wird ihr diese 'Berufung' versagt, wird sie krank an Leib und Seele – eine Argumentation, die zentral wird in der Kritik an den sogenannten 'Emanzen'. Sie bildet die Grundlage einer weiblichen Berufstätigkeit, die sich unter dem Diktum der 'Häuslichkeit' um eine der Natur des Weibes angemessene Betätigung bemüht.

In den Anstands- und Benimmbüchern ist der Körper aber auch das äußere Merkmal einer inneren Haltung, die getragen wird von der Vorstellung eines angenehmen, anmutigen, höflichen und natürlichen Wesens. Die Körperhaltung sollte fein und ungezwungen sein, so daß man ihr 'das Bestreben, höflich sein zu wollen', deutlich anmerkt. Durch einen angenehmen Klang der Stimme mußte versucht werden, die anderen zu gewinnen; alles Rauhe, Verletzende, Abstoßende hingegen war zu vermeiden. Sogar der Blick mußte kontrolliert werden.

Sehr viel Aufmerksamkeit widmen die Verfasser der Gesundheitsfürsorge junger Mädchen als Grundlage jeglicher angenehmer Erscheinung. Die Sauberkeit, die Pflege der Zähne und des Haares, das als Unsitte angeprangerte Schminken werden dabei ebenso ausführlich behandelt wie die angemessene Bekleidung, diätetische Maßnahmen zur Verhinderung von Unter- bzw. Übergewicht und Krankheit, ausreichende Bewegungsmöglichkeiten, vor allem eine wohlabgewogene Dosis von Arbeit und Vergnügen sollte gegen schädliche sexuelle Phantasien und Überreizungen wirken, die sich aus der allenthalben beschworenen 'Lesewut' von Frauen ergeben.

Sehen wir einmal in die 'Anleitungen zur physischen und moralischen Erziehung des weiblichen Geschlechts', geschrieben von E. Darwin und Hufeland, hinein, die im Jahre 1860 in Leipzig von Dr. Friedrich August von Ammon, seines Zeichens Königlich-sächsischer Leibarzt und Geheimer Medicinalrath im Ministerium des Inneren herausgegeben wurden. Im 21. Kapitel, überschrieben mit dem Stichwort 'Reinlichkeit', schreibt Darwin:

"Reinlichkeit ist eine der nöthigsten Eigenschaften für jedermann; vorzüglich aber für das weibliche Geschlecht. Sie befördert Gesundheit, Liebenswürdigkeit, ja selbst Moralität, denn es ist nicht zu leugnen, daß es eine geheime Beziehung zwischen körperlicher Reinheit und Reinheit der Seele gibt...
Man kann daher nicht genug darauf sehen, die heranwachsende weibliche Jugend daran zu gewöhnen, daß sie auf Reinlichkeit des Leibes, ihrer nächsten Umge-

---

2 Runge, M.: Das Weib in seiner geschlechtlichen Eigenart, Berlin 1898, S. 8 ff.

bung und der Atmosphäre, die sie athmet, halte: die besten Mittel hierzu sind: das tägliche Waschen des ganzen Körpers mit frischem Wasser ... das Wiederholen des Waschens bei der geringsten Beschmutzung, das öftere Wechseln der Leib-, Bett- und Tischwäsche, die Aufmerksamkeit auf Reinhalten der Kleider, der Möbel, des Bodens, auf Erneuerung der Luft in der Stube und Kammer, mit einem Worte das Einprägen des Abscheus gegen jeden Schmutz."[3]

Deutlich auch hier der Zusammenhang zwischen Körper und Seele, äußerer Erscheinung und innerem Wohlbefinden, Moral, Sittlichkeit und Sauberkeit. Diese Vorstellungen von Sauberkeit des eigenen und des fremden Körpers, der Wohnung und überhaupt der gesamten näheren Umwelt setzt neue Standards von Ordnung, die die häuslichen Aufgaben und Pflichten für Frauen um eine Arbeitsleistung erweitern. Sie sind grundlegend für das Prinzip von 'Häuslichkeit', das im Bürgertum des 19. Jahrhunderts tragende Säule des Familienlebens wird.

Jeweils ein eigenes Kapitel widmet Darwin der 'Sorge für die Zähne und Haare'.

"Die Sorge für die Zähne ist ein wichtiger Teil der physischen Erziehung des heranwachenden weiblichen Geschlechts, denn die Sprache, die Verdauung, ferner die Regelmäßigkeit, ja wo selbst die Schönheit der Geschichtsbildung hängen von einem regelmäßigen Bau und einer gesunden Beschaffenheit und Thätigkeit dieser Organe ab."[4]

Es folgen genaue Anweisungen, was man essen oder nicht essen solle, wie die Zähne zu reinigen, zu pflegen und zu schützen seien.

"Was die Sorge für die Haare betrifft, so ist Folgendes zu erinnern. Die Natur gab dem weiblichen Geschlecht in dem Haarwuchs eine große körperliche Zierde und es bedarf dasselbe nicht geringer Pflege."[5]

Da Schwergewicht liegt dann auf den Anleitungen, wie die Kopfhaut – und das zumindest einmal in der Woche – zu reinigen sei. Etwas seltsam muten diese Regeln heute an, denn von dem, was wir unter Haarewaschen verstehen, ist hier weniger die Rede.

"Es ist nothwendig, recht oft die Haut des Kopfes, diesen Boden des Haarwuchses, zu reinigen, wenigstens jede Woche einmal. Zu dem Behufe müssen mittels einer mäßig steifen, in Wasser getauchten Haarbürste die Haare nach ihrer natürlichen Richtung und Lage mehrere Male gestrichen, und dann abgetrocknet

---

3   Darwin, E.: Anleitungen zur physischen und moralischen Erziehung des weiblichen Geschlechts, Leipzig 1860, S. 79.
4   Ebenda, S. 81.
5   Ebenda, S. 84.

und so lange bedeckt werden, bis sie trocken geworden sind. Nothwendig ist es vor diesem Waschen des Haarbodens und der Haare selbst diese zu kämmen."[6]

Nun haben sich zwar die Methoden der Reinhaltung des Körpers geändert; die grundlegenden Vorstellungen über Sauberkeit sind jedoch bis in unsere Tage geblieben. So heißt es im 'Einmaleins des guten Tons', das im Jahre 1969 bereits in elfter Auflage erscheinen ist:

> "Körperliche Sauberkeit ist auch die erste Voraussetzung für eine schöne seelische Haltung des Menschen. Sie gibt die innere Sicherheit, die zum Erfolg führt, und ist anziehender als Schönheit oder Eleganz. Regelmäßige Gesichtszüge, einen nach klassischen Maßen gebauten Körper, kann nicht jeder Mensch haben. Aber wenn er gesund ist, steht es in seiner Macht, appetitlich und gepflegt auszusehen und jenen Hauch von Frische zu verbreiten, der selbst die Schönheit oft zurücktreten läßt."[7]

Sauberkeit des Körpers ist eine Voraussetzung für ein angenehmes Äußeres und ein angenehmes Äußeres wiederum Grundlage einer inneren Frische und Reinheit der Seele und Gesinnung.

Der Umgang mit dem männlichen Geschlecht vor der Ehe und in der Ehe

Es prüfe, wer sich ewig bindet,
Ob sich das Herz zum Herzen findet,
Der Wahn ist kurz, die Reu ist lang (Schiller)

Das ist überhaupt das wichtigste, das zentrale Thema der Anstands- und Benimmbücher: wie verhält sich eine Frau vor der Ehe und in der Ehe dem Manne gegenüber. Darauf vor allem richtet sich die Erziehung – hier liegen Beruf und Erfüllung, die bisweilen – durch Unachtsamkeit übersehen und verschmäht – Unglück und Leere in das Leben einer Frau bringen können, und – wir haben es bereits erfahren – auch Krankheiten, körperlicher und seelischer Natur mit sich bringen. Hier gilt es zu zähmen, zu kontrollieren und – für die Frauen – ein überzeugendes Szenario zu entwickeln, das, allen gleichsam bekannt, dem Manne ein Beurteilungsraster für die Qualitäten sowie die Qualifikation einer Frau, ihre Ehetauglichkeit also, in die Hand gibt.

---

6   Ebenda.
7   Oheim, G.: Einmaleins des guten Tons, Gütersloh 1955/1969, S. 45.

Die Anstandsregeln für Männer setzen entsprechende Verhaltensmaßregeln und ermöglichen Mädchen und deren Eltern bzw. der Ehefrau die Beurteilung von Wert und Güte des dargebotenen Lebensglückes.

Sehen wir uns zunächst einmal diese Regen für Mädchen an und versuchen so auch ein wenig den Vorhang zu lüften – denn daß die Beziehungen zwischen Frau und Mann nicht konfliktfrei und immer in den Bahnen der Vorschriften abgelaufen sind, wird aus der Vielzahl der Vorschriften selbst ersichtlich. Schilderungen, die über mißratene Ehen berichten sind selten – auch deshalb, weil vor der Kulisse der bürgerlichen Gesellschaft das Spiel der Wohlanständigkeit weiter gespielt wurde, auch wenn hinter den Kulissen Turbulenzen sich abspielten. Lassen wir zunächst die Vielzahl einzelner Verhaltensmaßregeln beiseite und folgen dem Weg der Amalie von Grünthal in die Ehe – einer Frau, die Schöpfung ihres Autors ist und als Person nicht existiert hat. Jacob Glatz in seinem in Wien 1816 erschienenen Buch 'Rosaliens Vermächtnis an ihre Tochter Amanda (oder Worte einer guten Mutter an den Geist und das Herz ihrer Tochter. Ein Bildungsbuch für Deutschlands Töchter)' hat diese überaus tugendhafte Frauengestalt erfunden.

"So wie die Rose unter den übrigen Blumen als Königin prangt, so blühte Amalie unter den Jungfrauen ihres Umkreises als die schönste Zierde. Ihre Herzensgüte und Bescheidenheit zog alles an sie. Man war ihr in Liebe und Ergebenheit zugethan.
Es fanden sich bald junge Männer, die Amaliens Besitze mit Herzlichkeit wünschten. Einer von ihnen machte angenehme Eindrücke auf sie, und tief in ihrer Brust fing das Gefühl der Liebe sich zu regen an. Vor ihren guten Ältern hatte sie nie ein Geheimniß. Auch jetzt nahm sie ihre Zuflucht zu ihnen, und entdeckte ihnen, was in ihrem Inneren vorging und was sie gegen Goldmann - so hieß jener Jüngling - empfand. Der Vater hörte Amalien ruhig zu. Meine Tochter, sprach er, als sie mit ihren Geständnisse zu Ende war, deine Ältern werden dir in dieser Liebe und in der Wahl dieses Gatten nie einen Zwang anthun. Aber ihren Rath wirst du gerne in einer Angelegenheit anhören, die von uns von so außerordentlicher Wichtigkeit ist und vielleicht über dein künftiges Wohl und Weh entscheidet. Goldmann, zu dem du einige Zuneigung fühlst, ist, so viel ich ihn kenne, ein Mann von schätzbaren Eigenschaften. Aber er befindet sich in einer Lage, in der er durchaus nicht im Stande ist, eine Frau anständig zu ernähren. Auch sind keine Aussichten da, daß er bald in bessere Umstände kommen dürfte. Du weißt, liebe Amalie, wie wenig Gewicht ich auf Reichthümer lege; aber darauf setze ich, daß der, der dereinst meine Tochter ehelicht, sein Auskommen hat und sine Frau nicht darben lasse. Glaube mir, Amalie, so viel die Liebe auch zu tragen und zu ersetzen vermag, so ist sie doch nicht hinreichend, das Glück der Ehe aufrecht zu erhalten, wenn Mangel und Noth dasselbe untergraben. Überlege dieß ernstlich, und fasse dann einen Entschluß.
Amalie fühlte das Wahre der väterlichen Vorstellungen, und beschloß, ihren Sinn von Goldmann wegzuwenden, und ihm die Hoffnung auf ihren Besitz zu benehmen ...

Nach einem Jahr ward Amalie die Gattin eines Mannes, der zwar keine Reichthümer, aber ein gutes Auskommen bey einem gebildeten Verstande und einem
edlen Herzen besaß. Mit ganzer Seele hing sie an ihm, und es war hohe Freude,
sie als Ehefrau zu beobachten. Gleich einem himmlischen Genius waltete sie in
ihrem Hause, in welchem eine Ordnung und Reinlichkeit herrschte, die alle, die
dasselbe betraten, freundlich ansprach und anzog.
Sie war die Seele des Hauses. Alles leitete sie selbst. Nie überließ sie etwas
Wichtiges ihren Untergebenen ganz, sondern ordnete und betrieb es selbst mit
der nöthigen Sorgfalt. Sie galt auch bald für die thätigste und verständigste Hausfrau ihres Umkreises.
Und wie glücklich machte Amalie ihren Mann! Was seine Liebe zu ihr auch nur
im geringsten vermindern konnte, mied sie auf das gewissenhafteste. Besonders
hüthete sie sich vor zu großer Vertraulichkeit und Nachläßigkeit im Umgange mit
ihrem Gatten, was so viele Frauen übersehen und dadurch das Glück der Ehe
mehr untergraben, als sie gewöhnlich ahnden. Ihr Mann verlor dabei nie die
nöthige Hochachtung und Ehrfurcht gegen sie, die unstreitig eine Hauptstütze der
ehelichen Liebe ist, und gewöhnlich den Verlust dieser nach sich zieht, wenn sie
verloren geht.
Amalie unterließ nichts, was nur immer im Stande war, die Flamme der Liebe zu
nähren. Sie lebte ganz für ihren Mann, und kannte kein höheres Glück, als ihn
glücklich zu wissen. Er war kein Freund von Zerstreuungen außer dem Hause,
und sie zog sich, ihm zu Liebe, gern zurück ...
Sie lernte bald seine empfindlichen Seiten kennen, und schonte sie mit Sorgfalt.
Wurde sein Gemüth durch unangenehme Vorfälle bestimmt, so ertrug sie seine
Unmuth mit liebenswürdiger Geduld und suchte ihm auf eine Weise, der er nicht
leicht zu widerstehen vermochte, wieder aufzuheitern ...
Der glückliche Mann sah Amaliens Liebe und Treue, und seine Zuneigung und
sein Vertrauen zu ihr erreichte den höchsten Grad. Gerührt dankte er oft der
Vorsehung für sein so treffliches Weib - sie für einen so biedern, herrlichen
Mann. Und so war die Ehe dieser zwei Seelen eine Reihe glücklichster Tage."[8]

Wesentliches Kennzeichen dieser Ehe, wie sie im Bürgertum im letzten Drittel des 18. und zu Beginn des 19. Jahrhunderts entworfen wurde, ist die Verknüpfung von Gefühl und Verstand, was durchaus keine Abwehr von wirtschaftlichen Erwägungen bedeutete.

Die Ratschläge für die zukünftige Ehefrau versuchen diese immer wieder
auch so auf ihre Ehe vorzubereiten, daß keine Enttäuschung eintreten kann.
Das Bild des Ehemannes ist weniger das eines glänzenden Kavaliers, der die
Herzen der Mädchen in Schwingungen versetzen kann; vielmehr wissen die
Verfasser der Anstands- und Benimmbücher sehr wohl, daß sie nur ein Mit-
telmaß der Zuneigung der Leserin anbieten können. Viele Zeilen werden
darauf verwandt, sie vor Enttäuschungen zu bewahren und sie in Charak-
tereigenschaften einzuführen, die sie zunächst befremden müssen: Distanz
und Kälte, die er ihr gegenüber scheinbar zeigt, seien in Wirklichkeit – so die

---

8   Glatz, J.: Rosaliens Vermächtnis an ihre Tochter Amanda (oder Worte einer guten Mut-
    ter an den Geist und das Herz ihrer Tochter, Wien 1816, S. 241 ff.

Verfasser – Ausdruck eines männlichen Charakters, den zu verändern den Frauen nur Unglück bringe.

Johann Ludwig Ewald schreibt in einem 1826 in 5. Auflage erschienenen Buch 'Die Kunst, ein gutes Mädchen, eine gute Gattin, Mutter und Hausfrau zu werden. Ein Handbuch für erwachsene Töchter, Gattinnen und Mütter', fiktiv gesetzt in einem Brief des Vaters an die Tochter:

"Und wenn er (der Gatte) auf kurze Zeit weggeht, lassen Sie ihn länger ausbleiben als er sagte, wenn er länger ausbleiben will, ohne ihn mit einer Ängstlichkeit zu quälen, wofür uns Männern aller Sinn fehlt. Still überwundene Besorgtheit, von der wir noch unwillkürlichen Ausdruck erblicken, wirkt am stärksten und sichersten auf uns ... Lassen Sie ihn seyn, wie er seyn kann und seyn mag. Je weniger sie von ihm fordern, je mehr wird er für Sie thun. Die besten, liebevollsten Männer sind oft die kältesten in Gesellschaft; und ich trau gleich einer Ehe nicht recht, wenn der Mann öffentlich seiner Frau die Huldigungen seiner Zärtlichkeit darbringt, und dadurch auf sich und sie die Aufmerksamkeit der anderen lenkt ... Es gibt gewisse Perioden von Kaltsein bei den Männern wo ihr Herz aller Zärtlichkeit gegen ihre Gattinnen verschlossen zu seyn scheint. Es sind Ebben im Herzen, auf welche die Fluth folgt, wenn man ihre Zeit nur abwarten kann; und sie bleibt vielleicht ganz aus, wenn man sie beschleunigen will. Wenn Sie Ihren Vortheil verstehen, so tun Sie das nie! Nachsicht, Gefälligkeit, freundliches aber nicht zudringliches Wesen fülle bei Ihnen jenen Zeitraum aus. Jeder Zwang ist dem Menschen, und vorzüglich dem Manne zuwider: und gibt es einen ärgeren Zwang, als den, warm und zärtlich seyn zu sollen, wenn man keine Wärme und Zärtlichkeit im Herzen fühlt?"[9]

Wärme und Zärtlichkeit – genau das fühlen aber offensichtlich alle, zumindest die 'guten' Ehefrauen ihrem Ehemann gegenüber, ganz gleich, wie er sich verhält und auch in Notzeiten, wenn er seine Pflichten der Familie gegenüber vernachlässigt, setzt sie diese beiden Tugenden ein, um ihn zurückzugewinnen.

Was dem Manne wesensfremd, ist der Frau ins Herz geschrieben, entspricht ihrem 'natürlichen' Gefühl und wird – wenn es fehlt – schwer geahndet: eine tiefere Einsicht in die Arbeits- und Lebenswelt des Mennes, die sich zu einer Gegenweltphantasie der gefühlvollen Häuslichkeit verdichtet, um die zunehmende Kälte, den Konkurrenzdruck und die innere Leere zu überbrükken. Die Frau als Zentrum dieser beglückenden Häuslichkeit, die Gegengewichte schafft und Lebensmöglichkeiten gibt.

So differenziert sich die Welt des Mannes und die der Frau als einander ergänzende aus – eine Entwicklung, die schon im 18. Jahrhundert eingesetzt hat und im 19. Jahrhundert nicht mehr zu übersehen ist.

---

9   Ewald, J.L.: Die Kunst, ein gutes Mädchen, eine gute Gattin, Mutter und Hausfrau zu werden. Ein Handbuch für erwachsene Töchter, Gattinnen und Mütter, 1826, S. 85.

Dr. G. Friedrich schreibt dann 1820 in 'Serena. Die Jungfrau nach ihrem Eintritte in die Welt. Für religiös gebildete Töchter':

> "Der Beruf des Mannes ist: für das Heil der menschlichen und bürgerlichen Gesellschaft thätig zu sein; der Wirkungskreis desselben ist die Welt, das öffentliche Leben und die großen, mannigfachen Verhältnisse desselben. Der Beruf des Weibes ist: für Familienwohl thätig zu seyn: der Wirkungskreis derselben ist das stille Haus und die beschränkten aber beglückenden Beziehungen desselben."[10]

Nicht unbekannt, viel belächelt und doch heute noch heimlich gewünscht ist das Bild des Ehemannes, der nach getaner Arbeit müde nach Hause kommt und von der wartenden Ehefrau liebevoll versorgt wird. Amalie Schoppe entwirft in ihrem Buch 'Die Braut, Gattin und Mutter. Ein Festgeschenk für Deutschlands gebildete Frauen' ein Bild der bürgerlichen Häuslichkeit, in dem alles so wohlgeordnet, so sauber und zufriedenstellend vor sich geht, wie es sich ein Mann nur wünschen kann.

> "Wenn der Gatte, nachdem er einen Theil seiner Geschäfte vollendet hat, am Mittage zu seiner jungen Gattin mit hastigen Schritten in das Gemach tritt, lacht ihm die goldene Sonne durch sauber gewaschene Fenster entgegen. Er darf ohne ihn durch Staub zu beschmutzen, seinen Hut auf die Kommode, den Tisch oder den Schrank legen. Auf der zierlichen und mit der saubersten Leinwand gedeckten Tafel, auf der nichts Nothwendiges fehlt, dampfen ihm würzige, gut und sorgfältig bereitete Schüsseln, deren Sauberkeit zum Genusse einladet. Die Speisen sind vielleicht nur einfach, aber sie sind wohl zubereitet und schmackhaft, und werden es dadurch noch mehr, daß eine schöne, weiße geliebte Hand sie ihm vorlegt ... Abends wenn er sein Schlafgemach betritt, wird das schwellende Lager ihn durch höchste Sauberkeit zur süßen Ruhe einladen; an seinem Waschtisch wird nichts fehlen, sein Nachtgewand sicher hinter der Garderobe an dem bestimmten Platz liegen und er nicht wie früher bald dieses, bald jenes Stück zu suchen hat. Alles ist ihm zur Hand. Alles ihm bequem gemacht und zurecht gelegt; er braucht seine Sorgen nicht mehr auf kleinliche Gegenstände zu richten, sondern kann sie ausschließlich auf die bedeutenden Angelegenheiten des Lebens, auf den Erwerb oder seine Amtspflichten wenden."[11]

Die Funktion der Ehefrau ist es also, zu entlasten von 'kleinlichen Gegenständen', um dem Manne seine ungeschmälerte Schaffenskraft zu erhalten, die er für die Erfüllung seines Berufes benötigt. Gerade auch diese Problematik ist in der Gegenwart zunehmend wichtig geworden in der Auseinandersetzung über das, was Arbeit für Frauen ausmacht. Die unbezahlte, gesellschaftlich gering geachtete Hausarbeit ist, trotz emanzipativer Ansätze von seiten

---

10 Friedrich, G.: Serena. Die Jungrau nach ihrem Eintritte in die Welt. Für religiös gebildete Töchter, 1820, S. 113/114.

11 Schoppe. A.: Die Braut, Gattin und Mutter. Ein Festgeschenk für Deutschlands gebildete Frauen, 1839, S. 70.

des Mannes, der 'auch mal abwäscht', immer noch ein Reservoir der Frauen, das sie, zusätzlich zum Beruf oder als Vollzeithausfrauen in alleiniger Verantwortung organisieren.

Daß nun die Wirklichkeit der Hausfrau nicht in diesem rosig verklärten Licht weiblicher Selbstaufgabe leuchtete, sondern eine Reihe von Konflikten und Auseinandersetzungen verbarg, die kaschiert, übertüncht und bewältigt werden mußten, ist unmittelbar einsichtig, wenn man sich die Häufigkeit dieser Maßregeln einmal vergegenwärtigt. Wenn immer wieder betont werden mußte, welche Aufgaben und Pflichten eine Frau hatte, wie ihr regelrechtes Verhalten auszusehen hatte, befinden sich diese Regeln selbst nicht mehr im Bereich von Selbstverständlichkeiten, sondern stehen in der Konfliktzone selbst. Das Unglück der Familie wird, extrahiert man es einmal aus den zahlreichen Negativbeispielen heraus, die uns die Anstands- und Benimmbücher liefern, immer der Frau angelastet. Durch ihre schlechte Wirtschaftsführung wird die Familie ins Elend gestürzt, wird unnötig Geld ausgegeben. Durch ihre Vergnügungssucht sinkt das gesellschaftliche Ansehen des Mannes. Ihre Unordnung, Schlamperei und Nachlässigkeit lassen die Kinder verkommen, ihr zänkisches oder wehleidiges Gehabe treiben den gutwilligen Mann aus der Familie und aus dem Hause.

Wenn der Frau soviel Macht und Einfluß, zumindest im negativen Sinn auf das Wohl und Wehe der Familie eingeräumt wird, ein Einfluß, den sie real auch ein Stück weit gehabt haben mag, wird unmittelbar einsichtig, warum daran gearbeitet wurde, die entsprechenden Standards bürgerlicher Lebensführung in ihnen so fest und dauerhaft wie möglich zu verankern. Diese Standards der Haushaltsführung sollten nun auch – und diese Entwicklung ist vor allem in der zweiten Hälfte des 19. Jahrhunderts durch Frauen selbst in ihrem sozialen Engagement geleistet worden – auf andere soziale Schichten übertragen werden. Vorbereitet durch eine Kampagne von Ärzten und Politikern gründeten sich Vereine, die ihr Ziel in der Bildung und Erziehung von Arbeiterfrauen hatten. Über Dienstboten im eigenen Hause, über Einflußnahme auf die sogenannten 'ehrbaren Armen', durch Aufklärungskampagnen, mit Hilfe des Schulsystems und seiner geschlechtsspezifischen, an bürgerlichen Normen orientierten Bildung und Erziehung, pflanzte sich deren Lebensvorstellung in konzentrischen Kreisen auch in die übrigen gesellschaftlichen Schichten fort und wurde zu einer tragenden Ideologie der Gesellschaft, nicht im Sinne von 'falschem Bewußtsein', sondern als verinnerlichte von Frauen selbst mitgestaltete, äußerst wirksame und zählebige Ideologie.

Die Gesellschaft und die Geselligkeit

Sich mitzuteilen ist Natur; Mitgeteiltes aufzunehmen ist Bildung; Widerspruch
und Schmeichelei machen beide ein schlechte Gespräch
(Goethe)

Die Hausarbeit wurde im 19. Jahrhundert und wird teilweise auch noch in der
Gegenwart den Frauen als Wesensmerkmal zugeschrieben. In dieser Arbeit
soll ihre 'weibliche Natur' zum Ausdruck kommen. Die Frau leistet diese Arbeit 'aus Liebe', das heißt, unbezahlt. Verfehlung und Nichterfüllung werden
mit gesellschaftlichen Sanktionen geahndet.

Hausarbeit ist gesellschaftlich notwendig, bleibt jedoch, damals wie heute,
unsichtbar, verborgen und wird als Arbeit nicht anerkannt. Die Vorstellungen
vom angeblichen Müßiggang der bürgerlichen Frauen wurzeln in den Vorschriften des 'guten Tons' und der 'guten Gesellschaft', die Frauen jede Form
der Arbeit als unstandesgemäß verbot. Die Gesetze der Standesmäßigkeit
und die Anforderungen ihrer Repräsentationspflichten prägten das Leben
dieser Frauen. Das führte zu dem Bemühen, vor den Kulissen den Normen
des 'demonstrativen Müßigganges' entsprechend zu leben und hinter den Kulissen mit Hilfe einer anstrengenden Hausarbeit trotz Armut, fehlender Finanzmittel, Dienstboten und beengter räumlicher Verhältnisse das Bild der
bürgerlichen Wohlanständigkeit aufrecht zu erhalten. Die Anstands- und Benimmbücher gaben vornehmlich Ratschläge zur Gestaltung der gesellschaftlich repräsentativen Außendarstellung. Haushaltsratgeber und Frauenzeitschriften beschäftigten sich mit der inneren Organisation des Hauswesens im
Todesfall. Diese geben vermutlich zwar auch nicht die Wirklichkeit des Haus-
frauendaseins wieder, lassen jedoch erkennen, wie mühselig und arbeitsinten-
siv diese Repräsentationsverpflichtungen waren, die mit einem relativ geringen Finanzbudget erfüllt werden mußten.

Der Nachweis berufsbezogener Qualifikation mußte mit einem standesgemäßen Leben in Beruf, Öffentlichkeit und Privatsphäre korrespondieren. Der
Ehefrau als Hausfrau und Gesellschafterin kam so eine herausragende Position und Aufgabe in der Sicherung der beruflichen Stellung des Ehemannes
und ihrer Kinder zu.

Die Geselligkeiten fanden in der Privatwohnung statt. Nur zu diesen Gele-
genheiten wurde ein Teil der bürgerlichen Wohnung der Öffentlichkeit zu-
gänglich gemacht: der Salon. Aufgrund der Ausstattung des Prunkraumes, des
Tafelgeschirrs und Silbers wurden der Ehemann und seine Frau von den Gästen auf Wohlhabenheit und Standeszugehörigkeit hin beurteilt. Dieser Salon
war dann auch dem Zeitgeschmack entsprechend ausgestattet, während man

an der Möblierung der übrigen Räume sparte. Nun hat man sich unter diesem kleinbürgerlichen Salon nicht eine aufeinander abgestimmte Zimmereinrichtung vorzustellen. Vielmehr wurde das zusammengesucht, was gut und teuer, zumindest exotisch erschien, auch wenn es eigentlich billig und nachgemacht war. Es war eine Zeit des Materialschwindels, der Versuche, mittels billiger Materialien teure vorzutäuschen.

Nachdem äußerst mühevoll und mit einem großen Arbeitsaufwand die äußere Form der Repräsentation hergestellt war, wurden die innerhäuslichen Geselligkeiten durch die Gesetze des 'guten Tons' zu einem anstrengenden Hindernislaufen für Frauen, bei denen jede Abweichung zu einem Mißlingen des Abends und damit auch zu einem verminderten gesellschaftlichen Ansehen des Mannes führen konnte.

Höfliches Verhalten wurde dabei zu einem Gradmesser von Bildung und bürgerlichem Stand. Verstöße gegen den 'guten Ton' verursachten Peinlichkeit und Ablehnung. Die Vorstellungen über höfliches Verhalten bezogen sich sowohl auf Verhaltensregeln und sprachliche Wendungen als auch Vorschriften der Körperhaltung, des Tones und des Blickes. Die Körperhaltung sollte fein und ungezwungen sein, so daß man ihr das Bestreben, höflich sein zu wollen, deutlich anmerkte. Der angenehme Klang der Stimme sollte gewinnend sein. Der Blick mußte kontrolliert werden.

Die gesellschaftliche Hierarchie wurde durch Gestaltung und Ablauf der Feste weitgehend reproduziert. Beim Eintritt in den Salon wurde der Mann mit Namen und Amtstitel vorgestellt. Im Gespräch redete man sein Gegenüber mit dem Titel an, so daß man sich diesen schon bei der Vorstellung einzuprägen hatte. Die Hierarchie zwischen Höhergestellten und Untergebenen wurde durch die Tischordnung und die Verteilung der Sitzplätze im Salon und Eßzimmer fortgesetzt. Diejenige Seite des Salons wurde als die vornehmste angesehen, auf der das Sofa stand und der sozial angesehenste Sitzplatz war der in der Mitte des Sofas. An der Tafel befand sich dieser Ehrenplatz in der Mitte.

Der Hausherr begab sich mit der vornehmsten Dame und die Hausfrau mit dem vornehmsten Herrn zur Tafel. Der Rest der Gesellschaft schloß sich paarweise nach Alter und sozialem Rang gestuft an. Die vornehmste Person oder der Hausherr brachten den ersten Toast aus.

Die Zusammenstellung der Tischordnung erforderte eine langwierige Vorbereitung. Nicht nur Rang war hier wichtig; es mußten auch die Personen nebeneinander angeordnet werden, die sich möglichst gut unterhalten konnten. Ein Tischgespräch zu führen stellte sich als eine ebenso schwierige Klippe dar. Bestimmte Themenbereiche waren von vornherein tabuisiert, die Intimsphäre durfte nicht durch neugierige Fragen berührt werden. Konversation zu machen war also eine höchst anstrengende und schwierige Aufgabe. Nun sollte jedoch trotzdem, und diese Aufgabe fiel vornehmlich der Hausfrau zu, eine lockere, entspannte Stimmung herrschen, in der sich alle wohlfühlen konnten. Niemand sollte ausgeschlossen, alle in der entsprechenden Weise berücksichtigt sein.

Weibliche Tugenden, wie Taktgefühl, Anmut, Liebenswürdigkeit sollten dieses Kunststück vollbringen, was allerdings wohl höchst selten gelang. Das Festessen wurde dann zum Höhepunkt dieser offiziellen Geselligkeit stilisiert. Wiederum sollten Dekoration und Mahlzeitenfolge eine Lebensart vorweisen, die eigentlich gar nicht vorhanden war. Tafelschmuck in Form von selbstgemalten Tischkarten, Blumendekorationen und nicht zuletzt einem aufwendigen Service, das möglichst für jeden Gang zu wechseln war, täuschte den Gästen einen wohlgefüllten Geschirr- und Besteckschrank vor.

Das Festmahl selbst mußte nach den Regeln des 'guten Tons' zumindest sechs Gänge aufweisen, möglichst aufwendig sein und unter Verwendung exotischer Zutaten hergestellt werden. Es durfte zudem keineswegs einem anderen Menü ähneln, sondern sollte einen unverwechselbaren Charakter haben – und das alles sollte möglichst wenig kosten. Sparsamkeit war somit ein zentrales Merkmal dieser bürgerlichen Haushaltsführung, die sich in ihren Normen schon am Ende des 18. Jahrhunderts herauskristallisiert hatte.

Die bürgerliche Frau, die tatenlos in ihrer Wohnung saß und vor Langeweile der Hysterie oder Depression anheimfiel, hat es in der Regel also nicht gegeben. Die innere Struktur der Hausarbeit hatte sich verändert, war aber nichtsdestoweniger anstrengend und zeitaufwendig geblieben. Nur mußte die bürgerliche Frau nach außen hin jetzt so tun, als wäre sie untätig, als entspräche ihre Arbeit einem inneren Bedürfnis, das sie gleichsam als Frau verschönerte und ihr wesensgemäß war.

Die innere Anspannung, die auch bis heute noch jede Hausfrau verspürt, wenn es um die Ausrichtung größerer Festlichkeiten geht, wurde getragen von den Regeln des 'guten Tons', die Geselligkeit zu einem Drahtseilakt ohne Netz gestaltet – allerdings oftmals mit einer schlecht vorbereiteten, zitternden, ängstlichen Tänzerin, die den Blick nicht von der Tiefe des möglichen gesellschaftlichen Falles wenden konnte, noch bevor sie sich auf das Seil gewagt hatte, und deren hochroter Kopf und nervöse Anspannung zum Markenzeichen der überdrehten Bürgersfrau geriet.

Die Emanzipierten – das verrückte Geschlecht

Ein Weib soll ihre Weiblichkeit
nicht ausziehen wollen[12]

Ein Ausweg aus diesem eng geschnittenen Fischbeinkorsett aufoktroyierter Weiblichkeit war Krankheit, insbesondere die beklagte Vielfalt der Nervenkrankheiten, die als Spezifikum der bürgerlichen Frau schlechthin angesehen wurde. Dies gründete sich auf die Freudschen Analysen, die ihr erstes Objekt in eben diesen Frauen fanden. Es ist ein Phänomen, dessen sich die Anstands- und Benimmbücher auch annehmen. Die Ursache finden sie in der 'Lesewut' der Frauen, vor allem der Sucht nach Liebesromanen, die sie gänzlich aus der kalten Alltagswelt herauslösen und ihnen Phantasien von schwelgerischer Liebe vorspiegeln. Sie finden sich auch in krankmachender Untätigkeit, in falschen Freundinnen, in der Sucht der Frauen, aus ihrer begrenzten häuslichen Welt in die Gedanken- und Lebenswelt des Mannes vorzustoßen. 'Gelehrsamkeit' und 'Emanzipation' wurden als rotes Tuch behandelt, gegen das die Männer – aber auch die angepaßte Frauenwelt – Sturm lief.

Die Bretterzäune weiblicher Erziehung werden immer fester und dichter, immer besser der 'weiblichen Natur' angepaßt, die Mauer der Häuslichkeit und Ehe immer perfekter und die Konzeption von Mütterlichkeit, die auch der ehelosen Frau ein Aufgabenfeld zuweisen, immer perfekter. Dieses System ähnelt – betrachtet man es von der inneren Struktur seiner Normen und Werte aus – mehr dem Verhalten zwischen Hund und Herrn – einem Herrn, der seinen ungestümen Hund an der langen Leine hält und mit einem Knopfdruck den Ausbruch ganz individuell und wirkungsvoll regulieren kann.

Die Freiheiten, die Frauen in dieser Zeit zugestanden werden, und die sie ein wenig über ihre Heim- und Herdwelt hinausblicken lassen, ändern nichts an der Vorstellung über ihre eigentlichen Aufgaben und Pflichten – zumindest nicht für die bürgerliche Frau als Hauptadressat in den Anstands- und Benimmbüchern.

Der Kampf gegen die 'Gelehrsamkeit' und 'Überbildung' der Frau entsteht in der zweiten Hälfte des 18. Jahrhunderts, nachdem sich im Bildungsbürgertum gleiches Wissen für Frauen als außerordentlich gefährlich für die Stabilität der Gesellschaft erwiesen hatte. Waren die Frauen, ganz im Sinne aufklärerischer Gedanken, zunächst noch in einer Art Experimentierstadium als prinzipiell gleich bildungsfähig anerkannt worden, entwickelten sich sehr schnell Standards einer spezifisch weiblichen Bildung, die das für Frauen

---

12   Milde, J., Caroline, S.: Der deutschen Jungfrau Wesen und Wirken, Leipzig 1872, S. 337.

notwendige Maß von Bildung wieder herunterschraubten und die Frau auf ihren Platz immer ein kleines Stück unterhalb des Mannes verwiesen. Aufklärung manifestierte sich damit für Frauen als Mittel, um Vernunft und Verstand so einzusetzen, daß sie ihre als naturgegeben definierten Geschlechtsrollen einsehen konnten.

So schreibt denn auch schon am Ende des 18. Jahrhunderts Joachim Heinrich Campe, einer der bekanntesten Protagonisten der weiblichen Bildung in seinem 'Väterlichen Rath für meine Tochter. Ein Gegenstück zum Theophren. Der erwachsenen weiblichen Jugend gewidmet' in einem 'Gegen die Gelehrsamkeit' überschriebenen Kapitel:

> "Oder glaubst du, daß ein Frauenzimmer, welches von dem eurem Geschlecht verbotenen Baume der gelehrten Erkenntnis einmal gekostet hat, nicht gegen jede einfachere Nahrung des Geistes und Herzens, welche von der Natur und der menschlichen Gesellschaft euch recht eigentlich angewiesen werden, einen geheimen Ekel und Widerwillen empfinden werde? Glaubst du, daß eine Person, welche einmal verwöhnt worden ist, einen wesentlichen Theil ihrer Glückseligkeit und ihrer persönlichen Vorzüge in dem Lesen geistreicher und unterhaltender Schriften, oder gar in dem eigenen Hervorbringen solcher Geisteswerke zu suchen, sich gern mit den unlieblichen Einzelheiten der Wirtschaft, mit dem mühseligen Warten, Reinigen, Pflegen und Bilden der Kinder und mit andern eben so ungleichartigen Geschäften des weiblichen Berufs werde befassen wollen? Daß ihr diese Geschäfte gelingen werden, auch wenn sie aus Pflichtgefühl sich wunderhalber entschließen sollte, sie zu übernehmen? Glaubst du, daß ihr Gatte, für die versalzene, angebrannte oder unschmackhafte Gerichte, die sie ihm vorsetzt, für die Unordnung in seinem Hauswesen, für die verschwenderische Wirtschaft, für das unordentliche Rechnungswesen über das der Haushaltung, für die Vernachlässigung seiner, dem Gesinde überlassenen Kinder u.s.w. sich durch ein gelehrtes Tischgespräch, durch ein Gedichtchen, einen Roman oder deßgleichen, aus der Feder seiner geistreichen ehelichen Hälfte geflossen, werde entschädigt halten?"[13]

Gehen die Ansichten über das Maß weiblicher Bildung auch auseinander, so sind sich die Autoren und Autorinnen doch darin einig, daß Frauen mit der Politik nichts zu schaffen haben.

> "Die Frau braucht von der Politik nicht mitzureden, sie muß es sogar nicht, weil diese Wissenschaft eine von denen ist, die sie sich nicht völlig wird aneignen können, da Vorkenntnisse dazu gehören, die wir nicht im Stande sind, uns zu erwerben und die außerhalb des Kreises weiblichen Wissens liegen."[14]

Eine geringe Wissensgrundlage soll eine Frau zwar besitzen, aber sie soll weder die Gelehrte spielen noch sein wollen – und hier beginnt ein Versteck-

---

13   Campe, J.: Väterlicher Rath, S. 63/64.
14   Ebenda, S. 155/156.

spiel weiblicher Verstandesqualitäten, das das Verhalten von Frauen in Kreisen der Wissenschaft immer noch bestimmt und ihr Zaudern erklären kann, das sie immer noch beschleicht, wenn sie sich in der Öffentlichkeit zu einer eigenen Meinung bekennt.

> "Sie wird vielmehr gut thun, einen Teil ihrer Kenntnisse geheim zu halten, um nicht den Unwissenden zum Gegenstande des Spottes zu dienen."[15]

Wird die Gelehrsamkeit der Frauen bekämpft und ein akzeptables Maß weiblichen Wissens ausgelotet, so erntet die 'Emanzipierte' nur noch Spott, Ablehnung und Verachtung. Sie, die bewußt alle Werte ablehnt, die eine Frau erst zur Frau machen, wird den jungen Mädchen als Abschaum, als ein schamloses krankes Ungeheuer vorgeführt, von dem sie sich unter allen Umständen fernhalten müssen, damit ihre gefährliche Gedankenwelt – und die hat man wohl in ihrer Wirkungsweise erkannt – diese unwissenden, unbescholtenen Geschöpfe nicht verdirbt. Ein entsprechendes Gegengift ist noch nicht gefunden, und so muß man sich vorerst mit ihrer Verteufelung, einer Art literarischer Hexenverbrennung begnügen. Man versucht verzweifelt, die schwarzen Schafe aus der Herde der friedliebenden weißen Schafe auszusondern, geht in der Differenzierung sogar so weit, die Radikalen in der Bürgerlichen Frauenbewegung von den Gemäßigten zu trennen, um dadurch integrativ verändernde Idee in die Gesellschaft miteinbeziehen zu können.

Wenden wir uns nun diesen Ausgestoßenen, den radikalen Frauen zu, die benutzt werden, um ihnen gegenüber die wahrhaft gleichgerechtigte, ihre Weiblichkeit akzeptierende Frau abzugrenzen.

Zunächst das äußere Bild – die typische männermordende Hetäre – wie es Julie Burow 1860 in ihrem Roman 'Das Glück des Weibes' zeichnet.

> "Man sprach und schrieb viel über Frauenbildung und Erziehung, ganze Ballen von Frauen über Frauen, kamen auf die Welt und ehe wir's uns versahen, gab's in Deutschland drei oder vier emanzipierte Frauen, die Cigarren rauchten, bisweilen hübsche Höschen und Stifelleten zu kurzen Männerjacken oder Blousen trugen, ihre göttliche Liebe verschenkten, nachdem sie die Sklavenfesseln der Ehe mit kühner Hand vor dem Oberlandesgericht zerschnitten hatten."[16]

Männliche Kleidung und 'freie Liebe', weder eindeutig weiblich noch männlich – sie sind gefährlich für den Bestand von Moral, Sitte und Ordnung. Dr. Alexander Jung beschreibt in seinem im Jahre 1847 erschienen Buch 'Frauen und Männer oder über die Vergangenheit, Gegenwart und Zukunft der bei-

---

15 Schoppe, A.: Die Braut, Gattin und Mutter, S. 99/100.

16 Ebenda.

den Geschlechter, ein Seitenstück zu den Vorlesungen über soziales Leben und höhere Gesellligkeit' die Emanzipierten folgendermaßen:

> "Sie (die Emanzipierten) bleiben als Zwittergeschöpfe einer hysterischen Einbildungskraft auf der Grenze haften zwischen Natur und Geist, werden aus Caprice unheilig und forcieren sich wieder und wieder zu einer Energie, die sie gar nicht besitzen, da sie überhaupt ein Unding sind, nämlich zu der, Männer zu sein, während die Natur dennoch sie ewig Lügen straft. So entstehen jene Mannweiber einer bloßen Illusion und Renommisterei, welche aber viel widerlicher Erscheinen als die großen mannweiblichen Heroen, denen wir am Anfange der neuen Zeit begegneten, welches es aus Ehrgeiz und aus dem Übergewicht eines herrschsüchtigen Geistes waren, wärend es die Jetzigen aus bloßer Eitelkeit und aus einem völligen Defizit des Geistes sind ...
> Wahrlich, wenn das Männergeschlecht so tief herabsänke, sich für den Dienst des weiblichen Hofstaates werben zu lassen, um heute zur Parade, noch ein wenig antik, beim Ausfahren der Mann Juno das Pfauenrad zu schlagen, morgen dagegen zur bloßen Nützlichkeit in der Stube, völlig modern nur noch das Spinnrad zu treten, wenn es durch fortgesetzte Hahnreischaft und durch den Fortschritt der Freiheit dahin käme, daß die Männer nicht einmal mehr freien dürften, sondern nur noch gefreit würden von der emanzipierten Mann-Weiblichkeit und sogar das Recht verlören, ihr einen Korb zu geben; dann wäre die Menschheit geschändet bis in alle Zeiten, und aller Cultur letzte Stunde für das Erdleben wäre gekommen! Nur wahnsinnige Kinder könnten noch von einem solch' emanzipierten Geschlecht gezeugt werden, und am allgemeinen Wahnsinn müßte die Intelligenz der Menschheit versterben und aussterben."[17]

Wiederum sind es nur Drohungen, die gegen die 'Mannweiber' ausgesprochen werden, die das Verhängnis der gesamten Menschheit durch die Geburt wahnsinniger Kinder bedeuten. Hier hilft nach Ratschlag der Anstands- und Benimmbücher nur Distanz, Verurteilung und Abschreckung – eine Abschreckung, die sich in so exzellenter Weise bewährt hat, daß sie als äußeres wie inneres Bild der Emanzipierten bis in unsere Tage fortdauert.

Nicht mehr die Zigarre und auch nicht die Hose sind Attribute dieser Mannweiber; aber ihr unweibliches, vorlautes, Männer parodierendes Verhalten rückt Emanzipierte und Homosexuelle in dem gesellschaftlich negativ gemalten Bild zusammen. Vielleicht müßte man dann noch den Begriff tauschen und 'Emanzipierte' durch 'Feministin' ersetzen, um ein ähnliches Feuerwerk skurriler Ängste und Befürchtungen auch in der Gegenwart zu entfachen und Frauen zu diffamieren, vor denen der weise Mann das kleine Mädchen schützen muß.

---

17 Jung, A.: Frauen und Männer oder über die Vergangenheit, Gegenwart und Zukunft der beiden Geschlechter, ein Seitenstück zu den Vorlesungen über das soziale Leben und höhere Gesellligkeit, 1847, S. 127-131.

Beruf und Berufstätigkeit der Frau

Wie immer auch der Pfad sich mag gestalten
Den eine Frau durchs Leben gehen mag,
Führt abwärts er von hohem Frauenwalten
Dann fehlt die Sonne ihrem Lebenstag.

Nicht Glück genießen, aber es bereiten,
das ist's was das Frauenherz begehrt,
Und gern gibt's her die andern Lebensfreuden,
Wenn diese in ihm ist wohl bewahrt.[18]

Während also die zerstörerischen Radikalen heftig abgelehnt und mit Gift und Galle verfolgt werden, so daß jedes junge Mädchen und jeder junge Mann ein Schreckgespenst vor Augen geführt bekommt, dem sie nur entfliehen wollen, widmen die Anstands- und Benimmbücher der weiblichen Erwerbsarbeit – und diese ist in jener Zeit wohl zu unterscheiden vom eigentlichen weiblichen Beruf – einen großen Raum.

Der eigentliche Beruf der Frau blieb es, entsprechend ihrer Natur, Kinder zu gebären. Das konnte sie im gesellschaftlich akzeptierten Leben allerdings nur, wenn sie als rechtmäßig anerkannte Ehefrau lebte. Aus ihrer natürlichen Gebärfähigkeit und dem als angeboren definierten Weiblichen in ihrem Wesen leiteten sich dann weitere Merkmale ihres 'eigentlichen Berufes' ab.

"Dieser (der Beruf also) geht ja - nach Campe recht eigentlich dahin, die Seele dieses Hauswesens zu sein, d.i. jedem Teil derselben, wie ein Glied von ihr zu lieben und zu regieren; für jeden Teil desselben, bis auf die kleinste Einzelheit hinab, zu wachen und zu sorgen; jedem Teil desselben - und seine Theile sind viele - vor Unordnung, Verschlimmerung und Verderben zu bewahren: wie könntest du das, wenn Deine Neigung dich aus dem Mittelpunkte dieser Berufswirksamkeit hinaus zu außerhäuslichen Bestrebungen und Ergötzlichkeiten reife? Dein Beruf: dieser geht ja auch dahin, die Pflegerin und Bildnerin derjenigen Kinder zu sein, welche der Vater der Menschen einst durch dich in's Dasein rufen wird, um durch dich zu glückseligkeitsfähigen Geschäften und zu nützlichen Mitgliedern der menschlichen Gemeinschaft gebildet zu werden; ... Dein Beruf; dieser zweckt ja endlich und zwar vorzüglich auch noch darauf ab, daß du dem Mann, dessen Schicksal die Vorsehung mit dem deinigen einst unzertrennlich verknüpfen wird, das Leben genießen, ihm sein Haus zum Mittelpunkte seiner Glückseligkeit und den Kreis seiner Lieben, an deren Spitze du stehen wirst, zur angenehmsten Gesellschaft machen sollst."[19]

---

18 Lindemann, M. von: Die rathende Freundin, Köln 1907, S. 72.

19 Ewald, J.L.: Die Kunst, ein gutes Mädchen, eine gute Gattin, Mutter und Hausfrau zu werden, Bremen 1798, S. 298.

Die Thematisierung der weiblichen Berufstätigkeit in den Benimm- und Anstandsbüchern beruht auf der Einschätzung der eigentlichen Berufung der Frau, die sich in dem Begriff der Mütterlichkeit fassen läßt. Nach wie vor bleibt es ein ungeschriebenes Gesetz für die Töchter des gehobenen Mittelstandes, daß Erwerbsarbeit zunächst einmal nicht erstrebenswert und standesgemäß sei. Beruf und Berufsausbildung galten in erster Linie als Vorbereitung auf die spätere Familienarbeit. Gewarnt wird immer wieder davor, durch einen Beruf die weibliche Sphäre zu verlassen. Entsprechend bleibt das Spektrum der weiblichen Berufstätigkeit beschränkt.

Natalie Buck-Auffenberg tritt in ihrem 1896 erschienen Buch 'Die Frau comme il faut' (Die vollkommene Frau. Mit Beiträgen des Briefkastenmannes der 'Wiener Mode') entsprechend dem 'Pulsschlag der modernen Zeiten' dafür ein, daß es grundsätzlich sinnvoll sei, einen Beruf zu erlernen. Der Frau erwachse daraus ein 'innerer Halt' auch in schlechten Zeiten oder im Notfall durch eigene Kraft versorgt zu sein.

> "Sie gewinnt dadurch eventuell die Möglichkeit, irgendeine Liebesheirat eingehen zu können und nicht unbedingt auf eine versorgende 'gute Partie' angewiesen zu sein, die Möglichkeit, freiwillige Ehelosigkeit auf sich nehmen zu können, wenn sie das vorzieht, ohne deshalb das Achselzucken der Leute und die peinliche Situation alternder Mädchen auf sich nehmen zu können, die als nutzloser Ballast in der Familie herumgeworfen werden."[20]

Ihres Erachtens sei die Zeit vorbei, in der die Damen nachts heimlich stickten und verschämt ihre Arbeit zu dem Besteller trugen. Jede Frau könne stolz darauf sein, zu arbeiten, allerdings nur dann, wenn sie die ihren weiblichen Qualitäten entsprechenden Berufe ausübe.

Welche Ratschläge ergehen an diese berufstätige Frau, die sie in der Ausübung ihres Berufes beachten muß?

Zunächst einmal soll sie ihren Wirkungskreis sorgfältig auswählen. Nicht unpassend seien Stellungen, bei denen sie allein unter Männern arbeiten müsse, wenn sie entsprechend Takt im Benehmen habe. Unmöglich seien dagegen Arbeiten, wo sie 'rohe und widerspenstige Elemente männlichen Geschlechts' zu genügenden Arbeitsleistungen anhalten müsse. Wenn sie durch ihren Beruf Verkehr mit dem großen Publikum halten müsse, solle sie durch auserlesene Höflichkeit sich alle Unannehmlichkeiten vom Leibe halten. 'Nervöse Reizbarkeit', die sich 'wie überströmende Elektrizität' auf die anderen verteile, sei unbedingt zu vermeiden. Geld- und Honorarforderungen soll sie vorher genau präzisieren. Weder zu große Bescheidenheit noch zu hohe Anforderungen seien ratsam.

---

20 Buck-Auffenberg, N.: Die Frau comme il faut, 1896, S. 30.

"Eine gewisse Coulance in geschäftlichen Abmachungen wird sie immer beachten müssen, wird aber ihre Arbeit dabei doch nicht entwerten dürfen. Es ist nicht genug, daß die Frau erwerben lernt, sie muß auch lernen, ihre Interessen vernünftig zu wahren, sich nicht einschüchtern zu lassen."[21]

Wiederum heißt es, weiblich zu bleiben, taktvoll und anmutig, allerdings nicht unterwürfig und selbstverleugnend. Das moderne Bild der berufstätigen Frau ist entstanden, das aber herzlich wenig zu tun hat mit dem der Fabrikarbeiterin, deren Charme und Weiblichkeit überhaupt nicht von gesellschaftlichem Interesse sind.

Die weibliche Berufstätigkeit als mögliche Alternative und anerkannte Vorbereitung auf die Ehe, die dazu dient, im Notfall den Unterhalt der Familie bestreiten zu können und dem Manne eine weltoffene Gesellschafterin zu sein, die auch seine beruflichen Probleme zumindest ansatzweise verstehen kann, bedarf einer gewissen Vorbereitung durch häusliche und außerhäusliche Erziehung.

Wir haben versucht, uns auf verschiedenen Wegen dem Bild der Frau zu nähern, wie es uns die Anstands- und Benimmbücher für das 19. Jahrhundert vermitteln. Ein Bild, das auch Einblick gewährt in die Realität eines Frauenalltags, wie er sein soll und wie der nicht sein darf – wohlgemerkt für die bürgerliche Frau, eine Frau, die ihre eigentliche Erfüllung im Hause, in der Familie finden sollte und die doch durch die gesellschaftlichen Umstände immer mehr gezwungen wurde, in das Erwerbsleben einzutreten.

Es ist deutlich geworden, daß diese Anstands- und Benimmbücher nicht nur Regeln des 'guten Tons' im gesellschaftlichen Umgang vermitteln wollen, sondern sich um eine ganzheitliche Erfassung weiblicher Lebenswelt bemühen. Sie spiegeln damit auch das Spektrum gesellschaftlicher Konflikte wider, innerhalb derer sich das Frauenleben im 19. Jahrhundert abspielte. Grundsätzlich um Stabilisierung und Ausgleich der Extreme bemüht, sind sie beharrend, konservativ, zum Teil auch restaurativ, nur selten fortschrittlich und schon gar nicht um die Auflösung der herrschenden Geschlechterdichotomie bemüht. Sie sind allerdings auch nicht so weltfremd oder rein praxisbezogen, daß sie wesentliche Fragen ihrer Zeit, die die Identität der Frau berühren, unberücksichtigt lassen. Gerade aus der Diskussion dieser Probleme gewinnen sie ein breites weibliches Lesepublikum, das nach Orientierung verlangt und sie hier in der Berücksichtigung ganz simpler Alltagsfragen ebenso wie in der Berücksichtigung grundlegender gesellschaftlicher Probleme erhält. Sie sind vergleichbar mit den modernen Frauenzeitschriften, die ja auch Hilfe in

---

21 Ebenda.

jeder Lebenslage, Information und Befreiung verheißen. Grundlegend bleibt, wenn auch leichten Variationen und Dissonanzen unterworfen, ein Bild der Weiblichkeit, wie es Goethe in 'Hermann und Dorothea' nicht zutreffender hätte ausdrücken können (und Generationen von Autoren wurden nicht müde, ihn zu zitieren):

"Dienen lerne beizeiten das Weib nach ihrer Bestimmung;
Denn durch Dienen allein gelangt sie endlich zum Herrschen,
Zu der verdienten Gewalt, die doch ihr im Hause gehöret.
Dienet die Schwester dem Bruder doch früh, sie dienet den Eltern,
Und ihr Leben ist immer ein ewiges Gehen und Kommen.
Oder ein Heben und Tragen, Bereiten und Schaffen für Andere.
Wohl ihr, wenn sie daran sich gewohnet, daß kein Weg ihr zu sauer,
Wird, und die Stunden der Nacht ihr sind wie
Die Stunden des Tages."[22]

---

22   Goethe, J.W. von: Hermann und Dorothea, VII (Erato), Vers 114-123.

7. 'Die Welt ist das Herz des Mannes, das Haus die Welt der Frau.' Die Entstehung und Entwicklung des städtischen höheren Mädchenschulwesens.

Die Entstehung und Entwicklung des städtischen höheren Mädchenschulwesens ist vergleichsweise gut dokumentiert durch die Darstellung Gisela Wagners[1]. Die innere Struktur des höheren Mädchenschulwesens ist zu erschließen über Lehrpläne, Jahresberichte und Stellungnahmen der jeweiligen Direktoren zum Thema Mädchenbildung. Einblick in die öffentliche Diskussion über das Mädchenschulwesen in Inhalt und Form lassen sich rekonstruieren mit Hilfe von Stellungnahmen des Vereins für Frauenbildung und Frauenstudien sowie des Lehrerinnenvereins.

Einen Überblick über die formale Entwicklung des Mädchenschulwesens in Osnabrück erfolgt im Rahmen der Darstellung der beruflichen und privaten Entwicklung der Osnabrücker Lehrerinnen (vgl. Kap. 8).

Der Schwerpunkt der folgenden Ausführungen liegt daher auf der konzeptionellen und inhaltlichen Ausgestaltung des Mädchenschulwesens, wie es sich am Ende des 19. Jahrhunderts ergibt. Mögliche kritische Anmerkungen und Veränderungsvorstellungen lassen sich mit Hilfe der angesprochenen Stellungnahmen der Frauenvereine erschließen.

Die Betrachtung der Bildungskonzeptionen für Mädchen und Frauen 'aus dem Volke' findet seinen Ort dann innerhalb der Darstellung der Arbeit dieser lokalen Frauenvereine (vgl. Kap. 9).

Die Welt ist das Herz des Mannes, das Haus die Welt der Frau

Leitmotivisch läßt sich diese Aussage über die gesamte Konzeption des Mädchenschulwesens in Osnabrück im 19. Jahrhundert stellen. Daran ändert auch die reale Lebenssituation bürgerlicher Frauen wenig, die zu einem nicht geringen Teil vor der Ehe berufstätig sind oder ehelos bleiben und dem Zwang gehorchen, erwerbstätig zu sein.

Nehmen wir zunächst einen Vortrag des Direktors der Osnabrücker Mädchenschule, Direktor Swart[2] in den Blick, der sich inhaltlich exakt in die gene-

---

1   Vgl. Einleitung, Anmerkung 7.

2   StArch. Osnabrück, Dep. 3 b IV, Stadt Osnabrück, Nr. 3184. Ostern 1874, ad acta. Die einzige kommunale höhere Töchterschule betr., Programm der höheren Töchterschule. Einige Bemerkungen über die Erziehung der Mädchen, vom Direktor, S. 16 ff.

relle, auch überregional wirksame Konzeption einbinden läßt. Hier taucht die althergebrachte Vorstellung von dem ergänzenden Prinzip häuslicher und schulischer Bildung für Mädchen wieder auf.

Dem Elternhaus kommt dabei die unersetzliche Aufgabe zu, die 'sittliche Anschauung des Mädchens zu fördern': eine Aufgabe, die in der Schule aufgenommen und mitgetragen werden soll. 'Seite an Seite' mit den Eltern und in ihrem Einverständnis muß diese 'Veredlung' und 'Erhöhung' des weiblichen Charakters erfolgen.

> "Eine der ersten und wichtigsten Aufgaben der Erziehung sollte also die sein, die Mädchen diese idealen Güter frühe schätzen und suchen zu lehren und dazu bedarf sie zunächst einer religiösen Grundlage, sie muß ferner getragen und durchdrungen sein von sittlichem Ernste und endlich eine gediegene Geistesbildung geben."[3]

Folgen wir dieser Dreiteilung, so ergibt sich hier – und das verdeutlicht noch einmal den geschlechtsspezifischen Charakter dieser Erziehung – gerade auch für Mädchen der 'religiöse Grund' besonders stark, weil sie stärker als der Mann gefährdet und durch ihre biologisch gegebene Unvernunft vor sich selbst zu schützen sind.

Tugenden sind moralisch eingefärbte Affektverlagerungen, die erst Mädchen zur Erfüllung ihrer 'hohen Lebensaufgabe' befähigen. Dabei sind die 'Innigkeit und Wärme des religiösen Gefühl', die 'Klarheit und Schärfe des Verstandes' keineswegs Gegensätze, sondern lassen eine spezifische Variante aufgeklärten Denkens für Frauen erkennen, die diese in bekannte Geschlechtsrollenmuster um so besser einzubinden weiß, indem sie sie verständlich und damit begreifbar herleitet.

> "Der höchste Beruf der Frau, Gefährtin und Gehülfin des Mannes, Hüterin des Hauses und der Familie zu sein und die Pflege und Erziehung der Kinder in die Hand zu nehmen, fordert von ihr die Erfüllung schwerer und hoher Pflichten und dazu muß sie in früher Jugend durch ernste Zucht und sorgsame Leitung geschickt gemacht werden.
> (...) Nicht also für sich, sondern für andere zu leben und zu wirken ist des Weibes Bestimmung, womit die höchste sittliche Vollkommenheit, selbstlose Hingebungen an das Wohl anderer, völlige Selbstverleugnung uns als das Ziel ihrer Erziehung hingestellt wird."[4]

Ein in den Moral- und Anstandsbüchern immer wieder zitierter Abschnitt aus Goethes 'Hermann und Dorothea' begleitet diese eindeutig traditionelle Rollendefinition der Frau (vgl. S. 77). Und daraus auch ergibt sich in der text-

---

3   Ebenda, S. 28.
4   Ebenda, S. 20/21.

immanenten Logik als höchste zu erkennende Tugend der Gehorsam, definiert als die 'Gewöhnung an die unbedingte und freudige Unterordnung des eigenen Willens unter einen fremden'. Kombiniert wird dieser zur Tugend hochstilisierte Funktionsmechanismus weiblicher Unterordnung mit der 'Wahrheitsliebe', die im Gegensatz zur Starrheit' und 'Eigenwille' jegliche Opposition schon in frühen Jahren unterdrücken soll.

> "Das Ziel und der Endzweck dieser Erziehung zum Gehorsam liegt also darin, das Mädchen zu befähigen, dereinst ihre schönste Lebensaufgabe darin zu suchen, zu dienen, d.h. sich selbst vergessend dem Wohl anderer sich zu widmen."[5]

Um diese Kardinaltugenden, der eine Reihe anderer Eigenschaften untergeordnet sind, richtig zu erfüllen, bedarf es einer 'gediegenen Geistesbildung'.

> "Das Weib bedarf, um seine hohe Aufgabe zu erfüllen, allerdings zunächst und in erster Linie einer tüchtigen Bildung des Willens und Charakters allein, wenn sie in Wahrheit die Seele des Familienlebens sein, dem Manne eine Heimstätte bereiten will, die ihm nach der Arbeit und Last der Geschäfte eine innere Erquickung bietet, wenn sie Kinder und Dienstboten erziehen und leiten will, wenn sie, was zur Führung des Hauswesens nötig ist, ausführen, anordnen und beaufsichtigen soll, so bedingt das alles eine Summe von geistiger Arbeit, von Überlegung und Urteil, ja auch von Wissen und Können, die so gering nicht anzuschlagen ist. Ganz abgesehen von der Verwertung, welche in unseren Tagen die geistige Arbeit und Bildung des Weibes in so manchen Thätigkeiten und Erwerbszweigen findet, soll es seinen Geist nicht schmücken mit dem Besten, was Kunst und Wissenschaft hervorgebracht, an dem nicht teilnehmen, was nun einmal Gemeingut ist?"[6]

Wie sieht nun die in der Schule vermittelte 'solide Grundbildung' aus? An anderer Stelle geht Swart auch darauf ein.

> "Die Mädchen vor unserer Zeit und auch die unsrigen haben sich ein höheres und besseres Ziel gesteckt und können sicherlich von jenem Vorwurfe nicht getroffen werden. Sie wollen, wie die Schulen für die männliche Jugend, eine allgemeine Bildung geben, nicht eine Fachbildung, die für einen bestimmten Beruf vorbereitet."[7]

Sie richtet ihren Blick auf die Familie, das Leben und Wirken im häuslichen Kreise.

> "Keine Schule kann die äußerliche Aneignung und Aufsammlung einer gewissen Summe von Kenntnissen und Fertigkeiten als ihr letztes Ziel betrachten, am wenigsten aber die Mädchenschule. Wir würden diejenige Mädchenbildung als eine

---

5   Ebenda, S. 23.
6   Ebenda, S. 27.
7   Ebenda, Einrichtung, Unterrichts- und Erziehungsaufgabe der Töchterschule, S. 27.

82

entschieden verfehlte ansehen, die nicht mit der Gründlichkeit und Klarheit des Wissens eine Erhebung und Veredlung des Herzens und Gemüthes verbindet, wonach sich denn, ohne die Tüchtigkeit für das praktische Leben hintanzusetzen, unsere Aufgabe als eine hervorragende auf das Ideale gerichtet herausstellt. Jener zarte Sinn für das Schöne und Gute, für das Wohlanständige und Sittliche, der, das Niedrige und Gemeine aus seiner Nähe verbannende, auch auf die ganze Umgebung veredelnd wirkt, ist in der Tat das sicherste Merkmal ächter Frauenbildung und die Erweckung und Pflege dieses Sinnes darf der Unterricht der Mädchenschule niemals aus den Augen lassen."[8]

Im Religionsunterricht soll die Heilige Schrift die Grundlage bilden, aber in einer für Mädchen angemessenen Bearbeitung und Auswahl. Kirchenlieder sollen gesungen, Psalmen auswendig gelernt werden. Die 'ethischen Elemente' sollen gegenüber den 'dogmatischen' Vorrang haben, denn es sei das 'natürliche Verlangen' des Mädchens, 'die religiösen Wahrheiten mehr unmittelbar aus sich heraus wirken zu lassen, als strenge Erörterungen und bindende Beweise zu fordern'. In diesem Sinne stehen besonders die Lehrgegenstände im Mittelpunkt, die geeignet sind, auf 'Herz und Gemüt' bildend und veredelnd zu wirken.

Literatur, vor allem deutsche Dichtung, nimmt dabei einen vorrangigen Raum ein. Die 'Pflege des deutschen Aufsatzes' bringt es dann mit sich, daß Mädchen sich sprachlich richtig, aber auch treffend klar und 'echt deutsch' ausdrücken können.

"Kein Unterrichtsgegenstand läßt die gesammelte geistige Reife so deutlich erkennen wie der Aufsatz. Die Gegenstände werden mit Sorgfalt so ausgewählt daß sie über den Gedankenkreis und die Erfahrung der Mädchen nicht hinausgehen und schließen sich wesentlich an das Leben und den Unterricht an."[9]

Von den Fremdsprachen kommen für Mädchen nur Französisch und Englisch in Betracht.

"Das Ziel des Unterrichts ist, die Schülerinnen dahin zu führen, daß sie ein nicht zu schwieriges Buch in der fremden Sprache ohne erhebliche Hülfe des Wörterbuches lesen und verstehen, ein leichtes deutsches Stück im Wesentlichen richtig in dieselbe übertragen, einen englischen oder französischen Vortrag verstehen und einige Übung im freien schriftlichen und mündlichen Gebrauch der beiden Sprachen erlangen."[10]

Der Geschichtsunterricht findet seinen Schwerpunkt in der mittelalterlichen und der deutschen Geschichte.

---

8 Ebenda, S. 26/27.
9 Ebenda, S. 29.
10 Ebenda, S. 30.

"Der Unterricht wird sich weniger an die politische Entwicklung der Staaten und die Einzelschilderung kriegerischer Ereignisse halten, als vielmehr hervorragende, die Teilnahme weckende Persönlichkeiten und sittliche und Culturzustände ins Auge fassen, stets aber eine Erkenntnis des inneren Zusammenhangs der Begebenheiten zu verschaffen suchen."[11]

Auch in der Geographie steht das Vaterland im Mittelpunkt. Der vaterländische Unterricht soll den 'Sinn und die Liebe für die Naturbetrachtung' pflegen. Der Rechenunterricht soll die aus dem Lehrplan der Mädchenschulen ausgeschlossene Mathematik ersetzen.

'Weibliche Handarbeiten' bleiben mit vier Wochenstunden ein vergleichsweise geringer Bestandteil des Unterrichtes. Es sollen hier allerdings mehr solche Arbeiten angefertigt werden, die eher dem 'practischen Bedürfnis' als dem Luxus dienen. Der Schreibunterricht soll zu einer 'gefälligen' Handschrift befähigen. Zeichnen und Singen dienen der 'Pflege des Schönheitssinnes'.

Wie unterscheidet sich diese Form des Mädchenschulwesens von den privaten Töchterschulen zu Beginn des 19. Jahrhunderts? Was sind die Unterschiede zu den Konzeptionen der Mädchenbildung, die im 18. Jahrhundert entwickelt wurden?

Vorab bleibt festzustellen, daß sich die Vorstellungen über die 'eigentlich weibliche' Aufgabe der Frau nicht geändert haben. Haus und Familie bleiben Ausgangspunkt und Endziel des weiblichen Daseins. Neu ist allerdings – und nur in diesem Rahmen werden Erziehungskonzeptionen für ein Mädchenschulwesen überhaupt verständlich – die Vermittlung der geschlechtsspezifischen Rollenzuweisung über die verstandes- und gefühlsmäßige Erfassung. Konstante Elemente weiblicher Bildung bleiben Religion und die Erlernung von hauswirtschaftlichen Tätigkeiten, letztere in der Schule reduziert auf Handarbeiten für praktische Zwecke. Über den Stellenwert und die innere Ausgestaltung des 'soliden Grundwissens' entbrennen Diskussionen, die immer wieder, auch entsprechend der politischen und gesellschaftlichen Situation, unterschiedliche Differenzierungen und Gewichtungen ausweisen. Der Begriff der Allgemeinbildung bleibt geschlechtsspezifisch und begründet sich aus der andersartigen Auffassungsgabe und gedanklichen Grundstruktur der Mädchen.

Die Verlagerung der Gewichtung von der französischen Sprache auf die Vermittlung deutscher Kultur verweist auf eine politische Entwicklung, die mit der Reichsgründung 1870 einen eindeutigen Richtungswechsel vollzieht. All das, was schon im 18. Jahrhundert als Bildungsgut der Gelehrsamkeit an-

---

11   Ebenda.

84

gesehen wurde, bleibt Mädchen verschlossen. Es wird in der zeitgenössischen Argumentation auch weiterhin so dargestellt, als sei es unnötiger Ballast, der ein Mädchen in seinem zukünftigen Leben unfähig macht, ihren kleinen, aber doch so wichtigen Pflichten nachkommen zu können.

•

Drei Lebensläufe

1.

Am 6. Dezember wurde ich, M.B., die älteste Tochter des nunmehr verstorbenen Oberzahlmeisters R.B. in St. geboren. Im April 1881 kam ich mit meinen Eltern nach H., wohin mein Vater versetzt worden war. Ich bin in der evangelischen Religion erzogen und erhielt meine erste Erziehung im elterlichen Hause, besuchte dann von Herbst 1895 die höhere Mädchenschule zu H. Zu Ostern 1896 wurde ich konfirmiert. Dann habe ich mich im Elternhause aufgehalten, um Haushaltung zu lernen, habe die Industrieschule besucht.
Seit 15. September war ich als Handarbeitslehrerin an der höheren Mädchenschule tätig. Am 16. und 17. Juni 1903 habe ich vor der vom Kaiserlichen Oberschulrat eingesetzten Prüfungskommission die Prüfung für Handarbeitslehrerinnen bestanden, habe vom 1. April 1904 ab die Verwaltung der Handarbeitslehrerinnenstelle an der städtischen höheren Mädchenschule in H. übertragen bekommen und wurde am 13. April 1904 vereidigt. Am 14. März 1905 wurde ich zur Lehrerin dieses Unterrichts an der bezeichneten Schule ernannt. Außerdem war ich mit Erteilung des Schönschreibunterrichtes betraut.
Am 28. Januar 1919 wurde ich auf Verfügung des französischen Haute-Commissaire in St. vom Dienst suspendiert und wohnte bis zur Ausreise aus dem Elsaß bei meiner Mutter in St. Am 23. März 1919 reiste ich von St. mit Mutter und Schwester ab und halte mich seit dieser Zeit in N. auf.

2.

Ich, A.M., Tochter des verstorbenen Gutsbesitzer R.M. und seiner ebenfalls verstorbenen Gattin A., geb. B., bin geboren am 16. Mai 1877 zu V. Im Februar bestand ich die Reifeprüfung am Realgymnasium zu M. aufgrund privater Vorbereitung. Ich studierte an den Universitäten München, Marburg und Münster. Während der ersten Semester studierte ich hauptsächlich Mathematik und Physik. Im vierten Semester belegte ich das erste physische Praktikum und widmete mich darauf fast ausschließlich der Chemie. Im Wintersemester 1910/11 bestand ich das anorganische und organische Vorexamen, im Mai 1911 das Vorexamen, im Juli 1912 das Hauptexamen als Nahrungsmittelchemikerin. Letzteres bestand ich mit dem Prädikat 'sehr gut'. Im Februar 1913 promovierte ich in anorganischer Chemie. Während der Universitätsferien August und September 1912 und vom 1. April 1913 bis zum 1. Oktober desselben Jahres arbeitete ich am städtischen Untersuchungsamt in H. Vom 1. Oktober 1913 bis zum 1. August 1914 war ich am Hygienischen Institut in Beuthen beschäftigt; vom 1. August 1914 bis zum 15. August war ich als Nahrungsmittelchemikern eingestellt am städtischen Untersuchungsamt E. Seit dem 15. August bin ich zur Kriegsvertretung hier am städtischen Untersuchungsamt M. ... Ich bemühe mich um diese Stellung, weil es mein dringender Wunsch ist, wieder in die Heimat zu kommen. .. Hier in M. habe ich eine wöchentliche Kündigung, jedoch nur bis zum ersten des Monats, ist es erlaubt zu kündigen. Sollte die Wahl auf mich fallen, bitte ich ergebens um Nachricht vor dem 1. Oktober, da ich dann frühestens zum 1. November eintreten könnte, andernfalls zum 1. Dezember.

3.
Ich wurde zu N. am 29. September 1884 als Tochter der Kaufmannseheleute C. und E.E. geboren, bin protestantischer Konfession und in N. beheimatet. Nach dem Besuch der städtischen höheren Mädchenschule blieb ich zunächst im elterlichen Hause, eignete mir die nötigen Haushaltskenntnisse an, besuchte Privatstunden in Weißnähen, Kleidernähen, Bügeln, Turnen, Klavierspielen u.s.w. und arbeitete schließlich jahrelang im Kontor des väterlichen Geschäftes.
Im Lauf der Jahre übernahm ich nebenbei noch kleinere soziale Pflichten in Kindergarten, Kinderhort und Kindergottesdienst, war auch im Jahre 1910 während einer Kurperiode in der Kinderheilanstalt zu K. tätig. Am 15. Oktober 1913 trat ich in das christliche soziale Frauenseminar zu A. ein und bestand nach einem halbjährigen theoretischen Kursus die Prüfung. In A. arbeitete ich im Deutsch-Evangelischen Arbeiterinnenverein u. an der Mütterberatungsstelle L. Von Mitte April 1914 bis 1. April 1915 praktizierte ich in den M. Ferienkolonien zu B.T., L. und H. für Jugendfürsorge und bei der städtischen Polizeipflegerin zu N. Neben den Büroarbeiten war mir besonders in dem letzten halben Jahr Gelegenheit gegeben, eingesendete Erhebungen über 500 Familien unserer Arbeiterbevölkerung zu erstellen; auch wurde mir als Berufsfürsorgerin Transporte von Zwangszöglingen übertragen.
Zur Zeit helfe ich wieder meinen Eltern aus, beteilige mich hier und da an ehrenamtlichen städtischen Arbeiten, sehne mich jedoch nach einem ständigen Arbeitsfeld.
Sei es Anstalts-, Büro- oder Ermittlungsdienst.
Sei es in Kriegsfürsorge, Armenpflege, Waisenpflege, Jugendfürsorge, Berufsvormundschaft, Polizeipflege od. ähnl. Organisationen.
Auf Wunsch werde ich mir Kenntnisse in Maschineschreiben aneignen.[12]

---

12   StArch. Osnabrück, Rep. 3b IV. Stadt Osnabrück - Stadtsachen I. D. Städt. Bedienstete 854, 934, 2732.

8. 'Dann habe ich mich wieder so hingehalten'.
Die Lehrerinnen im Schulverband Osnabrück-Stadt (1868-1945). Eine Analyse weiblichen Lebenszusammenhanges auf der Grundlage von Personalakten.

Der Direktor der Psychiatrischen und Nervenklinik der Universität Münster erstellt am 24. Mai 1940 ein Gutachten, das den Gesundheitszustand der Lehrerin C.[1] folgendermaßen beschreibt:

"Psychisch: Es besteht eine ausgesprochen depressiv-weinerliche Verstimmung. Bei der Besprechung der Vorgeschichte und ihrer Beschwerden kommt es wiederholt zu länger dauerndem, haltlosen Weinen. Auch wenn man ihr mal energisch zuredet, tritt das Weinen sofort auf. Sie zeigt eine ausgesprochene Abneigung gegen ihren Beruf und betont immer wieder, daß sie diesen auf keinen Fall mehr ausüben könne. Sie könne es schon infolge ihrer ganzen Stimmungslage nicht wagen, sich vor eine Klasse hinzustellen; sie würde sich dabei völlig blamieren und von den Schülern verlacht werden. Ebenso geht es ihr ihren Kollegen gegenüber und auch sonst in Gegenwart von Menschen."[2]

Daß Lehrerinnen im 19. und zu Beginn des 20. Jahrhunderts stärker als Lehrer unter 'nervösen Störungen' gelitten hätten, wurde von ihren männlichen Kollegen als Argument dafür angeführt, daß Frauen als Lehrerinnen auf lange Sicht nicht weniger Kosten verursachten als Männer, obgleich sie geringer bezahlt würden[3]. Diese Argumentation reiht sich ein in eine Reihe heftiger Auseinandersetzungen zwischen Lehrern und Lehrerinnen, in dem die erste Gruppe auf ihrem Status und ihren Privilegien beharrte und die zweite Gruppe nach sozialer Anerkennung und finanzieller Gleichstellung strebte[4].

---

1 Vgl. StArch. Osnabrück, Dep. 3 b IV, Stadt Osnabrück - Stadtsachen Nr. 2866 Personalakten.

2 Ebenda, Gutachten, S. 7.

3 Albisetti, J.C.: Frauen und die akademischen Berufe im Kaiserlichen Deutschland (Frauen in der Geschichte VI), Düsseldorf 1985, S. 291.
Nave-Herz, R.: Sozialgeschichtlicher Abriß des Grund- und Hauptschullehrerinnenberufes, in: Brehmer, J. (Hg): Lehrerinnen. Zur Geschichte eines Frauenberufes. Texte aus dem Lehrerinnenalltag, München, Wien, Baltimore 1980, S. 291.

4 Der Kampf der Lehrerinnen um eine gleichwertige Ausbildung und damit auch Anerkennung ihrer beruflichen Qualifikation manifestiert sich z.B. auch auf der politischen Ebene in den Forderungen der bürgerlichen Frauenbewegung, vgl. Albisetti, J.C.: Frauen und die akademischen Berufe, S. 291/292.
Tornieporth, G.: Studien zur Frauenbildung. Ein Beitrag zur historischen Analyse lebensweltorientierter Bildungskonzeptionen, Weinheim und Basel 1979, S. 175 ff.
Twellmann, M.: Die Deutsche Frauenbewegung im Spiegel repräsentativer Frauenzeitschriften. Ihre Anfänge und erste Entwicklung 1843-1889, Meisenheim am Glan, 1972.

Von den insgesamt 128 Lehrerinnen[5], die zwischen 1868 und 1945 an den staatlichen bzw. städtischen[6] Elementar- und höheren Mädchenschulen in Osnabrück unterrichteten, litten immerhin 29,7 % an nervösen Erschöpfungszuständen, die sie zeitweilig arbeitsunfähig machten. Auf den ersten Blick bestätigt sich somit die generelle Behauptung.

Es wäre sicherlich interessant, sich vornehmlich auf diese Konfliktzonen im Leben der Osnabrücker Lehrerinnen zu beschränken, gerade auch weil uns hier die Macht der Gefühle so unwiderstehlich gefangennimmt. Eigene Vorstellungen von versteckten Widerstandspotentialen von Frauen, gemeinhin also die Suche nach 'machtvollen' Frauengestalten, wie auch der Nachweis unterdrückender, destruktiver Weiblichkeitsideologien, wäre weitaus spannender als die mühselige und streckenweise trockene Aufarbeitung eines weiblichen Lebenszusammenhanges, der zunächst ohne spektakuläre Höhepunkte verläuft. Dieser mühsame Weg ist jedoch unabdingbar, will man sich nicht vorab schon selbst verfangen in einem Wunschbild historisch verfälschender Weiblichkeitsgebilde oder sich den Blick für mögliche Selbstkorrekturen durch ideologisch gefärbte Verfahrensweisen verstellen.

Aus diesem Grund also werde ich zunächst das Berufs- und Lebensbild der Osnabrücker Lehrerin, jeweils eingeordnet in die überregionale Situation, entwickeln, um es mit der Realität des Berufes zu konfrontieren. Dann werde ich danach fragen, welche Frauen diesen Beruf ausübten, aus welchen sozialen Schichten sie kamen, wo und wie sie wohnten und lebten, was sie in ihrer Freizeit taten und wie sie gesellschaftlich angesehen waren. Erst auf dieser Grundlage werde ich mich dann den Konflikt- und Krisensituationen, den Bewältigungsstrategien und Ausbruchsversuchen der betroffenen Frauen zuwenden, um ihre Funktion, ihren Wert und ihren Einfluß auf den Lebenszusammenhang einschätzen zu können. Konfliktzonen lassen sich auch erschließen, wenn man den Umgang mit verheirateten bzw. sich verheiratenden

---

5 Die folgenden Ausführungen beruhen hinsichtlich ihrer Quellenbasis schwerpunktmäßig auf den Personalakten, die sich im Staatsarchiv Osnabrück, Dep. 3 IV, finden ließen. Es handelt sich nur um die Lehrerinnen, die im Schulverband der Stadt Osnabrück angestellt waren.

6 Jürgen Zinnecker (ders.: Sozialgeschichte der Mädchenbildung, Weinheim und Basel 1973) verweist darauf, daß der Staat während des 19. Jahrhunderts öffentliche 'höhere Mädchenschulen' fast vollständig der Selbstverwaltung der städtischen Kommunen überlassen habe (ebenda, S. 38). "Erst ab 1877/78 enthält der Haushaltsetat Preußens einen symbolisch zu nehmenden Titel 'höhere Mädchenschule' : 1894 unterwirft das Unterrichtsministerium erstmalig die Lehrpläne einem einheitlichen Reglement; und erst 1908 übernehmen die Provinzialschulkollegien als die für die 'höheren Schulen' zuständigen Schulbehörden der Provinzen die Oberaufsicht über das Mädchenschulsystem" (ebenda)..

Lehrerinnen, mit kranken Lehrerinnen sowie die Arbeit mit Schülern und den Umgang mit Vorgesetzten und Eltern betrachtet.

Voraussetzungen weiblicher Berufstätigkeit

Die Normen, Werte oder Standards, die das Berufsbild der Osnabrücker Lehrerin von 1868 bis 1945 bestimmen, sind geprägt von der Aufgaben- und Funktionszuweisung, die der ehelosen Frau am Ende des 18. und zu Beginn des 19. Jahrhunderts zugewiesen wurde. Die verheiratete Lehrerin stellt – und darauf wird noch einzugehen sein – immer einen Sonderfall dar. Sie wird von den verschiedensten Seiten abgelehnt, da ihre Existenz dem Konzept ersetzender Mütterlichkeit im Beruf widerspricht. Die Darstellungen des Berufsbildes der Osnabrücker Lehrerin wird sich im folgenden auf einige wesentliche Faktoren des zeitgenössischen Frauenbildes beschränken, die über den lokalen Rahmen hinaus wirksam sind. Ausgangspunkt meiner Überlegungen sind dabei die Thesen Karin Hausens über die 'Polarisierung der Geschlechtscharaktere'[7]. Karin Hausen weist nach, daß es im Zuge der Entstehung und Entwicklung der bürgerlichen Gesellschaft zu einer entscheidenden Veränderung in der ideologischen Grundlage der geschlechtsspezifisch zugewiesenen Aufgaben- und Funktionsteilung kommt. Sie wird als naturgegeben, angeboren, den weiblichen bzw. männlichen Geschlecht inhärenter Bestandteil ihrer selbst definiert und tritt in der verinnerlichten Form des männlichen bzw. weiblichen Charakters zutage. Eigenschaftszuweisungen spiegeln dabei die Polarisierung in eine männliche öffentliche und eine weibliche private Sphäre wider. Sie sind wesentliche Konstituenten, die diese Ausdifferenzierung von Arbeits- und Lebenswelt fundieren. Sie sind unangreifbares Axiom einer darauf aufbauend verstandesmäßig bzw. vernunftbegründeten Geschlechterrollenzuweisung, die von Frauen eingesehen und mitgetragen werden kann.

Neu entsteht jedoch, nahezu zeitgleich mit der Ausprägung dieser Geschlechtscharaktere, das Problem der ehelosen bürgerlichen Frau. Diese hat es aufgrund begrenzter Heiratsmöglichkeiten zwar schon immer gegeben, doch nie zuvor werden die Mädchen durch Erziehung so stark in die Erwartungshaltung einer späteren Ehe eingeführt, wird ihnen diese als einzige Lebensmöglichkeit vorgeführt. Durch die in die Mädchenerziehung einfließenden Bestandteile einer Vernunftausbildung wird den Frauen diese unerfüllte

---

7 Hausen, K.: Die Polarisierung der Geschlechtscharaktere'. - Eine Spiegelung der Dissoziation von Erwerbs- und Familienleben, in: Conze, W. (Hg.): Sozialgeschichte der Familie in der Neuzeit Europas, Neue Forschungen, Stuttgart 1976, S. 363 ff.

Lebensperspektive deutlich vor Augen geführt. Die künstlich erzeugte Erwartungshaltung birgt hinsichtlich der vorhandenen Alternativen zur Ehe auch keine nur annähernd befriedigende Situation. Als unbezahlte, gelittene und verachtete 'arme Verwandte', die in der Familie des Bruders oder der Schwester ein Gnadenbrot bei schwerer Arbeit fristet, als Gesellschafterin, Gouvernante und Erzieherin in wohlhabenden Familien oder bei vorhandenem eigenem Vermögen als unbeschäftigte und unzufriedene 'alte Jungfer' kann sie sich entsprechend des herrschenden Weiblichkeitsbildes nur als unnützer Abfall der Gesellschaft sehen.

Diese Entwicklung wird begleitet von einer gesellschaftlich-sozialen Tendenz in den bürgerlichen Schichten, die zu einer Verarmung bzw. Egalisierung beiträgt. Die Berufsgruppe der Beamten und Angestellten kann kein Vermögen mehr ansparen, das 'unversorgten' Töchtern nach dem Tode der Eltern als Lebensgrundlage dienen könnte. Im Haushalt von Verwandten finden sie zudem immer weniger Raum, ganz einfach auch wegen der kleineren Wohnungen. Durch Erziehung auf Erfüllung in der Ehe vorbereitet, ohne ausreichende finanzielle Mittel, steht uns dann im 19. Jahrhundert die ehelose Frau vor Augen, deren 'ungenutzte' Energien und Arbeitspotentiale in einer gesellschaftlich akzeptablen und für diese auch sinnvollen Weise einzusetzen sind. In dem Spezifikum einer weiblichen Erwerbstätigkeit laufen dann ganz verschiedene Seiten mit jeweils unterschiedlichen Bestrebungen darauf hinaus, ein System zu entwickeln, das prinzipiell die 'Polarisierung der Geschlechtscharaktere' beibehält, ja sogar zementiert und gleichzeitig das Eindringen von Frauen in die den Männern vorbehaltene Berufswelt legitimiert.

Der Beruf

Ich wende mich zunächst dem Berufsfeld der Osnabrücker Lehrerinnen zu, indem ich versuche, das Verbindende, aber auch Trennende innerhalb dieser Personengruppe herauszuarbeiten und es entsprechend den zeitlichen Verschiebungen innerhalb des Untersuchungszeitraumes zu beschreiben. Dabei stehen Ausbildung, Berufsweg und Karrieremuster neben Arbeitsplatz, Arbeitszeit und Arbeitsinhaltsbeschreibungen im Vordergrund.

Insgesamt 128 Lehrerinnen unterrichteten zwischen 1868 und 1945 an den staatlichen bzw. städtischen Elementarschulen und höheren Mädchenschulen; ihre Personalakten sind einsehbar. Der weitaus größte Prozentsatz (85,2 % entsprechend 109 Frauen) ist im niederen Schulwesen beschäftigt gewesen, also in Volks-, Elementar- und Bürgerschulen. Nur 17 Frauen (13,3 %) waren an den höheren Mädchenmittelschulen beschäftigt, zwei Lehrerinnen an einer Kochschule (1,5 %).

Die jeweils unterrichteten Fächer lassen sich häufig nur indirekt erschließen, wenn aus den Personalakten hervorgeht, für welche Fächer und Fächerkombinationen die Frauen ausgebildet sind bzw. eine Zusatzqualifikation erworben haben. Von den 128 Lehrerinnen werden 46 (35,9 %) mit einer jeweils spezifischen Berufsbezeichnung geführt. Fünfzehn (11,7 %) werden als technische und sechs (4,7 %) als wissenschaftliche Lehrerinnen bezeichnet. Der Rest (25 Frauen entsprechend 19,5 %) wird speziell als Handarbeits- und Turnlehrerinnen oder Handarbeits- und Hauswirtschaftslehrerinnen ausgewiesen. Diese, bis auf das Turnen spezifisch weiblichen Unterrichtsfächer nehmen also einen vergleichsweise geringen Raum ein und entsprechen etwa dem Prozentsatz der technischen bzw. wissenschaftlichen Lehrerinnen mit 21 (16,4 %).

Sie machen damit jeweils knapp ein Fünftel der Grundgesamtheit der Lehrerinnen aus.

Das Bild verändert sich jedoch wieder, wenn man in Erwägung zieht, daß sich hinter dem Begriff der technischen und der wissenschaftlichen Lehrerin nicht das verbirgt, was wir uns heute darunter vorstellen. Es handelt sich vermutlich um ein ähnliches Berufsbild wie das der Handarbeits- oder Hauswirtschaftslehrerin.

Bevor ich mich dem Ausbildungs- und Berufsweg der Lehrerinnen zuwende, erscheint ein kurzer Abriß zur Entwicklung des Mädchenschulwesens in Osnabrück geraten. So läßt sich auf einen Blick das doch recht unübersichtliche Dickicht der Verordnungen und Wandlungen erfassen und sinnvoll rückbeziehen auf den Ausbildungsgang der Lehrerinnen selbst sowie ihr Berufsfeld.

Bei den Volks-, Elementar- und Bürgerschulen, in denen ja der weitaus größte Teil der Lehrerinnen ihren Arbeitsplatz findet, handelt es sich größtenteils um koedukativ geführte Schulen, die zunächst ausschließlich unter kirchlicher, dann unter städtischer Aufsicht stehen. Wenn die Mädchen keinen Privatunterricht erhalten – und das ist nur für das höhere Bürgertum anzunehmen – erfolgt die Ausbildung für Mädchen und Jungen bis auf die spezifisch als weiblich ausgewiesenen Fächer also gleich. Die Klassenstärke ist mit 50 bis 60 Schülern relativ groß. Eine Differenzierung ergibt sich aufgrund der unterschiedlich hohen Beträge von Schulgeld, die zu einer sozialen Segregation führt.

In den gut einhundert Jahren, die wir anhand der Personalakten überblicken können, finden wesentliche Veränderungen im Bereich der Mädchenbildung und damit auch der Berufsausbildung der Lehrerinnen statt, die grob umrissen werden sollen.

In der ersten Hälfte des 19. Jahrhunderts werden höhere Töchterschulen als private Institute und Pensionate gegründet. Seit 1850 kommt es dann verstärkt zur Einrichtung von höheren Mädchenschulen, die dem niederen Schulwesen zugeordnet unter der Verwaltungsaufsicht der Stadt stehen. Obgleich sich dadurch allmählich das Übergewicht der Privatschulen verringert, bleibt deren Vorherrschaft bis zum Ende des 19. Jahrhunderts ungebrochen erhalten. Die Lehrerinnenseminare, zumeist als Aufbauklassen der höheren Mädchenschule konzipiert, sind bis 1889 die einzige Anstalt, in der sich Frauen nach Abschluß der höheren Mädchenschule weiterbilden können. Sie sind als Studieranstalten konzipiert und sollen den Frauen die Möglichkeit zu einer 'wissenschaftlichen' Ausbildung bieten[8].

Die Ausbildung, die Frauen an diesen Lehrerinnenseminaren erhalten können, brachte sie vor allem in ihrer Tätigkeit an den höheren Mädchenschulen ihren männlichen Kollegen gegenüber in eine zweitrangige Position[9]. 1888 kommt es dann zunächst in Preußen auch als Folge kritischer Stimmen innerhalb der Bürgerlichen Frauenbewegung zur Etablierung eines spezifisch neuen Ausbildungsganges, der Frauen die Möglichkeit einräumt, Oberlehrerin zu werden[10].

Den zwei- bis dreijährigen Kursen der Lehrerinnenseminare, die seit 1879 durch Erlaß einer Prüfungsordnung für Lehrerinnen zu einem staatlichen Abschluß führen konnten[11], stehen seit 1908 die Frauenschulklassen des Lyzeums gegenüber, die aus der Reform des höheren Mädchenschulwesens in Preußen hervorgegangen waren[12].

Sie sind als Alternative zu den Lehrerinnenseminaren und ihrer zumindest ansatzweise wissenschaftlichen Ausbildung geplant und sollen die Mädchen durch hauswirtschaftliche und Handarbeitsunterricht vor allem auf ihre spätere Aufgabe als Hausfrau und Mutter vorbereiten.

Ebenfalls im Jahre 1908 wird den Frauen in Deutschland schuladministrativ das Recht auf eine ranggleiche höhere Bildung in Sekundarschulen und an wissenschaftlichen Hochschulen zugestanden[13]. Der Weg zum Universitätsstudium führt nun über das Oberlyzeum, das die höheren Lehrerinnensemi-

---

8   Vgl. Twellmann, M.: Die Deutsche Frauenbewegung, S. 101.

9   Albisetti, J.C.: Frauen und die akademischen Berufe, S. 291.

10 Ebenda, S. 292.

11 Twellmann, M.: Die Deutsche Frauenbewegung, S. 97.

12 Tornieporth, G.: Studien zur Frauenbildung, S. 175.

13 Zinnecker, J.: Emanzipation der Frau und Schulausbildung, Weinheim und Basel 1978, S. 50.

nare ablöst und als Schulabschluß das Abitur vorsieht[14]. Mädchen benötigen jedoch entsprechend den Bestimmungen, wenn sie eine Studieranstalt besuchen, ein Jahr länger als Jungen bis zum Abitur[15]. Die besonderen Lehrgänge und Prüfungen für Oberlehrerinnen sollen eingestellt werden, Frauen jedoch, die das Oberlehrerinnenexamen erfolgreich abgeschlossen haben, erhalten die Möglichkeit, sich auch ohne Abitur an der Philosophischen Fakultät einer Universität einzuschreiben[16].

Der Zugang der Frauen zu den Universitäten wird 1934 durch das Gesetz wegen Überfüllung der deutschen Schulen und Hochschulen auf 10 % eingeschränkt, eine Regelung, die allerdings während des Krieges wieder aufgehoben wird. Die in der Weimarer Republik eingeführte bedingte Zulassung der Mädchen zur höheren Jungenschule wird 1934 in Preußen und 1936 im ganzen Reich rückgängig gemacht.

Der Beruf der Lehrerin an Volksschulen und höheren Töchterschulen war für bürgerliche Frauen nun eine der wenigen Möglichkeiten, Geld zu verdienen. Für die unverheiratete Frau bot der Lehrerinnenberuf darüber hinaus in seiner Konzeption gesellschaftlich nutzbarer Mütterlichkeit eine lebbare Alternative zur leiblichen Mutterschaft und Ehe.

In Osnabrück[17] entsteht 1853 nach Auflösung der privaten Simultanschule der Cecile Vezin[18] eine katholische bischöfliche und fünf Jahre später eine evangelische Privatschule für Mädchen. Die zum selben Zeitpunkt eröffnete städtische Höhere Töchterschule wird zunächst als evangelische Schule gegründet. 1857 gibt sie diesen einseitig konfessionellen Charakter auf, elf Jahre später (1866) wird sie mit der evangelischen Privatschule vereinigt.

Die bischöfliche Privatschule bleibt demgegenüber seit 1865 in der Obhut der Ursulinen als selbständige Schule bestehen[19]. Die Osnabrücker Mädchen hatten demnach vergleichsweise früh die Möglichkeit in der Stadt eine konfessionell gebundene oder simultane Privatschule bzw. seit 1853 auch eine städtische höhere Mädchenschule zu besuchen.

Das Lehrerinnenseminar besteht seit 1868 als zweijähriger Kurs. Im Jahre 1892 wird die erste städtische Lehrerinnenprüfung an der eigenen Schule ab-

---

14 Zinnecker, J.: Sozialgeschichte der Mädchenbildung, S. 90.

15 Ebenda.

16 Zinnecker, J.: Emanzipation der Frau und Schulausbildung, S. 53.

17 Die folgenden Angaben beziehen sich vornehmlich auf die Analyse, die Gisela Wagner (dies.: Geschichte der Städtischen Oberschule für Mädchen zu Osnabrück, 1848 bis 1948, Osnabrück 1948) für Osnabrück zusammengestellt hat.

18 Daneben bestand die 1853/54 gegründete Rautenbergsche Privatschule, die erst 1866 mit der Städtischen Mädchenschule vereinigt wurde.

19 Wagner, G.: Geschichte der Städtischen Oberschule, a.a.O., S. 7/8.

gehalten. 1898 wird das Seminar zu einem dreimonatigen Kurs ausgebaut. 1908 wird entsprechend der Mädchenschulreform das Lehrerinnenseminar in vierjähriger Form eingerichtet, das 1923 durch eine erneute Schulreform geschlossen wird[20]. Gleichzeitig sieht die Ordensschule der Ursulinen die seit 1908 mögliche Gründung einer weiblichen gymnasialen Studieranstalt vor, die die jungen Mädchen direkt zur Universitätsreife führen soll[21].

Die neue Form des Oberlyzeums, das auf einem sechsklassigen Lyzeum aufbaut, fordert jedoch keine schwerwiegenden Änderungen gegenüber dieser Studieranstalt[22]. Zudem wird durch die Schulreform[23] den nicht akademisch gebildeten Lehrerinnen die Arbeit in der Ober- und Mittelstufe untersagt.

1934 kommt es dann, nachdem Überlegungen dazu schon 1908 aufgetaucht waren, zur Gründung einer Frauenschule und Frauenoberschule, die an das städtische Oberlyzeum angegliedert ist[24]. 1936 wird die erste Reifeprüfung der dreijährigen Frauenschule abgehalten.

Als es 1937 zu einem Verbot aller privaten Unterrichtsanstalten kommt[25], müssen auch die Ursulinen ihre Schule schließen, so daß die Städtische Oberschule für Mädchen einen starken Zulauf zu verzeichnen hat.

Faßt man das Ergebnis nun noch einmal kurz zusammen, so muß man feststellen, daß die Töchter der Osnabrücker Bürgerfamilien, die nach Beendigung ihrer Ausbildung in der Stadt selbst auch Lehrerinnen waren, seit Beginn des 19. Jahrhunderts die Möglichkeit hatten, eine private Töchterschule, seit 1853 auch eine städtische höhere Mädchenschule zu besuchen. Seit 1868 war es ihnen möglich, sich im Lehrerinnenseminar in einem zwei, später drei und seit 1908 vierjährigen Kursus auf das Lehramt vorzubereiten. Obgleich ein Teil der 128 Lehrerinnen ihre Ausbildung nicht in Osnabrück absolvierte, also auch nicht die benannten Schulen besuchte, ist anzunehmen, daß ihre Ausbildung auf ähnlichen Grundlagen basierte. Veränderungen lassen sich vermutlich in der historischen Entwicklung verfolgen, die von einer stärker ungeordneten privaten zu einer geordneten Ausbildung an privaten oder öffentlichen Schulen verlief. Der Ausbildungsgang der Lehrerinnen läßt sich ebenfalls quantitativ erfassen, indem – jeweils zeitentsprechend – private Ausbildung durch Eltern und Hauslehrer, dann Schulbesuch und Weiterbildung erfaßt werden. Es erscheint mir aber geraten, drei typische Ausbil-

---

20 Ebenda, S. 29.
21 Ebenda, S. 28.
22 Ebenda, S. 35.
23 Ebenda.
24 Ebenda, S. 40.
25 Ebenda, S. 42.

dungsgänge exemplarisch herauszugreifen, um einen anschaulichen Einblick in den Ablauf der Ausbildung zu erlangen.

Die erste von mir ausgewählte Lehrerin, B.[26] wurde nur durch privaten Unterricht vorgebildet. Am 9. November 1939 wurde sie in der Nähe von Bersenbrück als Tochter eines evangelisch-lutherischen Pfarrers geboren. Ihren eigenen Angaben zufolge wurde sie von frühester Jugend bis zu ihrem 18. Lebensjahr von ihrem Vater 'in allen gewöhnlichen Schulwissenschaften gründlich unterrichtet'. In den Jahren 1858/59 erhielt sie Privatunterricht in Englisch und Französisch. 1862 wurde sie nach England in eine Pensionsanstalt 'ersten Ranges' geschickt. Nach achtzehn Monaten ging sie nach Paris, in die Pensionsanstalt der Madame Collinet. Im Jahre 1868 wurde sie als Lehrerin in Osnabrück eingestellt, nachdem sie zuvor als Erzieherin in Privathaushalten gearbeitet hatte. Zeitgleich läßt sich beobachten, daß andere Frauen die privaten Töchterschulen besuchten, um sich auf ihren Beruf vorzubereiten. Daß sie vor ihrer Einstellung in den Schuldienst noch in Privathaushalten als Erzieherin gearbeitet hat, stellt sich im Vergleich mit anderen Frauen als durchaus normal heraus. Üblich ist auch die Arbeit an Privatschulen, die einer Einstellung in den öffentlichen Schuldienst vorausgeht.

In einem zweiten Beispiel wird der Ausbildungsgang einer Handarbeits- und Turnlehrerin beschrieben. S.[27], am 18. Dezember 1876 als Tochter eines Schneidermeisters geboren, besuchte von 1883 bis 1891 die katholische Domschule in Osnabrück. Sie war danach im elterlichen Hause tätig und lernte das Weißnähen und -sticken. Seit 1894 führte sie ihrem Vater den Haushalt und beschäftigte sich in ihrer freien Zeit mit Handarbeiten. Zur Vorbereitung auf das Handarbeitslehrerinnenexamen besuchte sie teilweise die Ursulinenschule und das Pensionat St. Mauritz bei Münster in Westfalen. Im Jahre 1902 legte sie das Handarbeits-, 1906 das Turnlehrerexamen ab.

Deutlich erkennbar wird in diesem Lebenslauf, daß zwischen dem Besuch der höheren Töchterschule und dem Lehrerinnenexamen noch eine Phase privater Ausbildung liegen konnte. Das Staatliche Lehrerinnenseminar als Vorbereitungsinstanz auf die Prüfung war in dieser Phase noch nicht die Norm. Häufiger erwähnt werden dagegen konfessionell gebundene Pensionate, denen ein Lehrerinnenseminar angeschlossen war.

L.[28], die dritte Lehrerin, deren Ausbildung im folgenden dargestellt wird, wurde am 4. November 1900 als Tochter eines Lehrers in Osnabrück geboren. Von Ostern 1907 bis 1910 besuchte sie die einstufige Mädchenmittelschule in

---

26 StArch Osnabrück, Dep. 3 B IV Stadt Osnabrück, Stadtsachen, Personalakte Nr. 2760.
27 Ebenda, Nr. 3041.
28 Ebenda, Nr. 2923.

Osnabrück, von 1910 bis 1917 das Lyzeum, von 1917 bis 1920 das Oberlyzeum und von 1920 bis 1921 die Seminarklasse dieses Oberlyzeums, die sie mit der Lehramtsprüfung abschloß.

Dieser Ausbildungsgang, der über Mittelschule, höhere Mädchenschule und Lehrerinnenseminare führte, hat sich bis zum Beginn des 20. Jahrhunderts eindeutig gegenüber der privaten Ausbildung durchgesetzt. Staatliche Prüfungen als Abschluß der Lehrerinnenausbildung stellten die Norm dar.

Ein Universitätsstudium absolvierten in der ausgewählten Gruppe der Osnabrücker Lehrerinnen drei Frauen, die in den Jahren 1901, 1904 und 1909 geboren wurden und in den Jahren 1930 bis 1935 eingestellt wurden. Das Universitätsstudium war nicht in jedem Fall als Ergänzung oder Weiterbildung für den ausgewählten Lehrerberuf gedacht. So studierte Mathilde Auguste W. im Jahre 1930 in Krefeld ein Semester Medizin, bevor sie auf die Philosophische Fakultät überwechselte. Sie hatte sich wohl mit dem Wunsch getragen, Ärztin zu werden, so daß der Lehrerberuf möglicherweise eine Notlösung darstellte. Aus wirtschaftlichen Gründen hatte V. (geboren am 16.12.1901) nach einem siebensemestrigen Studium, bei dem sie schon mit ihrer Doktorarbeit beschäftigt gewesen war, 1931 das Studium abgebrochen, um vor dem 'Schulstellenabbau' noch in den Schuldienst zu gelangen. Elisabeth H. (geboren am 8.12.1904) gab demgegenüber ihr Studium an der Sorbonne (1928/29) und an der Friedrich-Wilhelm-Universität in Berlin (1929/30) als Festigung ihrer praktischen Sprachkenntnisse durch eine wissenschaftliche Grundlegung aus.

Weiterbildung

Nach Abschluß des Lehrerinnenexamens bemühten sich einige Lehrerinnen also darum, sich selbst weiterzubilden, um ihre Berufschancen zu verbessern und/oder ihre individuellen Berufsziele zu erreichen.

Erstmals erwähnt wird eine solche Form der Weiterbildung für die am 19.12.1868 in Uphusen, Kreis Achim geborene B.[29], deren Vater evangelischer Kassenbuchhalter war. Sie bat häufig um Zuschüsse für Fortbildungskurse. Sie wollte gern an der Hilfsschule angestellt werden, nachdem sie einundzwanzig Jahre als Handarbeitslehrerin an der evangelischen Volks- und Bürgerschule tätig gewesen war.

---

29 Ebenda, Nr. 2739.

P.[30], am 6. Juli 1876 in Thale/Harz als Tochter eines Brauereidirektors geboren, realisierte ihren Wunsch, Lehrerin zu werden, mit Hilfe von Frauenbildungsseminaren. Nachdem sie 1897 das Turnlehrerinnenexamen abgelegt hatte, besuchte sie von 1902 bis 1904, als sie bereits als Handarbeitslehrerin an der Königlichen Seminarübungsschule in Osnabrück eingestellt war, die Kurse des Frauenbildungsvereins in Kassel, um auf Veranlassung der städtischen Behörden in Osnabrück ihre Prüfung als hauswirtschaftliche Lehrerin ablegen zu können. In diesem Fall diente die Weiterbildung eindeutig der Sicherung der Existenz, da B. erst auf dieser Ausbildungsgrundlage im Jahre 1907 endgültig in den Schuldienst aufgenommen wurde.

Neben den schon erwähnten Auslandsaufenthalten ergibt sich im Falle der F.[31], am 5. Dezember 1880 in Osnabrück geboren, noch eine andere interessante Variante der Weiterbildung an einer Missionsschule, die eindeutig mit dem direkten Bedürfnis der Frau korrespondierte, fremde Länder kennenzulernen. Daß sie nun trotz ihres starken Wunsches nicht ins Ausland gehen konnte, weil durch den Ersten Weltkrieg die Kolonien 'verloren' gegangen waren, ist eine Ironie des Schicksals, die sie nur schwer verkraften konnte.

Das Arbeitsfeld

Inhalt und Arbeitsalltag erfassen die Personalakten nicht. Festgehalten werden die besonderen Vorkommnisse wie Lehrproben, Beschwerden von seiten der Eltern und der Vorgesetzten, der Erziehungsstil oder Formverstöße wie Unpünktlichkeit und Nichteinhaltung des Dienstweges.

In der Umkehrung der Kritik läßt sich jedoch ein Bild der Lehrerin herauskristallisieren, wie sie sein sollte. Das äußere Erscheinungsbild wird ebenfalls nicht behandelt, ebensowenig wie das Privatleben.

Moralisches und sittliches Fehlverhalten und daraus resultierend das Wunschbild der Lehrerin läßt sich also aus diesen Quellen nicht erschließen, ergibt sich vielmehr aus den herrschenden gesellschaftlichen Vorgaben für die ehelose Frau, die durch ihren Beruf zudem Vorbildcharakter für Kinder haben sollte.

Lehrproben, die Aufschluß geben über die Unterrichtsinhalte und den Lehrstil, wurden selten in die Personalakte aufgenommen. Die wenigen Beispiele lassen jedoch erkennen, daß autoritärer Stil und deduktive Verfahren kritisiert wurden und demgegenüber ein wohlausgewogenes Maß von Distanz

---

30 Ebenda, Nr. 2980.
31 Ebenda, Nr. 2800.

und Nähe zu den Schülern, gekennzeichnet durch ein freundliches, aufge-schlossenes aber dennoch strenges Verhalten, ebenso gelobt wurden wie Ver-fahrensweisen, die den Unterrichtsstoff so weitergaben, daß ein Interesse bei den Schülern entstehen konnte.

Körperliche und ideelle Züchtigung in Form von Ohrfeigen, Linealschla-gen auf die Finger sowie das Anfertigen von Strafarbeiten sollten 'maßvoll' eingesetzt werden, der Situation angemessen und für die Eltern und Schüler nachvollziehbar sein. Aus den Krankheitsbildern der Lehrerinnen läßt sich al-lerdings erschließen, daß die Lehrerin, die ihre Aggression nach außen kehrte und zur 'schlagenden' und schreienden Furie wurde, selten ist gegenüber der-jenigen, die ihre Probleme im Umgang mit den Schülern verinnerlichte und in eine depressive Grundhaltung verfiel.

Privatleben und Beruf

Privatleben und Beruf einer Lehrerin unterstanden einer moralisch-sittlichen Kontrolle von seiten der Gesellschaft, die bestimmt wurde durch das Bild der ehelosen berufstätigen Frau in ihrer sexuellen Abstinenz, den Qualitäten und Qualifikationen einer als weiblich definierten Wesensart sowie den Maximen einer bürgerlichen Leistungsethik, die geprägt ist durch affektiv besetzte Tu-genden wie Pflichtbewußtsein, Pünktlichkeit, Energieeinsatz, Durchsetzungs-vermögen und Willensstärke.

Der individuelle Umgang mit diesen höchst komplexen Anspruchsfaktoren differiert nach den jeweils strukturierten Lebensmustern, die durch Herkunft, Ausbildung und spezifische Determinanten der innerpsychischen Disposition vorgegeben sind. Mit Hilfe der Personalakten werden einzelne Aspekte die-ser Lebenswirklichkeit des Lehrerinnendaseins deutlich. Die Wohnsituation gibt Aufschluß über den jeweiligen Grad der Ausbildung in den Familien, über Gefühle von Einsamkeit und auch Befreiung durch das Alleinleben.

Die Eheschließung als Alternative zur Berufstätigkeit erscheint im Rah-men gesellschaftlich sich wandelnder Erwartungen. Die Wahl der Freizeitge-staltung ist erkennbar in der Form von sozialpolitischem, karitativen Enga-gement. Der Grad der Verknüpfung von Beruf, Ideenwelt und Krankheit, letztendlich als Ausdruck einer unlösbaren Problemlage, verweist auf Bewäl-tigungsstrategien von Diskrepanzen, die bedingt gesellschaftlich anerkannt sind.

Wohnsituation

Grundsätzlich stand der Lehrerin eine Dienstwohnung im Verwaltungsbezirk der ihr zugewiesenen Schule zu. Es handelte sich dabei um kleinere Wohnungen bzw. angemietete Zimmer in Familien. Entweder versorgten sich die Lehrerinnen mit Hilfe eines Dienstmädchens selbst oder sie wurden in Form eines Untermietverhältnisses mit Mahlzeiten versehen. Die in den Personalakten erwähnten Hinweise beziehen sich vornehmlich auf Beschwerden die Wohnung betreffend (Instandsetzung), Anträge auf Gehaltserhöhung wegen eines Dienstmädchens sowie auf die Nichtinanspruchnahme der Dienstwohnung, wenn die betreffende Lehrerin bei den Eltern wohnte oder mit ebenfalls unverheirateten Schwestern zusammenlebte. Die Familie wurde immer dann als Argument angeführt, wenn Versetzungsanträge gestellt wurden. Der größte Teil der Lehrerinnen wohnte allerdings allein. In keinem Fall wurde das Zusammenleben mit verheirateten Geschwistern oder mit Frauen erwähnt, die nicht aus der eigenen Verwandtschaft entstammen.

Freizeit

Der Beruf nahm, durch die Korrektur der Hausarbeiten, schriftlicher Arbeiten sowie die Vorbereitung und mögliche Weiterbildung einen großen zeitlichen Raum ein. Daneben wurde Zeit verwendet für die Lektüre nicht genauer bezeichneter Bücher sowie ein Engagement in der praktischen und sozialen Arbeit im Rahmen des Osnabrücker Lehrerinnenvereins, des Vaterländischen Frauenvereins und – in der Zeit des Nationalsozialismus – der diversen Parteiaktivitäten. Die Arbeit stellte hier weitgehend die Fortsetzung der beruflichen Arbeit durch das Engagement im erzieherischen Bereich da. Dazu gehörten das Abhalten von Koch- und Nähkursen, die Betreuung sittlich gefährdeter Mädchen im Kinderhort, Vortragsabende für Arbeiterfrauen und -mädchen und die Leitung von Jungmädchenlagern. Hinzu kam bei Frauen, die mit pflegebedürftigen Angehörigen zusammenlebten, deren Versorgung. Was Lehrerinnen darüber hinaus in ihrer Freizeit getan haben, bleibt verborgen. Unerwähnt bleibt auch der Bekanntenkreis, vor allem der männliche, aus dem sich verstärkt seit 1933 auch die Heiratskandidaten rekrutierten.

Eheschließung und Beruf

Eine verheiratete Frau durfte im Deutschen Kaiserreich nicht Beamtin sein. In der Weimarer Verfassung änderte sich die gesetzliche Regelung. Verheiratete Frauen konnen nun zwar prinzipiell verbeamtet werden, nach den Bestimmungen der Preußischen Personal-Abbau-Verordnung (24. März 1924) wurden allerdings in erster Linie die verheirateten weiblichen Beamten, deren wirtschaftliche Versorgung gesichert war, entlassen.

Für die verwitwete Frau wurde, wie das Beispiel der A.[32], die am 31. Juli 1864 geboren wurde, zeigt, die Situation dagegen anders bewertet. Obgleich sie Kinder zu versorgen hatte und einen Haushalt führen mußte, wurde ihr zumindest die Fähigkeit zuerkannt, ihre Tätigkeiten zu koordinieren. Dieser Fall blieb jedoch eine Ausnahme. Von den vielen Frauen, deren Stellen bei der Eheschließung 'abgebaut' wurden, wehrten sich nur wenige. Als Beispiel wird die Lehrerin S.[33], geboren am 23. Juli 1891, verheiratet seit dem 30. Juni 1922, angeführt. Nachdem der Antrag der Volksschuldeputation, 18 Lehrstellen und 3 Lehrkräfte, davon 3 verheiratete Lehrerinnen 'abzubauen', insoweit abgelehnt wurde, daß T. wegen ihrer guten Leistungen im Schuldienst verbleiben sollte, beschwerte sich die Deputation in einem Brief vom 6. September 1924, gerichtet an den Minister für Wissenschaft, Kunst und Volksbildung in Berlin, über diese Maßnahme.

> "Die Volksschuldeputation hält den Abbau der verheirateten Lehrerinnen aus verschiedenen Gründen für erforderlich. Eine verheiratete Lehrerin ist einer unverheirateten nicht gleichwertig in ihren Leistungen zu erachten. Die verheiratete Lehrerin muß auf ihre eigenen Kinder, ihren eigenen Haushalt Rücksicht nehmen, und es ist natürlich, daß sie ihre Interessen infolgedessen nicht voll und ganz den Schulkindern widmen kann. Wir erachten aber auch weiterhin es für eine soziale Pflicht, daß die verheiratete und versorgte Lehrerin zurücktritt gegenüber den unverheirateten und unversorgten Lehrerinnen. Es stht ja fest, daß eine sehr große Zahl von Junglehrerinnen vorhanden ist, welche Not leiden und denen geholfen werden muß."[34]

Am 21. August 1924 schreibt T. selbst an das obengenannte Ministerium, indem sie zu dieser Eingabe der Volksschuldeputation Stellung bezieht. Sie wird währenddessen von ihrer Schule versetzt, obgleich sie direkt gegenüber der Schule wohnt und dort schon seit zehn Jahren unterrichtet hat. Sie sieht darin eine Schikane der Volksschuldeputation. Die politischen Konsequenzen, die ihre Weigerung verursachen, werden deutlich, wenn sie schreibt:

---

32 Ebenda, Nr. 2724.
33 Ebenda, Nr. 3020.
34 Ebenda.

"Als der Rektor der Kreuzschule mich einführen wollte, beantragte das Kollegium, er möchte davon Abstand nehmen. Bei einer Aussprache wurde nun von der ältesten Lehrerin des Systems gesagt, der Verein katholischer Lehrerinnen lehne eine verheiratete Lehrerin ab und aus dem Grunde wolle man mit mir keine Gemeinschaft, gegen meine Person habe man nichts einzuwenden."[35]

Zum 1. Juni 1925 wurde nun die technische Lehrerin T. durch Verfügung der Regierung vom 21. April 1925 wieder 'abgebaut'. In einem Brief vom 30. September 1925 rechtfertigte die Volksschuldeputation ihre Entscheidung mit einer ähnlichen Argumentation wie in ihrem Brief vom 6. September 1924. Auffällig ist jedoch die schärfere Tonart, die diesem Brief zugrunde liegt. Das Problem der Doppelverdiener in einer Situation fehlender Arbeitsplätze und ihre Auswirkungen vor allem auch auf die verheiratete Frau erscheint hier in einer sehr aktuellen, ideologisch wie ökonomisch begründeten Sichtweise. Das ganze Verfahren endete nach dreivierteljähriger Auseinandersetzung zu Ungunsten der Lehrerin.

Ihr selbst blieb in ihrer Beschwerde vom 5. Mai 1925 kaum mehr als eine hilflose Rechtfertigung ihrer Qualifikationen und die Vermutung, daß sie in einen Strudel verschiedener Interessengruppen hineingeraten sei. Auch der Hinweis darauf, daß ihr Stellenabbau mit der vorliegenden Begründung ihres Verheiratetenstatus unrechtmäßig sei, bleibt letztendlich ohne Konsequenzen, da sie ja politisch gesehen fast alle Interessengruppen, auch die unverheirateten Lehrerinnen, gegen sich hat. Am Ende ihres Briefes schrieb sie:

"Würde die Stimmung der Eltern der verheirateten Lehrerin gegenüber sein wie die Gegner sie gerne wollen, so würde diese Stimmung sich bestimmt im Verhalten der Kinder mir gegenüber gezeigt haben. Dadurch, daß ich bis heute nicht die geringste Differenz hatte, wird das Gegenteil bestätigt. Die interessierten Kreise haben versucht, Vereine und Organisationen für ihre Zwecke zu gewinnen und so die Stimmung gegen mich zu machen. Es ist nicht anhängig, vor Gesetzesänderung, auf Wunsch von Interessengruppen hin einmal gewährte Beamtenrechte für nichtig zu erklären. Der Zweck des Abbaus wird durch mein Ausscheiden nicht erreicht."[36]

T. hatte nicht nur die Schulbehörde gegen sich, sondern auch Interessengruppen wie die Katholische Kirche, wie es z.B. die Stellungnahme des katholischen Lehrerinnenbundes zeigt. In der Osnabrücker Volkszeitung vom 4. Oktober 1924 erschien unter der Überschrift "Überraschungen im Abbau katho-

---

35 Ebenda.
36 Ebenda.

lischer Lehrerinnen in Stadt und Regierungsbezirk Osnabrück[37] folgender Artikel, der hier auszugsweise wiedergegeben wird.

"Für das katholische Volk kommt noch ein wichtiges erzieherisches Moment hinzu. Es verlangt einerseits, daß eine Frau und Mutter ihre Liebe und Sorge ihrer Familie zuwendet und ihr Herz nicht teile. Es verlangt aber auch, daß eine Lehrerin sich nicht bloß als Stundengeberin betrachte, sondern ihre ungeteilte Liebe den ihr anvertrauten Pfleglingen zuwenden und demgemäß ihre Kräfte verwende. Bei einer Lehrerin ist es am wenigsten mit einer bloß berechnenden Verstandesarbeit in der Schule getan."[38]

Der alte unaufhebbare Dualismus Verstand und Gefühl, durch die Verstandesbildung der Mädchen im letzten Drittel des 18. Jahrhunderts verstärkt als Einheit dargestellt, tritt in dieser Argumentation zutage. Die Lehrerin soll ihre ungeteilten Energien in ihren Beruf geben. Es erscheint lohnenswert, auf diesen Aspekt ideologisch verbrämter weiblicher Lehrtätigkeit noch einmal zurückzugreifen, wenn wir uns dem Krankheitsbild der Frauen zuwenden. Möglicherweise findet sich in diesem Argumentationskanon von Gefühl und Verstand als ungeteilte Einheit für den Beruf, der – zumindest im Idealfall – zur völligen Selbstauflösung und Identifikation mit dem Beruf führt, eine Ursache für den spezifischen Ausweg, den Frauen in der Krankheit suchten als Flucht vor der Unerfüllbarkeit dieser Ansprüche und in der unerfüllbaren Sehnsucht nach einem anderen Leben.

Nach Paragraph 1 des Gesetzes über die Rechtsstellung der weiblichen Beamten vom 30. Mai 1932, das im Nationalsozialismus beibehalten wurde, waren verheiratete Lehrerinnen aus dem Schuldienst zu entlassen 'sofern ihre wirtschaftliche Versorgung nach der Höhe des Familieneinkommens dauernd gesichert erscheint oder wenn der Ehemann unkündbar angestellter Beamter ist'. Mit der Kriegssituation und den damit einsetzenden Verlusten männlicher Arbeitskräfte wurden diese Bestimmungen weitgehend gelockert, so daß auch verheiratete Frauen als Beamtinnen weiter beschäftigt bleiben konnten. Den durch Verehelichung ausscheidenden Lehrerinnen wurde eine Abfindung gezahlt.

Folgendes standardisiertes Entlassungsschreiben, in diesem Fall gerichtet an die am 28. April 1904 in Osnabrück als Tochter eines Kriminalkommissars geborene O.[39] mag stellvertretend für die zwölf Lehrerinnen stehen, die von 1934 bis 1938 geheiratet haben.

---

37   Ebenda.
38   Ebenda.
39   Ebenda, Nr. 2966.

102

"Osnabrück, den 12. April 1935
Im Namen des Reiches.

Auf Ihren Antrag vom 27. März 1935 entlasse ich Sie gemäß Paragraph 1 des Gesetzes über die Rechtsstellung der weiblichen Beamten vom 30. Mai 1932 (R 6
81I, 245) in der Fassung des Kapitels III des Gesetzes zur Änderung der Vorschriften auf dem Gebiete des allgemeinen Beamten-, des Besoldungs- und Ver-
sorgungsrechtes vom 30. Juni 1933 (R 6 81.I, 433) mit Wirkung vom 15. Mai 1935
aus dem preussischen Schuldienste. Gemäß § 3 des vorgenannten Gesetzes be-
willige ich Ihnen eine Abfindung in Höhe von 1818,08 RM. Diese ist errechnet
worden von ihrem letzten Monatseinkommen unter Zugrundelegung der Ihnen
am letzten Tage des Dienstes als ledige Beamten zustehenden Bezüge ..."

Daß sich die Situation der verheirateten Lehrerin im Nationalsozialismus im
Zuge der Kriegsproduktion entscheidend veränderte, wird deutlich an dem
Beispiel der katholischen Lehrerin Grete Elisabeth Bernhardine P.[40], geboren
am 19. September 1910 in Osnabrück, verheiratet seit dem 19. September
1939. Zum 1. April 1939 wurde sie im Schulverband Osnabrück-Stadt an der
Ledenhofschule übernommen. Ihr Ehemann war als Soldat an der Westfront
eingezogen worden. Sie selbst wurde mit Wirkung zum 1. November 1940 aus
dem Schuldienst des Osnabrücker Schulbezirkes entlassen, um an einem anderen Ort wieder eingestellt zu werden.

Betrachtet man nun abschließend die Anzahl der verheirateten Lehrerinnen insgesamt und in ihrer zeitlichen Entwicklung, so ist festzuhalten, daß von
den 128 Lehrerinnen fünfzehn ohne genaue Angabe von Gründen um ihre
Entlassung baten. Vermutlich handelte es sich um Eheschließungen, Weiterbildung, Wechsel der Arbeitsstelle u.ä. Achtundachtzig blieben unverheiratet.
Einundzwanzig gaben die Eheschließung selbst als Grund ihres Entlassungs-
gesuches an oder wurden aufgrund der geplanten Eheschließung daraufhin
entlassen. Von den Lehrerinnen, die vor 1881 geboren wurden, heiratete nur
eine. Der höchste Prozentsatz der Eheschließungen ist in der Zeit des Nationalsozialismus zu erkennen. Das durchschnittliche Heiratsalter war mit 32
Jahren relativ hoch.

---

40   Ebenda, Nr. 2960.

Nervöse Erschöpfung – das Krankheitsbild als Ausdruck von Problemen der Lebensführung

Aus dem umfangreichen Kanon von Krankheiten, die in die Personalakten in Form von Entschuldigungen und Attesten eingingen, werden im folgenden die 'seelischen Verstimmungen' oder, um es mit einem modernen Begriff zu sagen, psychische und psychosomatische Krankheitsbilder herausgehoben. Sie dienen als Indikator für Problemlagen.

Geht man einmal davon aus, daß 'nervöse Erschöpfung', die bis zu depressiven bzw. manisch-depressiven Zuständen führen konnte, in ihrer Entstehung in den meisten Fällen in einem körperlich-seelischen Reaktionsprozeß zu sehen ist, innerhalb dessen z.B. auch Hormonveränderungen als Reaktion des Körpers auf seelische Probleme gesehen werden können[41], eröffnet sich ein Zugang der Erklärung dieser Gesundheitsstörung als Störung des seelischen Gleichgewichts und erlaubt es, über die zeitgenössische Deutung der Ärzte hinaus Rückschlüsse auf Bewältigungsmechanismen von Frauen in Problemlagen zu ziehen. Die Deutungen der Ärzte selbst sind dann wiederum auch als Ausdruck des herrschenden Krankheitsbildes zu sehen und zu interpretieren. 'Nervöse Erschöpfung' und 'depressive Verstimmung' waren in der Gruppe der 128 Lehrerinnen eine außerordentlich häufige Form der Krankheit, die darüber hinaus immer als Grund für Arbeitsausfall anerkannt wurde.

In der Gruppe der von 1857 bis 1895 geborenen Frauen litten 38, das sind 29,7 % der Grundgesamtheit, unter nervöser Erschöpfung. In der Gruppe der Frauen, die von 1896 bis 1911 geboren wurden, sowie in der Gruppe der von 1839 bis 1856 Geborenen ist dieses Krankheitsbild nicht aufzufinden. Nimmt man die 98 Frauen, die zwischen 1857 und 1895 geboren wurden, als Grundgesamtheit, so waren 38,8 % dieser Frauen von den verschiedensten Formen der Krankheit betroffen. Das Durchschnittsalter, in dem die Krankheit erstmals auftrat, lag bei 42 Jahren und 9 Monaten. In diesem Alter hatten die Lehrerinnen im Durchschnitt eine etwa zwanzigjährige berufliche Tätigkeit hinter sich und eine ebenso lange noch vor sich. Sie kannten somit die Probleme und Schwierigkeiten ihres Berufes genau und wußten, daß sich in den kommenden Jahren nichts Wesentliches ändern würde. Sie waren verbeamtet, d.h. hatten die Sicherheit, bei frühzeitiger Versetzung in den Ruhestand finanziell versorgt zu sein. Vier dieser Frauen wurden dann auch bei Auftreten dieses Leidens innerhalb eines Jahres in den Ruhestand versetzt. 18,5 %

---

41 Jacobsen, E.: Depression. Literatur der Psychoanalyse, Frankfurt am Main 1972.

Nairne, K., Smith, G.: Depression. Frauen bewältigen ihren Alltag, Zürich 1984.

Schaps, R.: Hysterie und Weiblichkeit. Wissenschaftsmythen über die Frau, Frankfurt am Main 1983.

der Frauen wurden so zwischen dem 34. und 61. Lebensjahr vorzeitig pensioniert.

Die Krankheit trat in jedem Fall erst nach der festen Anstellung auf; eine Verbeamtung wäre sonst sicherlich nicht erfolgt. Sie diente in einer Vielzahl der Fälle als anerkannter Grund für eine vorzeitige Pensionierung und verweist auf eine beruflich und/oder privat als 'erschöpfend' erlebte Lebenssituation.

Wenn nun im folgenden einige Krankheitsfälle herausgegriffen werden, so ist nicht per se davon auszugehen, daß das dargestellte Lebensgefühl für die anderen kranken Osnabrücker Lehrerinnen ebenfalls zutraf. Zudem konnten die Frauen fast immer nur in indirekter Form zu Wort kommen, d.h. ihre Aussagen wurden von dem untersuchenden Kreisarzt in einer Auswahl wiedergegeben. Sie lassen jedoch erkennen, welche Widerstandsformen Frauen in ihrer durch Krankheit begründeten Verweigerung möglicherweise zur Verfügung standen.

'Nervöse Erschöpfung', die im Zusammenhang mit körperlichen Symptomen steht, wird diagnostiziert für die Lehrerin T.[42], geboren am 31. August 1881 in Osnabrück, die am 1. Januar 1906 einstweilig, am 1. April 1907 endgültig in Osnabrück eingestellt wird, und Maria Elisabeth W.[43], geboren am 7. Dezember 1883 in Osnabrück, die seit dem 1. April 1913 im Schulverband Schinkel arbeitete.

In dem kreisärztlichen Gutachten vom 16. Februar 1935 gab der Arzt die Stellungnahme T's in wörtlicher Rede wieder:

"Seit etwa 1½ Jahren bin ich leidend. Ich mußte mich damals einer Unterleibsoperation unterziehen, mir wurde die Gebärmutter weggenommen. Ich habe aber versucht, meinen Dienst zu machen, habe auch volle Stundenzahl gegeben. Vor etwa drei Wochen erfolgte ein Nervenzusammenbruch. Ich wurde mehrere Minuten lang ohnmächtig. Mein Herz arbeitet mit der Zeit nicht mehr ordnungsgemäß. Meine Beschwerden bestehen jetzt in Herzflattern, starker Unruhe, Angstzuständen und Schwächegefühl."

T. wurde am 1. Juli 1936, d.h. im Alter von 55 Jahren, in den Ruhestand versetzt. Die Diagnose des Arztes lautet auf 'starke nervöse Erschöpfung'. Der Arzt verweist in seiner Untersuchung vor allem auf das unregelmäßig arbeitende Herz. Eine Beziehung zu der Unterleibsoperation zieht er nicht.

W. reichte am 11. September 1934 ihr Gesuch um eine Versetzung in den Ruhestand ein. Sie war zu diesem Zeitpunkt 50 Jahre alt.

---

42   St.Arch. Osnabrück, Dep. 3 b IV Stadt Osnabrück - Stadtsachen, Personalakten Nr. 3049.
43   Ebenda, Nr. 3066.

"Seit dem 17. Januar dieses Jahres bin ich krankheitshalber beurlaubt. Ich leide an schwerer Anämie (...) Eine hochgradige Nervenschwäche, an der ich schon seit acht Jahren leide, macht sich auch wieder stark bemerkbar."

In einem Brief vom 12. September 1934 unterstützte der Rektor den Antrag:

"Fräulein W. hat sich durch äußerst gewissenhafte Arbeit in der Schule ausgezeichnet. Sie lebte nur dem Kinde und der Schule. Dadurch hat sie vorzeitig ihre Nerven- und Lebenskraft verausgabt. Mit 50 Jahren ist sie eine Ruine geworden."

Der Beruf der Lehrerin wird als so kräfteverzehrend und ausfüllend beschrieben, daß er nach gut 20jähriger Berufstätigkeit nur eine 'Ruine' zurückläßt. Man muß sich wohl fragen, warum ein Leben für Schule und Kinder diese Folgen hatte. Denkbar wäre ja auch das Gegenteil, daß sie aus ihrer Arbeit so viel Kraft schöpft, daß sie gut davon und damit leben kann. In dem kreisärztlichen Gutachten, das am 22. Oktober erstellt wird, gibt sie selbst an, daß sie sich nicht fähig sieht, in absehbarer Zeit weiter Dienst zu machen.

"Ich bin furchtbar schwach, das kommt von den Nerven. Ich erschrecke mich sehr leicht, ich stoße dann einen Schrei aus. Mein Schlaf ist sehr schlecht. Ich leide an Gallenbeschwerden und muß deshalb mit dem Essen sehr vorsichtig sein. Sehr häufig habe ich Schmerzen in der Herzgegend. Ich habe vielfach ein inneres Frostgefühl. Wenn ich mich auf einen Stuhl setze, auf dem kein Kissen liegt, zieht mir die Kälte in die Beine und in den Darm. Oft habe ich Atemnot."

Wiederum sind es Symptome, die beschrieben werden. Wenn Elisabeth W. sagt "Ich bin furchtbar schwach. Das kommt von den Nerven", so gibt sie damit ein Symptom als Erklärung für ein anderes Symptom an. Eine Erklärung für den Ausbruch der 'nervösen Erschöpfung' im Jahre 1926 findet sich nicht. In den acht Jahren, die zwischen den beiden Krankheiten liegen, ist sie auch nicht längere Zeit dienstunfähig. Wenn nun von seiten des Rektors das Argument der im Arbeitseinsatz ausgelaugten Lehrerin vorgebracht wird, ist davon auszugehen, daß dieses Argumentationsmuster gesellschaftlich anerkannt ist. Und wenn W. immer wieder behauptet, ihre Schwäche und andere körperlichen Symptome wie Bauchschmerzen kämen von den Nerven und sie könne nichts dagegen machen, so ist diese Erklärung im medizinischen Rahmen ebenfalls anerkannt, denn die Diagnose lautet auf 'starke nervöse Erregbarkeit'. Beide scheinen auf einer jeweils differerierenden Ebene Recht zu haben und sind sich mit dem Arzt darüber einig, daß eine Weiterarbeit unmöglich ist. Da Elisabeth W. als außerordentlich pflichtbewußt beschrieben wird und zudem aus ihren Personalakten hervorgeht, daß sie bis zum Jahre 1926 und dann wieder 1934 nicht permanent krank war, kann man vermuten, daß sie ihre Kräfte, d.h. die Kontrolle über ihren Körper und damit auch die

Nerven in der Unterdrückung individueller Schwächen jahrelang verleugnet hat.

Für die technische Lehrerin F.[44], geboren am 5. Dezember 1880 in Osnabrück, diagnostizierte der Kreisarzt am 11. März 1932 und am 26. August desselben Jahres eine auf 'präklimakterieller Grundlage beruhende Depression'. Während sie in dem ersten Gutachten noch angab, unbedingt weiterarbeiten zu wollen, hatte sie diese Hoffnung fünf Monate später nicht mehr und erklärte sich selbst für arbeitsunfähig. Sie ist zu diesem Zeitpunkt 52 Jahre alt.

In dem am 26. August ausgestellten Gutachten läßt sich das vorläufige Endstadium einer Krankengeschichte ablesen, die damit beginnt, daß die Lehrerin F. im Jahre 1906 ihren Lebenstraum, an eine deutsche Schule in den Kolonien zu gehen, nicht erfüllen kann, weil der Arzt ihre körperliche Konstitution nicht für 'tropenfähig' hält.

Nach einer längeren Arbeitspause nimmt F. ihre Arbeit wieder auf. Sie sei gleich am ersten Schultag zu der Rektorin und ihrem Nervenarzt gegangen, um eine Stundenermäßigung zu erbitten. Am 4. August sei sie weinend zu der Rektorin gegangen, und habe erklärt, sie könne nicht mehr unterrichten. Der Kreisarzt gibt an:

"Es wäre ihr unmöglich, sich zu konzentrieren und es fehle ihr überhaupt die Kraft, irgendwie als Lehrerin tätig zu sein. Woran dieses liege, könne sie eigentlich nicht genau sagen, sie hätte eben die Kraft noch nicht wieder. Es träte bei ihr ein völliges geistiges Versagen ein (...) Auch außerhalb der Schule gelingt es der Untersuchten nicht, sich konzentrieren zu können, so ist sie auch nicht imstande, ein Buch zu lesen."

Der Druck, dem sie unterliegt, ist so stark, daß sie vollends die Kontrolle über sich verliert. Sie schätzt sich selbst zunächst als kräftig genug ein, wird aber genau in der Situation, in der sie vor die Klasse tritt, erneut von ihrer Verzweiflung gepackt. Wenn sie davon spricht, sie sei es auch den Kindern schuldig nicht wieder in die Schule zu gehen, so kann man herauslesen, daß sie sich selbst auch nicht mehr für befähigt hält. Sie möchte zunächst unbedingt weiterarbeiten, bemüht sich auch um eine Stundenreduzierung, kann jedoch dem Druck der Schüler nicht standhalten. Die Verweigerung, die sie unbewußt vollzieht, wird erkennbar als Verweigerung der Denk- und Erinnerungsfähigkeit. Wenn sie sich nicht konzentrieren kann und beständig geistig versagt, muß sie sich auch nicht erinnern an das, was sie krank gemacht hat. Sie stößt auf die als unerträglich erscheinenden Situationen, z.B. die Arbeit mit den Schülern und kann sich an nichts mehr erinnern. In einem kreisärztlichen

---

44   Vgl. Anmerkung 31.

Gutachten, das am 5. Januar 1932 erstellt wurde, gibt sie ganz entsprechend den vorab erwähnten Lehrerinnen an, sie 'habe es mit den Nerven'. Sie beschreibt ihren Zustand selbst als 'schwerste Erschöpfung', vollständiges Versagen der Kräfte, Selbstmordgedanken und Appetitlosigkeit. Sie wolle jedoch wieder anfangen zu arbeiten, weil sie Angst vor der Pensionierung habe. Hier stehen sich zwei beängstigende Situationen gegenüber, so daß eine deutliche Alternativlosigkeit entsteht. Arbeiten kann sie nicht mehr, aber nicht arbeiten kann sie offensichtlich auch nicht.

Vielleicht befindet sie sich noch in einem Zustand der Unzufriedenheit, weil sie das, was sie eigentlich mit aller Kraft als Ziel anstrebt, nicht erreichen kann: ihre Arbeit als Lehrerin in einer deutschen Schule in den Kolonien. Konnte sie, wie schon erwähnt, 1906 nicht in die Kolonien, weil sie nicht 'tropenfähig' war, so konnte sie 1916, nachdem die den Unterricht wieder aufgenommen hatte, nicht ins Ausland, weil der Krieg ausgebrochen war.

Sie mußte sich nun im Alter von 36 Jahren um eine feste Anstellung in Osnabrück bewerben. Zum 1. April 1920 wurde sie als Mittelschullehrerin an der katholische Mädchen-Bürgerschule fest angestellt. Im August des Jahres 1927 erlitt sie zum ersten Mal einen Nervenzusammenbruch in der Schule, nachdem sie 1923 eine Magenoperation hatte über sich ergehen lassen müssen. Im Dezember desselben Jahres kam es dann zu einem Rückfall. Als sie am 7. März 1930 von dem Stadtarzt auf ihren Gesundheitszustand hin untersucht wurde – von diesem Zeitpunkt an wurde ihre Nervosität auf die überstandenen Wechseljahre zurückgeführt – hielt dieser eine genaue Untersuchung für zwecklos, "da Frl. F. sich selbst für gesund erklärt". Im Dezember des Jahres 1931 befand sie sich dann zu wiederholten Malen im Marienhospital wegen ihrer Depressions- und Erschöpfungszustände. Der erste Nervenzusammenbruch im Jahre 1927 deutet darauf hin, daß sie ihre Situation schon zu diesem Zeitpunkt und vermutlich eine lange Zeit vorher als unerträglich empfunden hat. Sie wollte auf keinen Fall pensioniert werden und erklärte sich selbst immer wieder für gesund.

Welche anderen Gründe neben dem nicht erreichten Berufsziel und der möglichen Angst vor den Schülern noch Ursache ihrer Krankheit gewesen sein können, bleibt unklar. Daß der Lehrerinnenberuf von ihr jedoch schon sehr früh gewählt wurde, wird auch dadurch erkennbar, daß sie selbst in ihrem Lebenslauf vom 7. Februar 1908 angibt, sie habe Lehrerin werden wollen und einige Jahre warten müssen, bis sie ihre Eltern überhaupt auf die katholische Töchterschule geschickt hätten.

Auf Arbeitsüberlastung im Zusammenhang mit Unterleibsbeschwerden führt D.[45], geboren am 19. April 1889 in Osnabrück, ihre Depressionen zu-

---

45 Ebenda, Nr. 2769.

rück. Im Alter von 41 Jahren erkrankte sie erstmals an diesen Beschwerden, die im Zusammenhang mit allgemeiner Schwäche und Blutarmut diagnostiziert wurden. Kuraufenthalte in Bad Driburg (1931), Bad Pyrmont (1934) und in Beneckenstein (1937) verbesserten ihren Gesundheitszustand nur wenig. Häufige Mittelohrentzündungen traten hinzu. Zwei amtsärztliche Gutachten vom 21. Februar 1939 und 8. November 1940 wurden erstellt, nachdem sie im Januar beständig an körperlichen und nervösen Erschöpfungszuständen gelitten hatte. Aufgrund dieser Gutachten wurde sie dann zum 1. April im Alter von 51 Jahren in den Ruhestand versetzt. Die beiden Stellungnahmen, die D. in den amtsärztlichen Gutachten abgab, werden im folgenden ausführlich zitiert, da sie, über die Diagnose des Arztes hinaus, einen Einblick gewähren in die Arbeits- und Lebenswelt dieser Osnabrücker Lehrerin, die sicherlich auch auf andere Lehrerinnen zu übertragen ist, wenn es auch nicht in jedem Fall die Konsequenzen einer Depression haben mußte.

Im ersten Gutachten heißt es:

"Es war aber eine furchtbare Arbeit für mich, ich habe kaum einen Sonntag gehabt; dann hatte ich diesen Sommer wieder Darmbeschwerden, und da bin ich von Dr. Schiller durchleuchtet worden. Dann habe ich mich wieder so hingehalten. Ich konnte schon in der Schule nicht mehr, und dann kamen diese vielen Schulungen, die manchmal dreimal in der Woche stattfanden; vor 3 Wochen ging es plötzlich nicht mehr. Ich bin vollkommen zusammengebrochen. Ich war so furchtbar aufgeregt, daß ich nur noch Ruhe hatte, wenn ich vor der Klasse stand. Ich war so nervös. Ich war in meiner Unterrichtsweise anders als sonst, und das übertrug sich auf die Mädel. Ich konnte keinen Gesang mehr hören, ich konnte kein Gedicht mehr durchnehmen, weil ich dann plötzlich Angst bekam. Ich dachte, ich stand vor einem Berge und konnte nicht herüber. Ich dachte, Du bewältigst Deinen Stoff nicht mehr. Ich schlief nachts nicht mehr, und wenn ich kurze Zeit schlief, wachte ich nach schrecklichen Träumen auf. Dann muß ich so oft weinen, besonders seit diesen letzten Wochen. Warum ich weine, weiß ich manchmal selbst nicht. Ich kriege bei der Arbeit oft einen Schwächeanfall und denke dann: Du kannst jetzt nicht mehr; auch bei den Korrekturen habe ich oft das Gefühl. Vor ein paar Wochen hatte ich auch starke Beschwerden im Kreuz, das hat sich aber gelegt. Ich kann mich auch gar nicht mehr freuen. Wenn ich mich durch Wanderungen erfrischen will, dann versagt mein Körper, und dann wird mir das Denken auch viel schwerer als früher. Ich vergesse sehr viel. Mit einem Wort, ich habe das Gefühl, ich will wohl und möchte gern, aber ich kann nicht."

Ruhe hatte sie erst, wenn sie vor der Klasse stand. Nervös machten sie ganz offensichtlich die Arbeitsumstände, die über die direkte Unterrichtstätigkeit hinausging: Korrektur, Vertretungen und Schulungen, möglicherweise auch politische Ansprüche und ein verändertes Schulklima. Die Symptome stimmen in etwa mit denen der vorab beschriebenen Fälle überein. Ihr Nervenzusammenbruch läßt sich aus ihrer eigenen Beschreibung als Folge einer längerfristigen Überlastung im Beruf erklären. Ihr Privatleben oder bestimmte Ereignisse aus ihrem Privatleben gab sie nicht als Gründe an. Sie bemerkte nur, daß sie nicht mehr durch Wanderungen sich habe erfrischen können. Daß sie nun auch Sonntage habe arbeiten müssen, verweist darauf, daß ihr zumindest dieser Tag bisher zur freien Verfügung gestanden hatte. Die Angst, etwas nicht mehr schaffen zu können, d.h. zu versagen, deutet auf eine starke Selbstkontrolle und einen verinnerlichten Anspruch von Leistungserfüllung hin, den sie vor sich selbst als eigene Schwäche des Versagens erst zugeben konnte, als sie tatsächlich körperlich und geistig zusammenbrach. Wenn sie sagt 'Ich dachte, ich stand vor einem Berge und konnte nicht herüber', beschreibt sie bildhaft damit ihre Situation. Sie hat so viele Probleme angehäuft, daß sie nur noch kapitulieren kann. Während sich ihre beruflichen Probleme nun aus ihren eigenen Angaben bedingt herausfiltern lassen, bleibt unklar, welche persönlichen Schwierigkeiten sie darüber hinaus hatte. Das ist ganz offensichtlich auch nicht das Thema der amtsärztlichen Gutachten. Der Arzt sprach sich für einen vierteljährlichen Urlaub aus. Neun Monate nach diesem Gutachten hatte sich die Situation jedoch nicht entscheidend gebessert, weil sich auch nach der ärztlich verordneten Pause ihre Arbeits- und Lebensbedingungen nicht gewandelt hatten. 'Traurige Verstimmung' lautet dann die Diagnose und eine Versetzung in den Ruhestand wurde angeregt, weil nun auch nach Ansicht des Arztes keine Verbesserung mehr zu erwarten sei.

In diesem zweiten Gutachten wiederholt sie die Aussagen, die sie schon im ersten gemacht hatte. Sie wirkt jedoch noch verzweifelter.

> "Ich behalte gar nichts mehr. Ich habe keine Freude mehr am Leben ... Es geht einfach nicht mehr. Ich will wohl, aber ich kann nicht. Die geringste Unregelmäßigkeit schlägt sich nieder. Das wirkt sich alles bei mir aus. Mein Darm liegt wieder brach seit Tagen und ich kann nicht essen. Ich habe keine Kraftquelle. Ich kann mich zum Beispiel durch Wandern nicht erfrischen, weil ich schon nach einer halben Stunde einfach nicht mehr kann. Und für den Rektor ist es auch nicht angenehm, wenn ich die Arbeiten immer nicht leisten kann. Es geht einfach über meine Kraft. Ich klage nicht leicht, aber was nicht geht, das geht nicht. Ich versage und kann mich auf mich selbst nicht verlassen. Diese drei letzten Jahre sind über meine Kraft gegangen."

D. leidet und findet keinen Ausweg aus diesem Leid.

Greifen wir nun am Ende dieser Ausführungen noch einmal auf das eingangs gewählte Beispiel der C.[46] zurück und versuchen vor dem Hintergrund der geschilderten wesentlichen Strukturmerkmale weiblichen Lebenszusammenhan-

---

46   Vgl. Anmerkung 1.

ges eine Interpretation, indem die anfangs aufgeworfenen Fragestellungen wieder aufgegriffen und mit ergänzendem Material versehen werden.

C. wurde am 5. November 1891 in Chlapau/Danzig als Tochter eines katholischen Volksschullehrers geboren. Sie gehört zur Minderheit der Frauen, die als 'Flüchtlingslehrerinnen' nach Osnabrück kamen. Am 8. November 1914 wurde sei endgültig in den Schuldienst übernommen. Am 1. Februar 1917 wurde sie durch das Fürsorgeamt Berlin der Domschule zu Osnabrück gegen ihre heftige Gegenwehr zugewiesen. Vom Jahre 1922 an, vergleichsweise früh, d.h. bereits im Alter von 31 Jahren bis zu ihrer Versetzung in den Ruhestand im Juli des Jahres 1940 im Alter von 48 Jahren litt sie nahezu beständig an verschiedenen Formen der 'nervösen Erschöpfung'. Sie gehört damit zur ebenfalls zahlenmäßig kleinen Gruppe von Lehrerinnen, deren Personalakten eine einzige Abfolge von Krankheitsattesten aufweist. Seit 1940 wurden ihre Beschwerden als Folgeerscheinung des Klimateriums angesehen. In den Jahren zuvor begnügten sich die Ärzte nur mit der Feststellung ihrer 'nervösen Erschöpfung'. Sie verwiesen auf ihr 'leicht erregbares Wesen', das zu Gemütsverstimmungen neige und hochgradig hysterisch sei. Dieses 'leicht erregbare Wesen' spiegelt sich in den Personalakten, und dort in Beschwerdebriefen der Eltern ihrer Schülerinnen wider. Im Jahre 1939 beschwerte sich z.B. August V. über das Verhalten der Lehrerin C. seiner Tochter Margit gegenüber. Er schrieb am 27. September an den Schulrat:

"Hierdurch bitte ich, meine Tochter Margrit zum 1. Oktober aus der Schule zu entlassen.
Grund hierfür ist die skandalöse Behandlung seitens der Lehrerin. Niemals kann ich mir als Vater, Sturmführer der SA, nebenbei aber auch noch alter Kämpfer, gefallen lassen, daß meine Tochter, und so aber auch die anderen dort in der Schule befindlichen Kinder, mit so unverfrorenen Landknechtsausdrücken beschimpft wird wie es diese bei Ihnen in der Schule beschäftigte Volkserzieherin Frl. C. tut, z.B. sind diese Ausdrücke 'Ihr Bolschewisten, rotes Volk oder Pack und Kommunisten' an der Tagesordnung. Gelernt haben die Kinder bei dieser netten Volkserzieherin ja sowieso nichts, da diese Person ja in den Unterrichtsstunden ihre Strümpfe flicken mußte."

Die Beschwerdebriefe der Eltern führten in keinem Fall zu einer Verwarnung der Lehrerin. Sie setzte sich gegen jede der Beschwerden mit langen, wohlformulierten Erklärungen zur Wehr. In bezug auf das Krankheitsbild wird jedoch deutlich erkennbar, daß sie ihre Aggressivität und Nervosität auch den Schülern gegenüber zeigte, und zwar über ein Maß hinaus, das in diesem Zeitraum gesellschaftlich anerkannt war.

Im folgenden wird auszugsweise das nervenärztliche Gutachten des Direktors der Psychiatrischen – und Nervenklinik der Universität Münster vom 24. Mai 1940 zitiert.

"Frl. H. (vormals Frl. C, B.P.-K.) gibt auf Befragen zur Vorgeschichte an: Hat schon von Jugend an viel Last mit Kopfschmerzen. 1922 hatte sie Ischias. Bei der Behandlung derselben wurde sie am linken Oberschenkel verbrannt und habe dadurch einen Nervenschock bekommen. Sie habe immer Tag und Nacht weinen müssen, sie sei vollständig benommen im Kopf gewesen. Sie mußte deswegen einige Wochen Urlaub nehmen. Seit dieser Zeit müsse sie um jede Kleinigkeit heulen. Das sei seit dem Herbst 1939 so schlimm geworden, daß sie sich gar nicht mehr unter Menschen sehen lassen konnte (...) Morgens werde ihr immer so übel und sie müsse häufig erbrechen. An dem Auge hat sie ein Gefühl, als wenn sie in den Kopf gezogen werde (...) Sie habe manchmal so einen taumeligen Gang, daß sie nicht wage, auf die Straße zu gehen. Nach längerem Gehen bekomme sie Herzklopfen und Wallungen im Kopf. ... Die Regel war seit zwei Jahren unregelmäßig und hat seit November 1939 ganz ausgesetzt. Der Schlaf sei zeitweise sehr schlecht. Sie fühle sich immer sehr müde und schwitze nachts stark. Das Gedächtnis habe in den letzten Monaten sehr nachgelassen. Sie müsse ständig in allen möglichen Kleinigkeiten sehr nachdenken, ehe sie diese wieder im Gedächtnis hat. Dadurch sei es ihr gar nicht möglich, einen ordentlichen Unterricht zu halten. Ihre Stimmung sei immer gereizt und niedergeschlagen. Sie ärgere sich über jede Kleinigkeit. Sie habe infolge ihrer Beschwerden eine starke Abneigung gegen ihren Beruf und alles, was damit zusammenhängt. Sie bekomme auch oft so Angstgefühle ...''

Der Befund lautet auf eine klimakterische Depression verbunden mit einem ausgesprochenen Reiz- und Schwächezustand des niederen Nervensystems sowie Erscheinungen des rechten Armgeflechtes und einem Zustand nach linksseitigem Ischias. Damit wird die Krankheit wiederum in der biologischen Besonderheit der Frau also quasi aus sich selbst heraus begründet. Der soziale Lebenszusammenhang bleibt unberücksichtigt.

9. 'Die Frauen müssen geschlossene starke Persönlichkeiten werden im Dienste des Ganzen'. Frauenvereine in Osnabrück

'Mütterlichkeit als Beruf'[1] – mit diesem Titel erfaßt Christoph Sachse in seinem 1986 erschienen Buch die zeitgenössische Ursachen- und Begründungspalette, die bürgerliche Frauen mit unterschiedlicher politischer und sozialer Orientierung ihren Platz in den Frauenvereinen finden läßt. Diese leisten letztendlich nur eines: unbezahlte Sozialarbeit. Nur – so lauten hier die ersten Einwände – kann man auch einen Verein wie den 'Verein für Frauenbildung und Frauenstudien' so kennzeichnen? Dokumentiert er nicht vielmehr das Bestreben der bürgerlichen Frauen nach Gleichberechtigung durch gleiche Bildung und damit auch gleiche Zugangschancen zum Beruf? Deutet er nicht die Möglichkeit an, zwischen Beruf und Familie zu wählen, sie in idealer Weise auch verbinden zu können? Sind die Ziele der proletarischen Frauenbewegung, die sich wegen des Vereinsverbotes für politische Gruppen in Arbeiterinnenbildungsvereinen zusammenfanden, nicht auch auf eine staatsbürgerliche Gleichheit, auf die Aufhebung der Geschlechterpolarisierung und damit auch der Festschreibung der Frau auf ihre biologisch gegebene Gebärfähigkeit und daraus resultierende Mütterlichkeit gerichtet?

Soweit bisher feststellbar, ist das nicht der Fall. Die bürgerliche Frauenbewegung hat nie die besonderen Eigenschaften und Qualitäten einer Frau, ihre primär 'natürliche' Stellung in der Familie geleugnet oder zu widerlegen versucht – von einzelnen Ausnahmen einmal abgesehen. Ihr Gleichheitspostulat bezieht sich lediglich auf eine Form der Mädchenbildung, die ehelosen Frauen einen besseren Einstieg in die Berufswelt ermöglichen sollte.

Der im folgenden behandelte Zeitabschnitt reicht von der Mitte des 19. Jahrhunderts – 1842 wurde der erste Antrag für die Gründung eines weiblichen Krankenvereins gestellt – bis in die zwanziger Jahre des 20. Jahrhunderts. Es wird so verfahren, daß die für Osnabrück nachweisbaren Frauenvereine in historischer Chronologie hinsichtlich ihrer Statuten und Arbeitsprojekte vorgestellt werden, um dann abschließend auf den organisatorischen und ideologischen Zusammenhang bzw. ihre Unterschiede hinweisen zu können.

---

1   Sachse, C.: Mütterlichkeit als Beruf, Frankfurt am Main 1986.

Frauenverein für Armen- und Krankenpflege

Zu Beginn des Jahres 1842 gründet sich in Osnabrück ein Verein, der es sich zum Ziel gesetzt hat, die Pflege der Armen und Kranken der 'besseren rechtlichen Klasse' zu übernehmen[2]. Am 27. Februar 1845 bittet der Verein um das Korporationsrecht und legt dem Gesuch die Statuten bei, die Auskunft geben sollen über die Vereinsstruktur. Das Gesuch wird am 26. Mai desselben Jahres abgewiesen.

Mitglieder dieses nicht offiziell anerkannten Vereins, der von einem aus vier Frauen bestehenden Vorstand geleitet wird, konnten prinzipiell 'alle Frauen und Jungfrauen' werden. Die Finanzmittel erwuchsen aus 'milden Gaben' von Mitgliedern und Freunden, die als 'jährliche Beiträge' oder 'besondere Geschenke' eingingen.

Als Hauptzweck des Vereins wird im Paragraphen 218 der Statuten ausgeführt:

> "Besuch und Pflege armer Kranker, um denselben durch Erweisung persönlicher Teilnahmen, sowie durch Darreichung leiblicher Erquickung und sonstiger Unterstützung Trost und Hilfe christlicher Liebe zu bringen."

Aus der Gruppe der Armen werden nur die herausgegriffen, die der 'besseren und rechtlichen Classe' angehören. Um einen Mißbrauch der zur Verfügung stehenden Gelder zu verhindern, sollen die Unterstützungen in der Regel nicht in Geld, sondern Naturalien und 'reellen Gegenständen' gereicht werden. Die Armen sollen durch eine Art Hilfe zur Selbsthilfe aus ihrer momentanen, nicht immer selbstverschuldeten Lage herausgeführt werden. Ganz im Sinne der bürgerlichen Aufklärungsbewegung ließe sich ihre Lage bessern, indem man bei ihnen den 'Sinn für Ordnung und Reinlichkeit' weckt und nährt, ihnen Mittel zum Erwerb verschafft und so die 'häusliche und sittliche Wohlfahrt' fördert.

Auch ohne offizielle Anerkennung hat der Verein gearbeitet. Das ist durch einen Bericht aus dem Jahre 1842/43 bezeugt, der dem Gesuch um das Kooperationsrecht beigefügt ist. Im folgenden wird ein Beispiel herausgegriffen, das erkennen läßt, wie sich die Mitgliederinnen des Vereins die Übertragung bürgerlicher Moral und Arbeitsethik auf die unteren Bevölkerungsschichten vorstellten. Deutlich wird zudem, daß für diese Frauen soziale Hilfsaktionen auch der eigenen Nützlichkeit in der Gesellschaft und damit der Hebung des eigenen Wohlbefindens dienten.

---

2   StArch Osnabrück, Dep. 3 b IV Stadt Osnabrück, Stadtsachen 1706 Weiblicher Krankenverein (1845).

"Folgendes Beispiel beweist, wie Gott unsere Bemühungen bei einer hülfebedürftigen Familie indirect auf eine sehr liebliche Weise gesegnet hat. In einer Familie, bestehend aus Mann, Frau und vier Kindern von 10 bis 2 1/2 Jahr litt der 2. Sohn an einer Drüsenkrankheit mit Husten verbunden und das 3. Kind an Zehrung und starb. Einige Monate darauf wurde noch ein Mädchen geboren. Der Mann hatte durch Trunksucht, der er im höchsten Grade ergeben war, die Familie in die äußerste Not gestürzt. Der kranke Sohn erhielt von unsrem Verein wöchentlich 5 Portionen Mittagessen, die Familie insgesamt 25 Stück Kleidungsstücke, die Beisteuer zur Bezahlung der Hausmiethe und einiges Geld zur Einlösung versetzten Garns, außerdem verschieden Victualien. Ein lieblicher Knabe von 2 1/2 Jahren wurde durch unsere Vermittlung in die Kleinkinderschule angenommen. Trotz seines rauhen durch die Trunksucht verwilderten Gemüthes hatte der Vater zu diesem Kinde eine besondere zärtliche Liebe. Wenn er in seinem betrunkenen Zustande gegen seine Familie auf das Ärgste wüthete und tobte und die Frau mißhandelte, so hatte dieses Kind einen besänftigenden Einfluß auf ihn. Es war damals die besonders gesegnete Periode des Mäßigkeitsvereins und derselbe ein Tagesgespräch. Viele Versuche wurden gemacht, den Mann für den Mäßigkeitsverein zu gewinnen. Alles vergeblich; im Gegentheil wurde er sobald die Frau ihm davon sagte, nur gereizt und erboßt. Und die Frau wagte nicht mehr, ein Wort davon zu erwähnen. Nun war es in einer der schönen Adventszeit, wo den Kindern in der Kleinkinderschule erzählt worden war, wie Joseph und Maria sich zur Schätzung haben einschreiben lassen müssen. Der Kleine hatte sich das gut gemerkt und wie er aus der Schule nach Hause kommt und der Vater in seinem betrunkenen Muthe seinen kleinen Liebling auf den Schoß nimmt, sagt ihm der Kleine: "Vater, du mußt dich einschreiben lassen." Der Vater stutzt und glaubt, der Kleine meint, in den Mäßigkeitsverein; anfangs sträubt er sich gegen den Gedanken, indeß es läßt ihm keine Ruhe und noch in halber Trunkenheit geht er hin, sich zum Mitgliede des Vereins anmelden zu lassen. Es wird ihm eine Prüfungszeit auferlegt, in der er manchen heißen Kampf mit seiner Begierde zu bestehen gehabt hat. Aber die Liebe zu seinem Kinde hat ihm überwinden helfen und er ist mit Gottes Hilfe Sieger geblieben, und damit das Grundübel der Familie geheilt, so daß dieselbe bei dem jetzigen Wochenbette der Frau unserer Unterstützung entbehren kann."

Der Osnabrücker Armen- und Krankenverein reiht sich ein in eine Kette von religiösen Laienvereinen mit karitativer Absicht, die in den 40er Jahren in verschiedenen Regionen Deutschlands entstanden. Auf Empfehlung der Armenverwaltung besuchten hier Frauen des lokalen Bürgertums verarmte Familien, um ihnen zu helfen. Zum einen ergab sich für die Frauen hier die Möglichkeit, Ehe- und Kinderlosigkeit sinnvoll zu kompensieren. Zum andern erhielten aber auch verheiratete Frauen die Möglichkeit, ihre erlernten häuslichen Fähigkeiten in einem gesellschaftlich anerkannten außerhäuslichen Feld anzuwenden.

Der Vaterländische Frauen-Verein für den Stadtkreis Osnabrück

Im Notwendigen die Einheit, in anderen Dingen die Freiheit,
in allem aber die helfende Liebe.

Der Vaterländische Frauen-Verein für den Stadtkreis Osnabrück wird am 28. Januar 1870 als Zweigverein des Vaterländischen Frauenvereins gegründet.[3]

> "Er ist ein Zweigverein des unter dem Protektorate Ihrer Majestät stehenden Vaterländischen Frauen-Vereins (Hauptvereins) zu Berlin und gehört dem engeren Verbande der Vaterländischen Frauen-Vereine der Provinz Hannover an."

Es handelt sich um einen überregional wirksamen, staatlich unterstützten, zahlungskräftigen und von seiner Mitgliederstruktur her außerordentlich anerkannten Verein, dem sowohl Männer als auch Frauen angehörten. Als Vereinsziele während des Krieges und im Frieden werden folgende Leitlinien formuliert:

> "1. In Kriegszeiten übt er unter Oberleitung des Preußischen Landesvereins vom Roten Kreuz Fürsorge für die im Felde Verwundeten und Erkrankten.
> 2. In Friedenszeiten beteiligt er sich abgesehen von der Vorbereitung seiner Kriegstätigkeit, bei Linderung außerordentlicher Notstände in allen Teilen des Vaterlandes, stellt sich aber als dringendste Aufgabe die Beseitigung und Verhütung wirtschaftlicher und sittlicher Not in seinem Bezirke."

Folgt man nun den Tätigkeitsberichten und Zeitungsartikeln, die über die Arbeit des Vereins berichten, gewinnt man den Eindruck einer umfassenden Sozialarbeit, die von der Stadt, der Kirche und dem Unternehmertum weitgehend unterstützt wird. Ein Überblick über die Tätigkeitsbereiche läßt sich gewinnen mit Hilfe eines Artikels in der Osnabrücker Zeitung, der am 29. Januar 1920 anläßlich des 50jährigen Bestehens des Vereins veröffentlicht wird. Dieser Überblick wird zunächst in tabellarischer Form zusammengefaßt, um dann in einem weiteren Schritt in einzelnen Bereichen genauer betrachtet zu werden.

---

3   Ebenda, 1777 Der Vaterländische Frauenzweigverein (1876-1923).

1870/71	während des deutsch-französischen Krieges Einrichtung eines Lazarettes im Schoß, Beschaffung von Wäsche, Verbandsstoff, 'Liebesgaben', Verwundetenpflege
1873	Anfertigung von Hemden für arme Konfirmanden
1875	Beihilfen für die KLeinkinderbewahranstalten
1879	Einrichtung einer Volksküche
1888	Ausbildung von Krankenpflegerinnen
1896	Beschäftigung bedürftiger Frauen mit Näh- und Strickarbeiten
1900/01	
1904/06	Sorge für die in China und Afrika kämpfenden Truppen
1903	Haus- und Wochenpflege
1905	Erstellung eines Kriegsbereitschaftsplanes, Errichtung eines Lazarettes, einer Verbands- und Erfrischungsstube am Bahnhof
1908	Säuglingsfürsorge
1909	Einrichtung einer Helferinnenabteilung
1912	Einrichtung von gemeinnützigen Kochkursen zusammen mit dem katholischen Frauenverein
1915	Säuglingsheim
1915/18	Kriegsbeihilfe und Gefangenenfürsorge, Ostpreußenhilfe
1921	Mittelstandsfürsorge

Nur bestimmte gesellschaftliche Gruppen und innerhalb dieser Gruppen primär Frauen und Kinder sind dabei Objekte des sozialpolitischen Engagements der gutbürgerlichen Osnabrücker Gesellschaft.

Neben den Aufgaben, die sich in Kriegs- und Vorkriegszeiten der direkten Versorgung von Soldaten bzw. deren Angehörigen widmen, richtet sich die Arbeit in Friedenszeiten auf ausgewählte Bereiche der Sozialpolitik.

Nach dem ersten Weltkrieg erwächst dem Verein aus der sogenannten Mittelstandsfürsorge ein neuer Tätigkeitsbereich. Diese Gruppe soll vor dem Absinken in die Armut geschützt werden, da nach dem Krieg die Einkommen nicht entsprechend den Lebenshaltungskosten gestiegen waren, so daß eine ausreichende Selbstversorgung nicht in jedem Fall gesichert war. So erreichte der Vaterländische Frauenverein beispielsweise, daß die heimischen Apotheker und Ärzte sich bereit erklärten, bei Vorlage einer Bescheinigung die Behandlungskosten und Medikamente niedriger anzusetzen. Des weiteren wurden hohe Beträge angewendet, um Badekuren zu finanzieren, Milch an Kinder, Kranke und Schwache abzugeben, sowie Darlehen zu niedrigen Zinssätzen zu vermitteln.

Ein zentraler Arbeitsbereich bleibt während des gesamten Zeitraumes die Säuglings- und Kleinkinderfürsorge. Ein Säuglingsheim wird eingerichtet, Milchausschankstellen unterstützt, die mit ärztlichen Untersuchungen verbunden sind. Seit 1903 wird die Haus- und Wochenpflege ausgedehnt, Zuschüsse werden gezahlt für die Unterbringung 'erholungsbedürftiger Kinder' in Holland. Ausgebaut wird auch die 'Helferinnenabteilung', die Frauen zu Hilfsschwestern ausbildet, die dann wieder vom Verein selbst, aber auch von anderen Institutionen eingesetzt und bezahlt werden. Die 'Nähstuben' für arme Frauen und Mädchen, in denen diese für Lohn Kleidungsstücke anfertigen, die dann unentgeltlich ausgegeben werden, bleibt als eine Art Arbeitsbeschaffungsmaßnahme erhalten, erlangt allerdings keinen großen Zuwachs.

Während des Krieges bzw. als Präventivmaßnahmen zur Vorbereitung auf eine mögliche Kriegssituation erweitert sich diese Sozialarbeit dann durch die Vorbereitung zur Einrichtung eines Lazarettes.

Im Jahre 1912 findet sich in der Osnabrücker Zeitung vom 23. Januar ein Hinweis auf dieses Projekt.

"Was die Arbeit des Vereins angeht, so stehen an erster Stelle die Vorbereitungen für die im Felde Erkrankten und Verwundeten. Die Ereignisse des Sommers und Herbstes haben es nahegelegt, daß die Sorge für diese Vorbereitung nun auch wirklich in die äußere Erscheinung zu treten haben."

Die Firma Kromschröder – der Geheime Kommerzienrat ist Schatzmeister des Vereins – will für die Einrichtung dieses Lazaretts ausreichende Räumlichkeiten zur Verfügung stellen. So werden dann im Laufe des Jahres einhundert Betten eingerichtet; die benötigte Bett- und Leibwäsche wird genäht.

Während des Krieges, im Jahre 1915, wird das Lazarett auch folgerichtig in Betrieb genommen, allerdings ebensowenig wie die privat zur Verfügung gestellten Pflegestellen voll ausgenutzt. Darüber hinaus wird am Bahnhof für die ausrückenden und durchreisenden Truppen eine Verpflegungsstelle eingerichtet, in der Butterbrote und Kaffee ausgegeben werden. Eine Verbands- und Erfrischungsstube im alten Güterbahnhof an der Bremer Bahn, eine Übernachtungsstelle im Fledderbahnhof stehen ebenso zur Verfügung wie eine Sanitätskolonne, die musikalische und deklamatorische Veranstaltungen zur Unterhaltung der Verwundeten und Kranken vorsieht. In einer Kriegsnähstube werden Wäsche und Unterzeug angefertigt. In der 'Kriegshilfe' unter Anleitung von Frau Westerkamp und Frau Goldbecker werden die berühmten Strickstrümpfe für Soldaten angefertigt. In den Folgejahren 1916 gewinnt dann diese Kriegsarbeit im Rahmen der Gesamtarbeit einen immer größeren Stellenwert.

Nach Beendigung des Ersten Weltkrieges wendet sich der Verein dann schwerpunktmäßig der Versorgung der Hinterbliebenen, Kriegswitwen und -waisen, der Invaliden, Kranken und Arbeitslosen zu. Doch seine Fürsorge gilt nicht nur den Kriegsbeschäftigten selbst, sondern in nahezu bruchloser Kontinuität auch der Heranzüchtung neuer, gesunden 'Menschenmaterials'. Zwar wird in der im folgenden zitierten Rede des Oberbürgermeisters Rißmüller anläßlich der 50-Jahr-Feier des Vereins im Jahre 1920 nicht explizit auf einen neuen Krieg hingewiesen; der Eindruck erhärtet sich jedoch, wenn man den gesamten Argumentationszusammenhang in Betracht zieht.

"Die Tätigkeit der deutschen Frau haben wir erst im Kriege ordentlich schätzen gelernt. Das Organisationstalent der deutschen Frauen, ihr Frischmut und Optimismus waren noch wach, selbst zu einer Zeit, als von der Männerwelt schon 'schlapp gemacht' wurde. Wenn einmal die Kriegschronik der Stadt Osnabrück geschrieben wird, so muß der Tätigkeit des Vaterländischen Frauenvereins ein besonderes Ruhmesblatt gewidmet werden, damit unsere Kinder und Kindeskinder erfahren, was die Osnabrücker Frauen im Kriege geleistet haben und auf diesem Ruhmesblatt muß besonders verzeichnet werden der Name der jetzigen Vorsitzenden des Vaterländischen Frauenvereins, deren Abwesenheit wir alle schmerzlich bedauern. Der Krieg ist zu Ende, aber ich glaube, daß neue Friedensaufgaben erstehen werden in Hülle und Fülle, und unter diesen Aufgaben wird eine der ersten sein, die Säuglingsfürsorge und Säuglingspflege. Die Säuglingssterblichkeit hat gewaltig um sich gegriffen und muß energisch bekämpft werden. Es gilt alles daran zu setzen, um dem deutschen Vaterlande wieder ein frisches und starkes Geschlecht heranzuziehen. Wir sind wohl alle der Meinung, daß zur Lösung dieser gewaltigen Aufgabe die Tätigkeit des Staates und der Gemeinden nicht genügt. Es muß zurückgegriffen werden auf die Mitwirkung der Frauenvereine, besonders des Vaterländischen Frauenvereins."

Über den Wandel des politischen Systems hinaus bewahrt sich hier der Vaterländische Frauenverein – und sicherlich auch andere Vereine – eine Kontinuität im Denken und Handeln.

Der Verein für Frauenbildung und Frauenstudien

'Wir fordern keine neuen Rechte, wir wollen nur neue Pflichten übernehmen und deshalb fordern wir Gleichberechtigung.'

Im Jahre 1904 gründet sich in Osnabrück der 'Verein für Frauenbildung und Frauenstudien', ein lokaler Zweigverein des überregionalen Vereins gleichen Namens, der Mitglied im Bund Deutscher Frauenvereine ist[4]. 1914 ändert der Verein seinen Namen. Er heißt fortan 'Verein für Frauenbildung Osnabrück'. Einmal abgesehen davon, daß seit 1907 Frauen offiziell zum Studium zugelassen wurden, drückt sich in der Namensänderung auch eine Änderung der inhaltlichen Pespektive aus. Der Verein bemüht sich nun nicht mehr vornehmlich nur um eine Verbesserung der Frauen- und Mädchenbildung der eigenen bürgerlichen Schicht, sondern setzt sich verstärkt auch für die Verbesserung der sittlich-moralischen und intellektuellen Bildung von Mädchen und Frauen 'aus dem Volke' ein. Der Verein für Frauenbildung Osnabrück wird dabei, ebenso wie der Vaterländische Frauenverein, aber in geringerem Umfang, von den städtischen Behörden finanziell sowie durch die Bereitstellung von Räumlichkeiten unterstützt. Eine punktuelle Zusammenarbeit mit den konfessionell gebundenen Frauenvereinen ist nachweisbar.

Die Mitgliederinnen des Vereins organisieren öffentliche Vortragsabende, die sich mit allgemeinpolitischen, historischen, schöngeistigen und rechtlichen Themen auseinandersetzen. Darüber hinaus kämpfen sie für eine Kontrolle der sittlich-moralischen Entwicklung von Kindern und Jugendlichen, indem sie gegen die 'Schundliteratur' auftreten, einen Kinematographen-Ausschuß für die Reinigung des Kinos von 'Schädlichkeiten' für die Jugend mitorganisieren, berufsständische Vereinigungen von Frauen unterstützen und Fortbildungskurse auf den unterschiedlichsten Gebieten anbieten. So berichtet die Osnabrücker Zeitung vom 29. Januar 1912 über die alljährlich stattfindenden Hauptversammlungen des Vereins.

"Ein neues rein praktisches Gebiet bearbeitete die Kommission zur Vorbereitung der Schneiderinnen-Organisation. Die neuen ministeriellen Erlasse, die sich auch auf das weibliche Handwerk erstrecken, mußten den weiblichen Handwerkern bekannt gemacht werden ... Zur Anregung aller Mitglieder fanden im Laufe des Jahres verschiedene Besprechungen und Vorträge statt, deren Besuch im Herbst und Winter sehr erfreulich war, mit der Frühlingssonne schwand das Interesse. In den ersten Wintermonaten wurden als Fortbildungskursus die Besprechungen über 'wichtige Fragen'aus dem Gebiet der Volkswirtschaft fortgesetzt ... In die-

---

4   Ebenda, 1693 Verein für Frauenbildung und Frauenstudien Osnabrück (1904-1919).

sem Jahr wird am 20. Febr. ein von Frl. Beyer geleiteter Fröbelkursus beginnen, der bei 2 Stunden wöchentlich bis zum April dauern wird."

Am 14. Dezember 1907 wird ebenfalls in der Osnabrücker Zeitung ausführlich über einen Vortrag mit dem Titel 'Die Frau im Dienste der Gemeinde' berichtet, der den Verein für Frauenbildung und Frauenstudien als Veranstalter ausführt. Die Aufgaben der Frau liegen demnach darin, die Volkswohlfahrt zu stärken, die Volksbildung zu pflegen und 'Wunden zu heilen, die das Leben schlug', um so mit bauen zu können an 'des Landes Kraft und des Volkes Stärke'. Das Ziel der Frauenbewegung könne es nur sein, sich entsprechend ihrer Mütterlichkeit im öffentlichen Leben zu betätigen, nicht in Form einer 'stillen Mitarbeit', sondern als gleichberechtigte Partner des Mannes im öffentlichen Leben. Um diesem Ziel näherzurücken, müßten folgende Vorgaben erfüllt sein:

- Mädchen muß in der Schule ein 'soziales Verständnis' anerzogen werden;
- es sollten verstärkt Möglichkeiten geschaffen werden, daß Vormundschaften ehrenamtlich von Frauen für uneheliche Kinder übernommen werden;
- die Anstellung von Polizei-Assistentinnen könne Unsittlichkeit und moralischen Verfall von Mädchen aus dem Volke besser eindämmen.

Es sei mittlerweile nicht mehr abzustreiten, daß Frauen in fast alle Berufe gedrängt worden seien. Von dieser Realität ausgehend müßten Frauen dann auch um soziale und politische Rechte wie den gleichberechtigten Beitritt zu den Krankenkassen und das Stimmrecht streben.

Einem ähnlichen Argumentationsgang folgt ein Vortrag zu 'Einigen Hauptfragen des Höheren Mädchenschulwesens', der am 31. Oktober 1910 in der Osnabrücker Zeitung erscheint. Das Ziel der höheren Mädchenbildung bleibe grundsätzlich die Vorbereitung auf den Hausfrauen- und Mutterberuf. Hierzu trete auch die Vorbereitung auf das Erwerbsleben.

Ein Höhepunkt in der Berichterstattung über die Arbeit des Vereins ergibt sich anläßlich des überregionalen Frauentages, der im Jahre 1912 in Osnabrück abgehalten wird. Der Festakt in seiner äußeren Form ähnelt in kurioser Weise dem Festakt anläßlich des 50jährigen Bestehens des Vaterländischen Frauenzweigvereins im Jahre 1920, wenn auch die Zielperspektive und die Arbeitsschwerpunkte in vielem voneinander abweichen. Begrüßungs- und Festreden und Grußadressen der städtischen Obrigkeit wechseln mit inhaltlichen Beiträgen, Besichtigungen, gemeinsamen Essen und Ausflügen. Grundlegend ist auch hier die positive Haltung, die die Behörden den Unternehmungen des Vereins entgegenbringen, die sich ja in keiner Weise gegen die

herrschenden Geschlechterverhältnisse und die daran anknüpfenden Rollen-
erwartungen wenden. Seltsam pathetisch wirken dann auch die stimmungs-
vollen Naturbeschreibungen, in die die Berichterstattung der Osnabrücker
Zeitung den Frauentag kleidet. Die nehmen der Veranstaltung scheinbar ihre
politische Perspektive und geben doch ein wichtiges Merkmal ihrer inneren
Verfaßtheit wieder. Am 21. Mai 1912 heißt es:

> "Die Jahresversammlung des Vereins Frauenbildung-Frauenstudium mit ihren er-
> sten Arbeitsstunden und ihren festlichen Veranstaltungen ist vorüber. Die Welle
> herzklopfender Begeisterung, die sich mit überraschender Kraft über unser Os-
> nabrück ergoß, ebbt langsam zurück; und das ruhige Denken des Alltags tritt
> wieder in seine Rechte ...
> Es fragt sich wohl mancher: "Was ist denn eigentlich solch ein Verein? Doch nur
> ein Menschenwerk, dem alle Fehler und alle Vorzüge derer anhaften, die ihn
> gründeten. Ist solch ein vergänglich Menschenwerk der aufgewandten Mühe, des
> stolzen Feierns wert? Ist's nicht mit den Werken der Menschen wie mit diesen
> selbst?
> Sie dienen dem Bedürfnis der Zeit und versinken mit dieser im Nichts ...
> Ein Blick in die Natur scheint diese Worte im vollsten Umfang zu bestätigen. Nur
> wenige Tage glühenden Sonnenscheins, nur wenige Minuten dauerndes Unwetter
> zerstören, was des Menschen sorgende Hand mit Fleiß und Umsicht geschaffen.
> Was uns heute noch in leuchtender Pracht entgegenblüht, ist morgen vielleicht
> schon dem Welken, dem Vergehen geweiht."

Der Lehrerinnenverein zu Osnabrück

1895 stellt der Osnabrücker Lehrerinnenverein an den Magistrat der Stadt
den Antrag, die von ihm geplanten Unterhaltungsabende für Frauen und
Mädchen aus dem Volke durch räumliche und finanzielle Hilfe zu unterstützen und legt diesem Antrag 'die darauf bezüglichen Statuten' bei.[5] Ein Ar-
beitsschwerpunkt dieses Vereins wird deutlich: die erzieherische Arbeit über
die Schule hinaus fortzusetzen und damit Einfluß zu nehmen auf die häuslichen Verhältnisse durch Bildung der Mütter und Versorgung der Mädchen in
der Freizeit. Ins Auge gefaßt wird die Bildung vornehmlich für Frauen und
Mädchen der arbeitenden Klasse – eine Konzeption, die im Jahre 1909 in
dem Entwurf einer Mädchenfortbildungsschule kulminiert.

In den Folgejahren gehen alljährlich Anträge des Lehrerinnenvereins beim
Magistrat ein, denen jeweils ein Bericht über die jährlichen Aktivitäten beigelegt sind.

---

5 Ebenda. 1690 Der Lehrerinnenverein zu Osnabrück, insbes. Unterhaltungen für Frauen
   und Mädchen aus dem Volk (1895-1920).

So holt der Verein im Mai des Jahres 1895 die Erlaubnis ein, eine Lotterie veranstalten zu können, um 'das freundschaftliche Verhältnis zwischen Schule und Haus' auszubauen und den Müttern Gelegenheit zu geben, gemeinsam mit ihren Töchtern Erhebung und Belehrung zu finden. Im Oktober bittet er um die Anbringung zusätzlicher Lichtquellen für ihre Veranstaltungen in der Altstädter Aula. Jährlich erbittet er darüber hinaus einen finanziellen Zuschuß von etwa 150 Reichsthalern vom Magistrat und reicht Anträge zur Revision der Strafgesetzgebung ein. Er verurteilt dabei die Art der Strafgesetze, in der jugendliche 'Elemente' erst dann aufgegriffen werden, wenn sie straffällig geworden sind und fordert demgegenüber die rechtzeitige Entfernung der betroffenen Kinder aus der Volksschule und ihre Überweisung in eine staatlich beaufsichtigte Zwangserziehung.

Die Hauptarbeit des Vereins liegt jedoch, wie schon angedeutet, in der Durchführung von 'Veranstaltungen und Unterhaltungen für das Volk'. Nach einem Bericht vom 25. Mai 1897 finden etwa zwanzig Veranstaltungen pro Jahr statt, die von durchschnittlich achtzig Personen, zumeist Frauen und Mädchen, besucht werden. Der Hauptteil, der in Vorträgen und Lesungen belehrender Schriften besteht, wird eingebunden in Gesangs- und Klaviervorträge sowie Deklamationen.

Durch die Einrichtung eines Mädchenhortes soll der Versuch gemacht werden, Einfluß auf die Mädchen über die Schule hinaus zu gewinnen und sie an bürgerliche Lebensformen zu gewöhnen.

Am 26. März des Jahres 1898 reicht der Osnabrücker Lehrerinnenverein folgenden Antrag an den 'Wohllöblichen Magistrat' ein, in dem die Motive für die Notwendigkeit eines solchen Mädchenhortes dargelegt und erste Ansätze eines Arbeitsplanes entworfen werden (vgl. S. 124/125). Ergänzend betreibt der Verein seit 1895 die Einrichtung einer Koch- und Haushaltungsschule, die im Jahre 1904 eröffnet wird. Auch hier geht es um die Vermittlung bürgerlicher Haushaltsführung und bürgerlicher Lebensweise. In diesem Begründungszusammenhang steht dann auch die geplante Gründung einer Mädchenfortbildungsschule in Osnabrück als eine Form der Vorbereitung und Kontrolle junger Mädchen, die bereits die Grundschule abgeschlossen haben. Da zunächst nur geringe Finanzmittel zur Verfügung stehen, sollten sich die Mädchen nur '2mal wöchentlich in den Abendstunden von 1/2 9 bis 10 Uhr versammeln'. Diese späte Abendstunde sei gewählt worden, weil sie sowohl für die Fabrikarbeiterinnen als auch für die weiblichen Handelsangestellten und die Dienstmädchen die einzig mögliche schien.

Als Hauptfächer vorgesehen sind Deutsch- und Flickunterricht, als Nebenfächer Tanzen und Singen; Turnen soll der Gesundheit, Flicken der praktischen Selbsthilfe und Deutschunterricht der beruflichen Unterstützung die-

nen. Erteilt werden soll der Unterricht von den Mitgliedern des Lehrerinnenvereins. Als Schulgeld soll jede Schülerin die vergleichsweise geringe Summe
von 3 Mark entrichten. Bedürftigen Mädchen soll das Schulgeld erlassen werden können.

Die fehlenden Beiträge sollen durch Zuwendungen der Stadt gedeckt werden. Nach einer Aufbauphase der Schule sollen dann später auch die Fächer
Hauswirtschaft, Rechnen, Gesundheits- und Erziehungslehre unterrichtet
werden, die 'den Erfordernissen des praktischen Lebens' entsprechen. Dieses
Projekt wird allerdings nicht realisiert, obgleich, wie aus einem Artikel des
Osnabrücker Tageblattes vom 3. März 1909 hervorgeht, bereits eine Reihe
von Anmeldungen vorliegen.

Die Tätigkeit des Osnabrücker Lehrerinnenvereins besteht also nur indirekt
in der Durchsetzung von politischen Zielen. Sie dient der Verbesserung der
eigenen beruflichen Situation ihrer Mitglieder. Sie wendet sich schwerpunktmäßig Problemzonen in ihrem Berufsfeld zu, vor allem der Folgebetreuung
von 'Mädchen aus dem Volke'. Möglicherweise verbirgt sich auch hinter dem
Projekt der Mädchenfortbildungsschule der Versuch, sich durch selbstorgani-
sierte Mädchenschulen einen besseren Arbeitsplatz zu verschaffen.

Osnabrück, den 26. März 1898

der Osnabrücker Lehrerinnenverein erlaubt sich, dem Wohllöblichen Magistrat nachstehendes Gesetz gehorsamst vorzutragen.

Durch die heutigen Erwerbsverhältnisse sind zahlreiche Eltern aus dem
Volke gezwungen, ihre Kinder einen großen Teil der schulfreien Zeit sich
selbst zu überlassen. Diese vielfach auf der Straße oder in zweifelhafter
Gesellschaft nutzlos verbrachte Zeit legt bei manchen Kindern den Grund
zu sittlicher Gefährdung. Es bildet sich frühzeitig ein Hang zum Herum-
treiben, welcher oft zum Keime einer spätern Verkommenheit wird. Das so
benachteiligte Kind lernt weder den Segen glücklichen Lebens noch ein
harmloses sittliches Spiel kennen; auch bleibt das so aufgewachsene Mädchen ganz unerfahren in den kleinen Geschicklichkeiten, mit welcher schon
die Eltern dem Familienwohl dienen können.

Die Kinder, welche aus den eben erwähnten Verhältnissen stammen, sind
noch glücklicher zu preisen gegenüber den Beklagenswerten, welche Familien angehören, in denen Leichtsinn und Verkommenheit in so hohem

Grade ausgebildet sind, daß es wünschenswert erscheint, die Kinder möglichst viel dem elterlichen Einfluß zu entziehen.

Um nun in beiden erwähnten Fällen den Kindern die häusliche Erziehung so weit das möglich ist, zu ersetzen, sind in verschiedenen Städten Horte für aufsichtslos gewordene und sittlich gefährdete Kinder eingerichtet. Der Osnabrücker Lehrerinnenverein hat sich in seinen letzten Sitzungen ernstlich mit der Frage beschäftigt, ob auch für Osnabrück die Gründung eines solchen Kinderhortes wünschenswert und möglich wäre. Das Resultat der Beratungen war, daß eine große Anzahl wissenschaftlicher und technischer Lehrerinnen sich bereit erklärte, ihre Kraft in den Dienst des Kinderhortes zu stellen, falls sich das Bedürfnis nach einer solchen für unsere Stadt erweisen sollte.

Ein abschließendes Urteil darüber, ob ein derartiges Bedürfnis hier vorliegt, ließ sich aus dem Ergebnis der Umfrage an den verschiedenen Volksschulen fällen.

Herr Kreisschulinspektor Pastor Flebbe hatte die große Güte, eine amtliche Umfrage an den Volksschulen zu veranlassen und deren Beantwortung den Lehrerpersonen warm ans Herz zu legen. Aus dieser Umfrage ergab sich, daß 88 Schülerinnen aufsichtslos sind, da beide Eltern außerhalb arbeiten, aus dem gleichen Grunde 64 Mädchen teilweise ohne Aufsicht sind und 11 Mädchen einer besonderen Aufsicht bedürfen, weil die der Eltern ungenügend oder gar schädlich ist.

Da somit die Notwendigkeit eines Kinderhortes für Osnabrück erwiesen zu sein scheint, würde der Osnabrücker Lehrerinnenverein gern einen Mädchenhort ins Leben rufen, welcher etwa in folgender Weise eingerichtet werden soll:

Die Kinder versammeln sich an allen Wochentagen von 2-6 resp. von 4-6 in einem geeigneten Lokale.

Nachdem sie ihre Schularbeiten angefertigt haben, werden sie mit weiblichen Handarbeiten, besonders mit Stricken, Stopfen und Ausbessern der Kleidungsstücke beschäftigt. Die Arbeit wird von größeren Spielpausen, in welchen Spiele im Freien oder im Zimmer vorgenommen werden, unterbrochen. Um 4 Uhr erhält jedes Kind eine Tasse warme Milch. Um einen kleinen Teil der entstandenen Kosten zu decken, und um den Eltern das drückende Gefühl des Almosenempfanges zu nehmen, wird von jedem Kinde ein wöchentlicher Betrag von 10 M eingefordert, der ärmeren Kindern erlassen werden kann. Zur Leitung des Hortes verpflichten sich 12 Lehrerinnen, von denen jede 2 Stunden wöchentlich dem Horte vorsteht.

Vereine für Frauen

Über die bisher benannten Frauenvereine hinaus werden in Osnabrück noch andere, zum Teil konfessionell gebundene Vereine wirksam, die für ganz konkrete Projekte wie die Gründung eines Mutter-, Kinder- oder Mädchenheimes oder Zielgruppen wie hilfsbedürftige evangelische Wöchnerinnen eintreten[6]. Sie verfolgen vornehmlich karitative Zwecke und arbeiten punktuelle mit den vorab benannten Frauengruppen zusammen. Träger und Mitglieder der Vereine sind sowohl Frauen als auch Männer in jeweils unterschiedlicher Zusammensetzung.

Wie lassen sich nun diese Vereine von und/oder für Frauen einschätzen? Und wie läßt sich darüber hinaus das Fehlen einer Vereinskultur genau der Frauengruppen erklären, die in diesen Frauenvereinen den Mittelpunkt sozial-karitativer Maßnahmen bilden?

Zunächst einmal entspricht die Vereinsstruktur, wie sie uns hier im lokalen Rahmen entgegentritt, durchaus der überregionalen deutschen Entwicklung, die gerade in der zweiten Hälfte des 19. Jahrhunderts eine Ausweitung von Frauenvereinen zu verzeichnen hat, die gesellschaftspolitische und soziale Fragen in den Mittelpunkt ihrer Arbeit rücken. Der Begriff 'Frauenverein' legt dabei die Vermutung nahe, daß es sich hier um Vereine handelt, deren innere Struktur vornehmlich von Frauen bestimmt wird. Das ist allerdings für Osnabrück nur hinsichtlich des Vereins 'Frauenbildung – Frauenstudien' und des Lehrerinnenvereins festzustellen. Die übrigen Frauenvereine stehen durch einen zumeist von Männern und Frauen besetzten Vorstand auch unter der direkten Kontrolle von Männern. Die finanzielle Abhängigkeit von Zuwendungen seitens der städtischen Behörden macht zudem alle Vereine in ihren politischen und sozialen Zielen von den herrschenden Parteien und Wirtschaftsgrupen abhängig. Städtische Unterstützung erhalten diese Vereine vornehmlich deshalb, weil sie einen tragenden Beitrag dazu leisten, das soziale Elend einzudämmen und – wie besonders der Vaterländische Frauenverein – eine Treue zum Vaterland zu befördern. Genau aus diesem Grund ist auch wenig zu erfahren über nicht konforme Verbindungen und Agitationsformen von Frauen. Diese unterliegen allein schon aufgrund der herrschenden Vereinsgesetze, die die politische Tätigkeit von Frauen lange Zeit formal verboten haben, einer Restriktion.

---

6   Ebenda, 1730, 1735, 1758, 1759, 1779, 1796, 1819, 1815.

10. 'Was ich von der Demokratie halte. Die sollen mir meine Kartoffeln in den Keller bringen und zur Schule gehen.' Frauenleben nach 1945.

Daß das Kriegsende in Deutschland trotz seiner sicherlich entscheidenden politischen und wirtschaftlichen Veränderungen gerade auch für Frauen stärker von der Kontinuität ihrer Geschlechterrollen, der Kontinuität mentaler Strukturen und festgefügter Familienordnungen gekennzeichnet war als von Wandel und Neubeginn der Lebenswelten, mag niemand heute mehr zu bezweifeln, der sich mit der Analyse der Umbruchphase nach dem Zweiten Weltkrieg beschäftigt. Zwar brachte das Ende der nationalsozialistischen Herrschaft unter Aufsicht und Kontrolle der Alliierten (d.h. in Osnabrück der Engländer) eine Demokratisierung der Herrschaftsform, die für Frauen auf der politischen und rechtlichen Ebene die grundsätzliche Gleichheit der Geschlechter voraussetzte, allerdings auf der Festlegung der Frauen auf ihrer Hausfrauen- und Mutterrolle beharrte.

Die Überlebenssicherung war dabei arbeits-, zeit- und energieaufwendig. Nahrungsmittel konnten erst nach stundenlangem Schlangestehen oder durch unerlaubte Hamsterfahren erworben werden.Die Suche nach Zusatznahrung nahm weitere Zeit in Anspruch. Daneben mußten Kleider gewaschen und geflickt werden, ohne daß ausreichende Mengen Seife und Nähgarn zur Verfügung standen. Nur über Formen der Selbsthilfe, und zwar einer von den Alliierten einkalkulierten Form der Selbsthilfe, funktionierte diese Überlebenssicherung[1].

Wir haben nun einzelne Frauen – und hier kann man sicherlich nicht für alle Osnabrücker Frauen sprechen – diese Phase des Umbruchs erlebt? Welche politischen Aktivitäten entfalteten sie, welchen Normen und Werten hinsichtlich der Familie und Erwerbsarbeit unterlagen sie? Feldpostbriefe und Tagebuchaufzeichnungen, Zeitungsartikel und Akten über die ersten politischen Organisationen geben neben den offiziellen Stellungnahmen darüber einen, wenn auch begrenzten Einblick.

---

1   Vgl. hierzu v.a.
Sachse, C.: Mütterlichkeit als Beruf, S. 105 ff.,
Frevert, U.: Frauen-Geschichte. Zwischen bürgerlicher Verbesserung und Neuer Weiblichkeit, Frankfurt am Main 1986.
Schubert, D.: Frauen in der deutschen Nachkriegszeit, Bd. 1: Frauenarbeit 1945-1949, Quellen und Materialien, Düsseldorf 1984.
Stolten, J.: Der Hunger nach Erfahrung, Frauen nach 45. Berlin/Bonn 1981.
Ruhl, K.-J.: Unsere verlorenen Jahre. Frauenalltag Kriegs- und Nachkriegszeit 1939-1949 in Berichten, Dokumenten und Bildern, Darmstadt und Neuwied 1985.

In dem 'Kriegstagebuch'[2], das eine Mutter für ihren in Kriegsgefangenschaft befindlichen Sohn schreibt, findet sich am 17. November 1944 folgende Eintragung:

"Wie sehr haben sich unserer Fronten verändert und wie arg sind unsere Städte zerstört von allen Bombenangriffen. Und doch ist das Ende des Krieges nicht abzusehen u. es sind viele, die nur noch wenig Mut und Hoffnung haben. Trotz allem will ich aber noch an einen guten Ausgang für uns glauben, was soll sonst noch aus uns werden u. vor allem auch aus Euch, die Ihr als Gefangene in dem weiten Rußland seid u. auf Eure Heimkehr wartet. Es ist nur ein Glück, daß wir der großen Katastrophe in Frankreich noch einmal Herr geworden sind u. daß es unseren Feinden nicht gelungen ist, nach Deutschland hinein zu marschieren ... Du würdest Dich wundern, wenn Du unsere Stadt jetzt einmal sehen würdest. Nach den schweren Angriffen am 19. Mai, 6. Juni, 26. Sept. und 12. Okt., die Innenstadt nach Schinkel und Fledder bis Wissingen hinein ist ein großer Trümmerhaufen. Ich weiß nicht, wie die Stadtverwaltung alles klar kriegen will, da durch den letzten Angriff die letzten öffentlichen Gebäude draufgegangen sind. Für die Innenstadt war es ganz schlimm am 13. Sept. Als wir aus unsern Keller kamen Nachmittags gegen 6 Uhr sah es so aus, als sollte die Stadt untergehen, so schwarz war alles von Staub. Wir hatten unsere Scheiben gerade wieder heil, nun hatten wir wieder Scherben ... Vom 13.5. ab hatten wir lange Zeit kein Gas u. jetzt nach dem Angriff am 12.10. fehlte uns Licht, Gas und Wasser. Bis auf Gas ist nun hier alles in Ordnung; wir behielten auch unsere Scheiben heil. Sonst sind beim letzten Angriff wieder viele Leute obdachlos geworden."

Am 28. März 1945 ist auch die letzte Hoffnung auf einen 'guten' Ausgang des Krieges zerstört.

"Wenn wir wirklich noch eine entscheidende Waffe hätten, dann wäre es doch jetzt wohl Zeit, sie einzusetzen, ich fürchte, es ist alles nur Propaganda gewesen. Die Übermacht ist einfach gar zu groß u. durch den Luftterror wird immer wieder zu viel bei uns zerschlagen. Unser deutsches Volk hat sich doch recht zu sehr von Gott abgewendet u. muß nun in diese harte Schule u. gar erkennen, daß Gott sich nicht spotten läßt u. daß wir ihn über alle Dinge lieben, fürchten und vertrauen sollen."

Am 17. April 1945 nach dem 'Machtwechsel' 'regiere' nun der Engländer und 'die Gefangenen machen sich breit und stehlen sogar'. Zuvor sei eine Woche schwerer Alarm gewesen. Nach ihren Aufzeichnungen begibt die Frau sich zusammen mit anderen in den Keller, mit 'sehr gemischten Gefühlen'. Sie hört Gerüchte, daß Osnabrück zur Festung erklärt worden sei, dann wieder Meldungen, Osnabrück sei eine offene Stadt. Allgemeine Hilflosigkeit und Angst breiten sich aus.

---

2   StArch. Osnabrück, Slg 55 acc 44/1983.

Als die Stadt von den Engländern besetzt wird, bespricht sie mit Freunden, was nun zu tun sei. Am 21. April 1945 schreibt sie:

> "Man darf gar nicht darüber nachdenken, wie sehr man uns aller Freiheit berauben wird u. es ist schon gut, daß es täglich immer viel Arbeit gibt, die am besten über alles hinweghilft ... Sonst wird es noch viel Blut und Tränen geben. Die Engländer begründen es damit, wir hätten es ihnen mit den Juden vorgemacht. Leider ist das ja auch so. Was dann noch über die Konzentrationslager laut wird, ist ja auch grauenhaft. Ich kann es mir nicht vorstellen, daß es so ist."

Die folgenden Tage sind ausgefüllt mit Unsicherheit und ersten persönlichen Kontakten zu den 'Besetzern'. Die Engländer beschreibt sie als 'sehr ordentlich' und 'fesch'. Die Russen dagegen, die Brot, Butter und Wurst haben wollen, erzeugen Angst und Schrecken.

> "Es ist sonst schlimm, wie die Gefangenen sich benommen haben. Wo sie nur konnten, haben sie Räder gestohlen, Geschäfte geplündert und Lagerbestände geräubert. Das haben leider auch Deutsche gemacht."

Keine emphatische Freude über das Kriegsende, kein sichtbarer Bruch in der Lebensform, keine Hoffnung auf die Zukunft und schon gar nicht freundschaftliche Gefühle den Engländern gegenüber – das ist die Haltung, die aus diesen Briefen spricht.

Beides wird als Gottesstrafe gesehen – der Krieg und auch das Kriegsende. Die Angst vor noch größerem Elend, als es der Krieg schon mit sich brachte, klingt aus allen Worten. Zwar hören die Bombenangriffe auf, dafür bedrohen Plünderungen und die Angst vor den Engländern das Leben. Die Angst vor Vergeltung für Konzentrationslager, Menschenvernichtung und Zerstörung bedroht diese Frau ganz elementar – und sie weiß sich nicht anders zu helfen, als zu verdrängen, die Probleme von sich weg zu schieben und sich auf die Arbeit zu stürzen, die noch 'am besten über alles hinweghilft'. Und diese Haltung trifft sicherlich auch für andere Osnabrücker Frauen zu. Sie hat eine einsehbare Begründung: es gilt zu überleben, aus dem 'Nichts' aufzubauen, Lebensmittel zu beschaffen – überall die dringendsten Bedürfnisse des Alltags abzudecken. Aus diesem Akt der Verdrängung heraus läßt sich erklären, warum hier entscheidende politische Entwicklungen keinen deutlichen Niederschlag finden – und vielleicht ändert sich im Bewußtsein der Frauen auch gar nicht so viel: weder gibt es ausreichend Lebensmittel oder Wohnraum, noch kommen sofort die Männer und Söhne aus der Kriegsgefangenschaft zurück. Hunger und Elend wachsen verstärkt durch die kalten Nachkriegswinter 1946/47 und 1947/48 an, und was hier als Vergeltungspolitik der Alliierten dargestellt wird, hat auch einen realgeschichtlichen Hintergrund. Es geht den Alliierten eben nicht darum, das Nachkriegsdeutschland unverzüglich aus dem 'selbstverschuldeten' Elend herauszuführen, sondern darum, dieses Elend auf einem vertretbaren Niveau zu halten.

Empört reagiert diese Frau – und sie ist sicherlich nicht die einzige – darauf, daß die ehemaligen Kriegsgefangeen nach dem Kriege plündern und stehlen. Auch hier fordert sie entsprechend ihrer anerzogenen Moral eine einwandfreie Haltung. Schuldgefühle hegt sie diesen Menschen gegenüber nicht – und zeigt damit eine Haltung, die sich im Rahmen ihrer Verdrängungsversuche verstehen läßt.

Wie sich nun das Kriegsende in Osnabrück hinsichtlich der Zerstörungen und politischen Wirrnisse gestaltet, läßt sich mühelos in einer Reihe ausführlich angelegter Dokumentationen nachlesen. Ebenso lassen sich Informationen zusammentragen, die über den Wiederaufbau berichten und ihre Schwerpunkte in politischen und kulturellen Rahmen finden. Wenig aber läßt sich erschließen über die gesellschaftliche und politische sowie soziale Lebenssituation von Mann und Frau nach dem Krieg. Erst mit Zuhilfenahme von Zeitungsartikeln läßt sich hier ein – wenn auch nicht vollständiges – Bild malen, das die vorab ausgeführten Tagebuchnotizen in einen breiteren Rahmen stellt. Sieht man sich die Berichterstattung der 'Osnabrücker Zeitung', die relativ schnell nach Kriegsende wieder erscheinen, in ihrem Lokalteil an, so ist zumindest für diesen lokalen Bereich die These zu untermauern, daß Politik in den Nachkriegsjahren weitgehend eine Politik der Überlebenssicherung darstellt, von der Frauen als Hausfrauen, Ehefrauen und Mütter sowie Erwerbstätige in besonders hohem Maße betroffen waren.

Die Situation ist gekennzeichnet durch Rechtsunsicherheit, durch die schon 1945 einsetzende Verdrängung der Frauen aus dem Erwerbsleben sowie durch alltägliche Probleme der Versorgung mit Wohnraum, Licht, Strom, Lebensmitteln und nahezu allen Gütern des täglichen Bedarfes.

Rechtsunsicherheit

Welche Papiere braucht man, um heiraten zu können? Wo kann man diese Papiere bekommen, wenn sie verloren oder gestohlen sind? Benötigt man auch nach dem Kriege noch Ehetauglichkeitsbescheinigungen? Diese Fragen werden in den Zeitungen ebenso erwähnt wie das Problem der rechtswidrigen Doppelehen und der moralisch bemängelten 'Onkelehen'. Auch die Frage nach der Ehestands- und Kleinkinderbeihilfe ist nicht klar, denn am 15. August 1945 liefert das 'Neue Oldenburger Tageblatt' die recht kuriose Information, daß diese Zuschüsse zwar nicht weitergezahlt würden, aber abbezahlt werden müßten.

Besonders aufschlußreich ist in diesem Zusammenhang auch die Rechtsunsicherheit, die hinter dem Problem der Abtreibungen steht, die aus den verschiedensten Gründen (sexuelle Kontakte mit Besetzern oder Deutschen außerhalb der Ehe, fehlende finanzielle Mittel u.a.) nach dem Kriege stark ansteigen. Betty S.[3] wird angeklagt, unerlaubt mehrere Abtreibungen an anderen Frauen vorgenommen zu haben. Der Prozeß wird in der Zeitung ausführlich dokumentiert. Zu ihrer Entschuldigung führt sie an, sie hätte auch deshalb abgetrieben, weil sie davon ausgegangen sei, daß der Paragraph 218 aufgehoben sei. Neben der rechtlichen Ebene wird dabei allein schon durch die Artikelüberschrift 'Ein Sittenbild' deutlich, daß es sich hier um wesentliche Fragen einer moralischen Verhaltensverurteilung handelt, die Frauen eben nicht die Entscheidung über eine Mutterschaft zugesteht, sondern sie in ihrer erklärten Rolle als unmündige Trägerinnen menschlichen Lebens beläßt. Die Problematik einer nationalsozialistischen Geburtenpolitik, die mit Hilfe der medizinischen und eugenischen Indikation Rassenzüchtung betrieb, steht dabei nicht zur Diskussion.

Erwerbsarbeit

Schon am 28. Juli 1945 stellt das 'Neue Oldenburger Tageblatt' in dem Artikel 'Arbeitsplätze für Kriegsversehrte' fest:

> "Es wird sich nicht umgehen lassen, weibliche Arbeitskräfte gegen Kriegsbeschädigte auszutauschen."

Was hier zunächst nur für Kriegsbeschädigte angekündigt wird, setzt sich in den Folgejahren generell auch für die heimkehrenden Soldaten durch. Ihnen wird als traditionellen Ernährern der Familie ein Arbeitsplatz zugesprochen – und das ganz ohne Rücksicht darauf, daß innerfamiliale Ehekonflikte hinsichtlich dieser Rollenzuschreibung entstehen, die aus der realen Doppelbelastung von Frauen erwuchsen.

Solche ehelichen Konflikte spiegeln sich aber auf der rechtlichen Ebene in einem Entscheidungszuwachs für Frauen erst sehr viel später, im Jahre 1957, in einer Revision der Ehegesetze wider, die den Mann von seiner eindeutigen patriarchalischen Herrschaftsrolle bedingt enthronen. In den Jahren davor durfte eine verheiratete Frau nur arbeiten, wenn sie die Zustimmung ihres Ehemannes besaß. Die Entscheidung über Erziehungsfragen wie beispielsweise die Wahl der Schule stand – obgleich die Erziehungsarbeit vornehm-

---

3 Neues Tageblatt, 20.6.1947.

lich in der Hand der Frauen lag – ebenfalls dem Mann zu. Als 'Arbeitsmöglichkeit für schulentlassene Mädchen', die keine Lehrstelle bekommen können, wurde ganz im Sinne nationalsozialistischer Frauenpolitik die Ausbildung als Haushaltsgehilfin angeboten, 'da Grundkenntnisse der Haushaltsführung in irgendeiner Form immer von Nutzen sein werden'. Geeignet für Frauen, hieß es, seien auch 'leichtere Arbeiten' in Gärtnereien und Samenzuchtbetrieben.

Solche und ähnliche Überlegungen wurden in einer Zeit angestellt, in der ein Großteil von Frauen erwerbstätig sein mußte, um Geld zu verdienen bzw. um, was vor der Währungsreform noch wichtiger war, Lebensmittelkarten in die Hand zu bekommen. In einer Zeit auch, in der viele Männer noch in Kriegsgefangenschaft waren und viele Frauen aufgrund des 'Männermangels' keine Hoffnung auf eine Versorgungsehe haben konnten.

Politische Parteien und Gewerkschaften nahmen sich dieser Probleme an, indem sie eine Gleichberechtigung in der Arbeitswelt oder doch zumindest gleichen Lohn für gleiche Arbeit und Recht auf eine gute Ausbildung für Mädchen forderten. Das sind allerdings Forderungen, die noch lange Zeit ohne erkennbare Wirkung bleiben sollten.

Überlebenssicherung

"Die Hausfrauen sind jedenfalls jetzt die am meisten gequälte Kategorie von arbeitenden Menschen und es muß alles geschehen, ihnen ihr schweres Los zu erleichtern."[4]

Was sind die Probleme und wie sollen sie bewältigt werden? 'Rund um den Magenfahrplan' gehen die Sorgen. Was soll die Hausfrau kochen, vor der Ernte der Frühkartoffeln? Die ausgeteilten Konserven sind teilweise verdorben, man muß lange im Geschäft anstehen und bekommt am Ende nichts mehr; über den Schwarzmarkt oder durch Hamsterfahrten müssen Lebensmittel besorgt werden – und das ist strafbar.

Die Lebensmittelkarten decken bei weitem nicht den Kalorienbedarf einer Familie. Milch ist nicht in ausreichender Menge zu erhalten, und gelingt es doch noch, 'etwas zu organisieren', gibt es weder Gas noch Kohle zum Kochen. Wohnungen fehlen, die Kleidungsstücke lassen sich nicht reparieren, weil kein Nähgarn vorhanden ist, Seife und Schuhwerk fehlen – das alles sind Probleme, die in den Zeitungsartikeln verhandelt, als Mißwirtschaft aufgedeckt und mit Lösungsansätzen bedacht werden.

---

4   Osnabrücker Rundschau, 12. Juni 1946.

Es ist schon frappierend, wie ausführlich das Problem der Milchverteilung beschrieben wird und wie stark diese Probleme gegenüber lokalpolitischen Ereignissen wie Wahlen, Parteienbildung und dergleichen an Wert verlieren. Wenn man davon ausgeht, daß sich in diesen Zeitungsartikeln ein wenig die Interessenlage der Bevölkerung widerspiegelt, verschiebt sich auch in der historischen Analyse der Blickwinkel auf die Nachkriegszeit, und es muß erstaunen, daß in der historischen Aufarbeitung der Nachkriegszeit insbesondere Probleme der politischen Neudefinition des Begriffs 'Demokratie' in den Vordergrund rücken, dabei aber zumeist die Bereiche der 'Alltagspolitik' ausgeklammert werden. Aber gerade hier liegt ein möglicher Erklärungsansatz dafür, daß auch stabile Denkmuster und Wertevorstellungen, die einen Demokratisierungsprozeß eher verzögerten als unterstützten, die Nachkriegszeit kennzeichneten.

Frauenpolitik – Politik von Frauen

Die KPD, SPD und CDU halten in Osnabrück in den Jahren 1946/47 Kundgebungen und spezielle Frauenversammlungen ab, auf denen sie den Anspruch für sich erheben, brennende und aktuelle Probleme von Frauen zu thematisieren.

Am 5. Juli 1946 wird in der Osnabrücker Rundschau die Gründung eines Osnabrücker Frauenstadtausschusses bekanntgegeben, in dem sich nahezu alle parteipolitischen, gewerkschaftlichen und karitativen Gruppen wiederfinden lassen, die ebenfalls behaupten, Politik für Frauen zu machen. Auf einer dritten Ebene arbeiten Frauen mit in den ersten von den Alliierten genehmigten und unterstützten politischen Vertretungsorganen der Stadt und des Regierungsbezirkes Osnabrück. Letzterer tritt am 19. Februar 1946 in Bad Rothenfelde zu einer konstituierenden Sitzung zusammen. Von den sechsundvierzig Abgeordneten sind vier Frauen vertreten: Carla Brandenburg (CDU; Wohlfahrts-, Jugendfürsorge, Flüchtlingshilfe), Ilse Freifrau von Schele (NLP; Gartenbau, kulturelle Fragen), Dr. Jeanette Schürmann (CDU; Freie Berufe, Flüchtlingsbetreuung, Wohlfahrtspflege) und Dr. Christel Elisabeth von Stockhausen (Wohlfahrt, Jugendorganisation, Jugendfürsorge).

Verbindungslinien bzw. auch Unterschiede zwischen diesen drei Formen und Ebenen von Frauenpolitik aufzuzeigen, fällt auf den ersten Blick nicht schwer; sie ergeben sich aus der parteipolitischen und auch vereinsmäßigen Grundlage und definieren sich darüber hinaus durch den jeweiligen institutionellen Rahmen, den sich die Arbeit setzt. Auf der benannten Ebene spiegelt sich die überregionale Debatte um den Stellenwert weiblicher Erwerbsarbeit, Hausarbeit und politischer Emanzipation von Frauen wider. Interessant im lokalen Rahmen erscheinen die Versuche, eine gemeinsame Frauenpolitik zu initiieren, die sich der aktuellen Überlebensprobleme annimmt. Der Osnabrücker Stadtfrauenausschuß findet dabei auch zeitgleich Entsprechungen in anderen Städten, so daß darin ebenfalls keine spezifisch lokale Besonderheit zu sehen ist. Am 5. Juli 1946 berichtet die 'Osnabrücker Rundschau' in einem ausführlichen Artikel unter der Überschrift 'Frauen wollen helfen'. Frauen aus verschiedenen Richtungen haben sich hier zusammengetan, um genau an den politischen Problemen anzusetzen, die ihrer Meinung nach von der Stadtverwaltung nur ungenügend gelöst worden seien. Man könnte diesen Ausschuß als eine Art Hilfe zur Selbsthilfe bezeichnen, der mit Unterstützung der Stadt arbeitet. Dem geschäftsführenden Vorstand gehören folgende Frauen an: Frl. Rasch (CDU), Frau Schumann (Zentrum), Frau Wüstemann (SPD), Frau Schäfer (KPD), Frau Ebeling (NLP), Frau Zimmermann (FDGB), Frau Schneemelcher (Innere Mission), Frau Bergmann (Caritas), Frau Heinsius (DRK), Frl. Sabothe (Arbeiter-Wohlfahrt), Frau Tilning, (Wohlfahrtsamt), Frl. Hötte (Jugendamt), Frau Gayda (Neubürgerin) und Frl. Jäger vom Gesundheitsamt. Der Ausschuß richtet nun einen ersten öffentlichen Aufruf an die Osnabrücker Frauen, der sich über die verschiedenen Parteien und Organisationen hinweg folgenden ideellen Hintergrund gibt:

"Unangetastete Arbeitsgebiete des Mannes - darf es sie heute noch geben? Die Frau gehört ins Haus! Will nun heute wirklich noch ein Mensch wagen, dieses Schlagwort auszuspielen? Sicherlich wird das Heim, die Welt der Familie, die Sehnsucht jeder echten Frau bleiben. Aber wie wenigen ist es heute vergönnt, ein eigenes Heim zu besitzen und sich allein diesen Pflichten widmen zu können. Müssen sie, die Glücklichen, nicht doppelt die Verpflichtung empfinden, ihren Mitschwestern zuhelfen, das Haus des Staates wohnlicher zu gestalten? Wir wollen nicht zu denen gehören, die Woche u. Woche, Monat u. Monat in stumpfer Starrheit verbringen und entweder hoffnungslos hindämmern oder tatenlos auf das große Wunder warten, das uns alle aus tiefster Not befreit. Wir wollen den Männern zur Seite stehen, die in tapferer Pflichterfüllung angefangen aufzubauen, was sie nicht zerstört haben ...
Alle fortschrittlichen und friedensbejahenden Bestrebungen sollen von uns unterstützt werden. Sei es auf dem Gebiete der Ernährung, der Wohnung, der Wirtschaft, des Erziehungs-, des Neubürger- und Gesundheitswesens, der Siedlung, der Verfassung, der Rechte - überall wollen wir unseren fraulichen Einfluß, der jahrelang fast verschüttet war, zur Auswirkung bringen. Es geht nicht nur um Frauenrechte, sondern im eigentlichen Sinne um Frauenpflichten ..."

Politische Arbeit wird zur Frauenpflicht erklärt; eine Frauenpflicht, die der aktuellen wirtschaftlichen und sozialen Situation entsprechend auch das Erwerbsleben der Frau umgreift, ohne allerdings die 'eigentliche' Berufung der Frau als Hausfrau, Ehefrau und Mutter anzutasten. Es geht um das Einbringen einer nicht genauer definierten weiblichen Qualität in der Politik, die unterstützen und helfen soll, Freiheit und Fortschritt in einem Lande zu festigen, das jahrelang unter nationalsozialistischer Herrschaft gestanden hat. In der Tradition der Bürgerlichen Frauenbewegung geht es nicht primär um Gleichberechtigung, sondern um Emanzipation durch Mithilfe für das Volkswohl und Aufhebung von Krieg und Elend. Die Frauen, die sich dieser Tradition zugehörig fühlen, haben von ihrem Selbstverständnis her nichts zerstört, fühlen sich aber verantwortlich, als 'Helferinnen' zur Verbesserung der Lebenssituation beizutragen.

Interessant erscheinen diese Aussagen in mehrfacher Hinsicht. Sie lassen erkennen, daß es in einer kurzen historischen Nachkriegsphase durchaus möglich war, daß Frauen ganz unterschiedlicher politischer und ideologischer Richtung sich zusammentaten, um gemeinsam gegen das Elend vorzugehen. Ansätze einer frauenspezifischen, parteienübergreifenden Politik sind also im lokalen Rahmen beobachtbar. Die gemeinsame Arbeitsplattform läßt darüber hinaus erkennen, daß es dabei durchaus nicht um die Überwindung traditioneller Geschlechtsrollenzuweisungen ging.

Der Eindruck, daß hier Frauen vornehmlich soziale Probleme lösen helfen, die ihre Ursachen in alltäglichen Fragen des Überlebens haben, verstärkt sich, wenn man einmal einen Blick auf die weitere Berichterstattung über die Arbeit dieses Ausschusses wirft.

Der Ausschuß führt Verhandlungen mit dem Groß- und Kleinhandel, um diesen zu veranlassen, das Gemüse früh genug zum Verkauf zu bringen, er fordert die Rückverlegung der Frauenklinik von Bad Rothenfelde nach Osnabrück, verlangt Sonderabgaben von Brennstoff für die Haushaltungen, die weder Gas haben noch elektrisch heizen, kümmert sich um die Beschaffung von Wohnraum und fordert die bessere Regelung des Milchausschankes.

Mit Hilfe der Presse werden Defizite der Stadtverwaltung aufgedeckt. Doch auch Schwarzhandel und Unterschlagung von Lebensmitteln bzw. Ausgabe von unbrauchbaren Lebensmitteln sind Ziel der Angriffe. In den einzelnen Unterausschüssen werden konkrete Hilfsaktionen geplant und durchgeführt, Sprechstunden abgehalten, Nähstuben eingerichtet, Säuglingskleidung für Bedürftige gesammelt und ausgegeben: Es handelt sich um Aktionen, die im Rahmen der städtischen Administration aufgegriffen und parallel ausgeführt werden. Wenn in den folgenden Jahren keine Verlautbarungen über die Arbeit des Stadtfrauenausschusses mehr durch die Presse gehen, läßt sich daraus schließen, daß sich diese Notvereinigung in Osnabrück wie auch in anderen Orten aufgelöst hat oder in die Ausschußarbeit der politischen Vertretungsorgane einfließt.

Frauensollen – Frauenwirklichkeit

Unzweifelhaft geht es auch in der unmittelbaren Nachkriegszeit auf der politischen und ideellen Ebene niemals darum, die traditionelle Frauenrolle anzuzweifeln und neu zu definieren. Die realen Veränderungen, die sich durch Mehrfachbelastungen und steigende Verantwortung von Frauen in Familie und Beruf ergeben haben, wurden als gegebene historische Bedingungen akzeptiert, ohne daß sie jedoch zu einem anderen Denken geführt hätten. Wie schon zu Beginn des 19. Jahrhunderts erscheint die Erwerbsarbeit als eine Alternative zur Ehelosigkeit, die wegen des 'Männermangels' finanzielle Versorgung und Schutz vor Depression gewähren sollte. Dazu äußert sich beispielsweise in einem Artikel des 'Neuen Tageblattes' vom 7. November 1947 eine Strickerin:

"Es gibt viel zu viel Mädchen. Die Statistik rechnet mich zu denen, die nicht heiraten werden. Ich bin auch nicht hübsch - aber was tut das? Ich arbeite solange, bis man mir die Stricknadeln aus der Hand reißt."

Die Tatsache, daß auch verheiratete Frauen und Mütter arbeiten, um überleben zu können, wird entsprechend der schlechten wirtschaftlichen Situation als Übergangsphänomen gewertet, das sich mit einer Besserung der Lebensbedingungen ausräumen läßt. So lassen sich dann auch die 1946 veröffentlichten Forderungen des Freien Deutschen Gewerkschaftsbundes auf Gleichberechtigung der Frau nur innerhalb dieses Begründungsrahmens verstehen und verweisen nicht auf eine veränderte Einstellung gegenüber naturgegebener Weiblichkeit:

"Der allgemeine große Frauenüberschuß darf aber nicht dahin führen, die Frau nur als Hilfsarbeiterin einzusetzen. Es ist eine zeitbedingte Selbstverständlichkeit, ihrem Leben einen neuen wertvollen Inhalt zu geben in Ermangelung einer Ehe. Das kann nur ein vollwertiger Beruf sein. Die Frau von heute braucht Lebensberufe. Die Forderung des FDGB auf Gleichberechtigung der Frau auf allen Gebieten ist die Grundlage der zu treffenden Maßnahmen."[5]

---

5   Neues Tageblatt, 22.10.1946.

Literaturverzeichnis

Quellen

Staatsarchiv Osnabrück (StArch. Osn.)

Rep. 7	Augustinerinnenkloster Marienstätte zu Osnabrück.
Rep. 8	Benediktiner-Nonnenkloster Gertrudenberg vor Osnabrück.
Rep. 15	Zisterzienser-Nonnenkloster zu Bersenbrück.

Rep. 100

Nr. 188/7	Volkszählungsregister (1648-1712).
Nr. 367/31	Verzeichnis sämtlicher Christen (1650-1658).
Nr. 367/39-46	Volkszählung (1772).
Nr. 188/42	Volkszählungslisten mit Berufsangaben der vier Osnabrücker Kirchspiele (1772).

Rep. 335 Landdrostei/Regierung

Rep. 350

Nr. 2367-2378	Hebammenwesen und Kleinkinderpflege.
Nr. 2496-2515	Unsittlicher Lebenswandel.
Nr. 2513-2515	Fortbildungsunterricht, -schule, Handarbeitsschule.

Rep. 430	Regierung nach 1911.

Rep. 438	Bezirkslandtag
Nr. 2 II 1	Abgeordnete des Bezirkslandtages. Verzeichnis und Parteienschlüsse (1846).
Nr. 5 A 10c	Bezirkslandtag, Satzungen, Mitgliederlisten (1945/46).
Nr. 25	Gesundheitsausschuß (1946).
Nr. 30	Wohlfahrts- und Flüchtlingsausschuß (1946).

Rep. 450	Landratsämter ab 1885.

Rep. 491	Personenstandsregister.
Nr. 137	Osnabrück 1811/13/45, 1914.
Nr. 1598	Summarische Tabelle der Geburten, Trauungen und Sterbefälle 1854/74.

Nr. 1599	Sterberegister 1813.
	Zivilstandsregister von 1811/13.
	Auszüge aus dem Geburtenregister des Standesamtes (1881-
	1902).
Nr. 1600	Kirchennebenbuch Dom 1868.
Nr. 1601	Geburts-, Tauf-, Aufgebots- und Trauungsbuch (1870).

Rep. 610	Gewerbeaufsichtsamt Osnabrück
A.	Allgemeine Verwaltung. II. Lage der Arbeitnehmer.
3.	Jugendliche und weibliche Arbeitnehmer.
Nr. 69	Allgemeiner Schriftverkehr betr. Schutz jugendlicher und weiblicher Arbeitnehmer, Überwachung der zulässigen Arbeitszeit.
Nr. 70	Statistische Erhebung über die Beschäftigung verheirateter Fabrikarbeiterinnen (1898).
Nr. 71	Frauen- und Jugendarbeit (1926-1951).
Nr. 72	Frauen- und Jugendarbeit, insbes. Überwachung der zulässigen Arbeitszeit (1929-1952).

Rep. 701 I	Evangelisches Konsistorium zu Osnabrück
Nr. 645	Die Hebammen und deren Gebrauch bei Entbindungen und Taufe (1789-1818).
Nr. 648	Verordnung über verbotene Ehen.
Nr. 776	Unterricht in weiblichen Handarbeiten (1876/83).

Rep. 703	Katholisches Konsistorium zu Osnabrück
Nr. 17	Hof- und Zivildiener Witwenkasse (1835-82).
Nr. 79	Enthaltsamkeits- und Mäßigungsverein (1840-67).
Nr. 176	Mädchen-Schule zu Melle (1803-35).
Nr. 218	Mädchen-Schule Wellingholzhausen (1819-31).
Nr. 224	Töchterschule Iburg (1659-1875).
Nr. 230	Mädchen-Schule Osterkappeln (1803-49).
Nr. 168	Mädchen-Schule Emsbüren (1833-49).
Nr. 236	Jungfrauenschule Osterkappeln (1759).
Nr. 249	Mädchenschule Lingen (1835-63).
Nr. 286	Tabellarische Aufstellung sämtlicher Schulen mit Angabe der Lehrerinnennamen (1854-65).
Nr. 331-333	Volksschullehrer-Witwenkasse (1850-75).
Nr. 334	Volksschullehrer-Witwenkasse (1840-51).
Nr. 343	Dienstentlassung Anna Gess (1818)

Nr. 345	Maria Elisabeth v.d. Hude c/a Dr. med. p. stupi et matrimonii (1822/23).
Nr. 346	Fr. v. Bothmer geb. Korff c/a Ehemann p. Trennung von Tisch und Bett (1822/24/33).
348-352	Eheschließung 1832/37.

Dep. 3 b IV Stadt Osnabrück-Stadtsachen

I. Ratsprotokolle der Altstadt

D. Vormundschafts-Protokolle

Nr. 270-310

Städtische Bedienstete

| Nr. 781 | Die Gründung einer Witwen- und Waisenkasse für die in Vertragsverhältnisse angestellten Beamten der Stadt Osnabrück (1887-1899). |
| Nr. 821 - | Personalakten (alphabetisch). |

Extentionen von der Städtischen Obrigkeit

| Nr. 1161 | Befreiung der Pastorin Heye von bürgerlichen Lasten /1792). |

Bürgerrechte, Einwohnerzahl

Nr. 1166	Aufnahme der Bürger unter der Westfälischen Regierung (1808-1811).
Nr. 1167	Bevölkerungsverzeichnisse der Einwohner u.a. statistische Nachweisungen (1809-1813).
Nr. 1168	Aufnahme der Bevölkerungslisten der Stadt (1809-1810).
Nr. 1170/7	Bürgeraufnahme 2 Bde. (1812-1819).
Nr. 1172-1228	Bürgerlichen, Einwohnerzahlen (-1904).
Nr. 1239	Etablisement der Witwe Frauenhoff (1816-1817).
Nr. 1243	Etablisement der Witwe Luise Hagemeyer (1819-1821).
Nr. 1249	Etablisement der Witwe Hofmann (1823-1829).
Nr. 1257	Aufenthalt der Lisette Deckenbrock (1830-1878).
Nr. 1263	Aufenthalt der Caroline Luise Gottschall (1833-1855).
Nr. 1266	Aufenthalt der Witwe Christina Vogedes (1843/44).
Nr. 1269	Domizil der Tochter des Steuerkontrolleurs Plehme: Cathar. Gertr. Dorothea Hertel (1836).
Nr. 1273	Domizil der Anna Sophie Dorothee Klöntrup (1839).
1286	Domizilverhältnisse der Ehefrau Dücker aus Quakenbrück (1844).
Nr. 1288	Erteilung eines Trauscheins an Chr. Dietrich Vogt (1844).

Nr. 1290	Verheiratung des G. Weber mit Oberholthaus Tochter (1844).
Nr. 1292	Verheiratung des Schuhmachers Hesse (1845).

Gemeinnützige Anstalten, Vereine, Leihhaus-Arbeitslos

Nr. 1457	Anlegung einer Zwangsdienstanstalt (1827, 1879). Witwenkasse (Etatsachen).
Nr. 1458-1470	Staatsdienerwitwenkasse (1838-1907).

Noch Kulturelles

Nr. 1667/1668	Der Arbeiterbildungsverein (1850-1935).
Nr. 1673	Zentralstelle für Arbeiterwohlfahrtseinrichtungen (1891-1906).
Nr. 1690	Der Lehrerinnenverein zu Osnabrück, insbes. Unterhaltungen für Frauen und Mädchen aus dem Volk (1895-1920).

Dep. 3b IV. Stadt Osnabrück, Stadtsachen

Gemeinnützige Anstalten, Vereine und Fürsorgeeinrichtungen

Nr. 1759	Der Verein 'Frauenheim' in Osnabrück mit Mitgliederverzeichnis (1899-1927).
Nr. 1777	Der Vaterländische Frauenzweigverein (1876-1923).
Nr. 1778/79/80	Der Bund für Mutterschutz (1906-1909).
1796	Der Verein der Fürsorge für die weibliche Jugend in Osnabrück, insbes. Erreichtung des Mädchenheims (Lydia-Heim) (1908-1920).

Kirchennebenbücher
Zivilstandsregister 1811-13
2427-2454

Deutsche Schulen: Personalakten
2724, 2725, 2727, 2730, 2732, 2735, 2736, 2740, 2744, 2751, 2753, 2756

Mädchenschulen
3173-3213

Jurisdiktionen, generalia

Nr. 3369	Versiegelung der Nachlassenschaft der verstorbenen Frau Oberstleutnant Ernestine Juliane v. Grothus geb. Elberfeld (1784).
Nr. 3409	Der Nachlaß der Obrist-Leutnanin v. Grothus (1784).
Nr. 3410	Versiegelung der Wwe. Gografin Gerdings Nachlassenschaft (1777/1787).
Nr. 3481	Nachlaß der Sträflingin Leseberg zu Selle (1843).

Hexenprozesse
Nr. 3485-4495
Attestate bis 1835 getr. nach Namen
Nr. 3375-4407

Testamente in alphabetischer Reihenfolge
Nr. 4408-5018

Nr. 1692	Verein deutscher Lehrerinnen in England (1898-1915).
Nr. 1693	Verein für Frauenbildung und Frauenstudien Osn. (1904-1919)
Nr. 1700	Der Hausfrauenbund (1914-1925).
Nr. 1706	Weiblicher Krankenverein (1845).
Nr. 1707	Mäßigkeitsverein (1839-)
1730	Der Verein zur Unterstützung hilfsbedürftiger ehelicher evangelischer Wöchnerinnen (1876-1918)
Nr. 1735	Die Bekämpfung der Säuglingssterblichkeit und Errichtung von Milchausschankstellen (1903-1917)
Nr. 1758	Die Errichtung eines Mädchenhortes in Osnabrück (1848-1902)
Nr. 1759	Der Verein 'Frauenheim' in Osnabrück mit Mitgliederverzeichnis (1899-1927).
Nr. 1777	Der Vaterländische Frauenzweigverein (1876-1923).
Nr. 1778	Die Errichtung einer Säuglingsfürsorgestelle durch den Vaterländischen Frauenverein (1907-1920).
Nr. 1779	Der Frauenverein zu Eversburg (1906-1921).
Nr. 1780	Der Bund für Mutterschutz (1906-1909).
Nr. 1796	Der Verein der Fürsorge für die weibliche Jugend in Osnabrück, insbesondere Errichtung des Mädchenheims (Lydia-Heim) (1908-1920).
Nr. 1814	Gesellschaft zur Bekämpfung der Arbeitslosigkeit (1927).

Nr. 1815	Reichsbund der Kinderreichen, Ortsgruppe Osnabrück (1928/29).

Statistisches

Nr. 1829-1834	Volkszählung 1.12.1810.

Mädchenschulen (Dep. 3b IX, Oberschule für Mädchen)

Nr. 3173	Projekt zu einer Mädchenschule (1794-1816).
Nr. 3174	Die Vezinische Mädchenschule (1816)
Nr. 3175	Anlage einer Töchterschule von der Ehefrau Warnecke (1818)
Nr. 3176	Die Kinderschulen (1821-1870)
Nr. 3177	Töchterschulen (1820-1833)
Nr. 3178	Spinnschulen (1838-1857)
Nr. 3179-3183	Errichtung einer höheren Töchterschule.
Nr. 3184	Programme der höheren Töchterschule (1874-1926).
Nr. 3186	Bibliothek.
Nr. 3187	Etat.
Nr. 3191	Lehrerinnen-Bildungsanstalt der höheren Mädchenschule.
Nr. 2105	Errichtung einer Frauenschule (1908-1923).
Nr. 3206	Neuordnung der höheren Mädchenschule (1908-1927).
Nr. 3211	Errichtung einer Studieranstalt an der höheren Mädchenschule (1911-1921).

(Dep. 3b II, Fach 23, Dep. 57b)

Nr. 3269	Koch- und Haushaltungsschulen (1846).
Nr. 3276	Schule für Kinderpflege- und Haushaltsgehilfinnen (1939-1944)

Dep. 3b V, Stadt Osnabrück, Polizei- und Gildesachen

XI.	*Goldschmiedegilde*
Nr. 359	Beschwerde der Witwe Mong wegen Beibehaltung eines Lehrlings (1819-1823).

XXVI.	*Leinwandhandel, legge*
Nr. 1007	Wwe. Tenge gegen die Stadt Osnabrück wegen Leggetisches (1749-1753).
Nr. 1012	Wwe. Sickmann zu Bissendorf ... wegen Legge (1770).

XLVII	*Gesundheitspolizei*
Nr. 1955	Erstattung der Kurkosten an auswärtige Behörden Frauenhof zu Emden (1826-1843).
Nr. 1956	Das von dem Färber Emmers vor dem Ertrinken gerettete Dienstmädchen (1828).
Nr. 1970	Sterblichkeits- und Krankenstatistik (174-1876).
XLVIII	*Sicherheitspolizei*
Nr. 1987	Entlassung der Anna Maria Sander aus dem Zuchthaus und Domizil derselben (1827/1832-1833).
LIII	*Französische Polizei*
Nr. 2121	Verunglückte Individuen, Wahnsinnige (1811-1813).
Nr. 2127	Aufsicht über das Gesinde (1812).

Dep. 3b VI. Evangelisches Konsistorium der Stadt Osnabrück

I.	*Verschiedene Sachen*
Nr. 118	Erklärung der Eheleute Prosse wegen Erziehung ihrer Kinder (1823).
Nr. 119	Einmischung katholischer Geistlicher in Mischehen und die Erziehung derer Kinder (1826-1843).
K.	*Prozeßsachen, Generalia und Varia*
Nr. 131	Verschiedene Prozeßsachen in Matrimonialsachen.
Nr. 138	Verhandlungen wegen Einspruchs der Eltern gegen die Verheiratung ihrer Kinder (1848-1871).
L.	*Prozeßsachen Spezialia*
Nr. 139-395	Prozesse wegen Eheversprechen, Trunksucht u.a.

Dep. 3b VII Stadt Osnabrück, Allgemeine Fonds.
F. Allgemeine Armenanstalt
b) Allgemeines

Nr. 222	Die Verpflegung der Findlinge und Gemütskranken (1761-1850).
Nr. 234	Angelegenheiten der Maria Adelheit Kopp, der Dependetmers Kinder, der Wwe. Paul (1812-1829).

d) Akten der Bezirksamtsvorsteher
Nr. 341-358   Armenlisten der Stadt, aufgeteilt in 16 Bezirke (1810-1864).

Dep. 3b XVIII. Stadt Osnabrück, Ordnungsamt

Einwohnermeldeabteilung
Melderegister 1814/1818-1872.
Geburts- und Sterberegister (1812-1879).
Gemeinde-Melderegister (1832).
Melderegister für ledige Personen (1847/48).
Melderegister der weiblichen Personen (1871-1907).
Kleine Meldebogen (1841-1878).
Große Familienbogen.
Weibliche Fremden-Register (1891-1907).
Wahlen (-1936).

Dep. 3b IX. Stadt Osnabrück, Niedergericht

K. Gerichtsakten verschiedenen Inhalts

a) Ehedispense
Nr. 214-217   1772-1788

N. ZivilProzesse

Nr. 293   Heuermann Beckmann, Ehefrau Goesmann, wegen Kostgeld
            für ihr Kind (1784-1787).
Nr. 303   Katharina Maria Bestermann aus der Bauernschaft Eppen-
            dorf, Hermann Heinrich Meier, wegen Alimenten (1794-
            1795).
Nr. 304   Regina Maria Bethmann, Lohgerber Hermann Farborg, we-
            gen Eheversprechen (1798).
Nr. 307   Die Erben der Regina Agnes Beverforden, We B. wegen der
            Nachlassenschft der R.A. Beverford (1790-1791).
Nr. 311   Bleeken, Ehestreitigkeiten (1773-1780).
Nr. 312   Witwe des Friedr. v. Bleeken wegen Erbschaft (1801).
Nr. 330   Margaretha Brickwedde, Christopher Pestel wegen Alimen-
            ten (1785).
Nr. 350   Advokat Cavemann, Kaufmann Meier u. dessen Tochter we-
            gen angeblicher Vaterschaft (1788-1789).

Nr. 397	Ehefrau Essen geb. Bodemeister, ihren Mann Rudolf Essen, wegen Trunkenheit (1790).
Nr. 409	Anna Maria Flaspöhler u. N.N. Papen, ihren Diensthern Goldschmied Mues, wegen Beleidigung (1797-1800).
Nr. 480	Catharina Hoyesmann, Johann Probst, wegen Beleidigung (1788).
Nr. 482.	Catharina Maria Hüggelmann, Anna Catharina Rueder, wegen des Nachlasses der Witwe Düsberg (1790-1793).
Nr. 484	Maria Hussmann, August Hammersen wegen Eheversprechen (1747-1799).
Nr. 497	Catharina Kastens, Georg Christian Senyer, wegen Alimente (1788-1804).
Nr. 525	Anna Maria Krüvel, Johann Herbost Biermann, wegen Notzucht (1734-1735).
Nr. 526	Margarethe Krusewinkel, ihren Ehemann, wegen Ehezerrüttung (1746).
Nr. 540	Johanne Margarethe Dorothea Lehde, Heinrich Bauer, wegen Alimente (1833-1834).
Nr. 587	Benedix Meyer aus Haste, Elisabeth Ravi, wegen Eheversprechen (1789-1790).
Nr. 591	Maria Elisabeth Meyer, Johann Michael Weber, wegen Eheversprechen (1797).
Nr. 650	Ehefrau Niggemann, ihren Ehemann wegen Mißhandlung (1779-1794).
Nr. 680	Charlotte Peithmann in Holte, Verwalter Fusing in Borgloh, wegen Eheversprechen (1791).
Nr. 684	Ehefrau Petri, ihren Ehemann den Steueraufseher Petri, wegen Zahlung des Unterhalts für sich und ihre Kinder (1813).
Nr. 702	Ehefrau Preuss, ihren Ehemann Diederich, wegen Ehestreitigkeiten.
Nr. 717	Pastor Sebastian Reimers in Lintrup u. seine Ehefrau Dorothea Margarethe geb. Holtmann, Wwe. des Tobias Kugelmann, wegen versprochenen Brautschatz.
Nr. 729	Eheversprechen.
Nr. 731	Herausgabe von Kindern
Nr. 801	Gärtner Sommer, Catharina Maria Biesmann, wegen Herausgabe von Eheverspruchs-Geschenken (1786).
Nr. 808	Eheleute Caspar Specht, ihre Tochter Maria Elisabeth, wegen elterlicher Rechte (1785).

Nr. 815	Maria Elisabeth Stock, Hermann Möller, wegen Alimente (1804).
Nr. 830	Dr. Stüve u. sein Sohn, Hauptmann v. Heyen, dessen Frau und Tochter, wegen angeblichen Eheversprechens (1785/86).
Nr. 845	Clara Elisabeth Teckmeyer, den Grenadier Michael Gaede, wegen Alimente (1800).
Nr. 871	Ratsdiener Unverwehr, Jungfer Hofmeister wegen Rückgabe von Verlobungsgeschenken (1800/01).
Nr. 877	Sophie Vieren, Sprachmeister Le Du wegen Alimente (1793).
Nr. 878	Marie Vieres, Jobst Wiesemeyer, wegen angeblicher Belästigung (1743).
N.	*Untersuchungen in Kriminal- und Polizeisachen*
b)	*Spezialia*
Nr. 965	Untersuchung gegen Bernd Abeken, wegen des Todes der Margaretha Kaiser, geb. Abeken (1666).
Nr. 966	Untersuchung gegen Heinrich von Ankum, wegen Unsittlichkeit (1637).
Nr. 1002	Untersuchung gegen Holle, wegen Verführung eines Mädchens u. Betrügereyen (1777).
Nr. 1012	Untersuchung gegen Juliane K., wegen verheimlichter Schwangerschaft (1811).
Nr. 1024	Vernehmungsprotokoll der Ww. W. Meyer wegen versuchter Kindstötung (1786).
Nr. 1035	Untersuchung gegen Catharina Petronella Paland, wegen Betrug (1677).
Nr. 1042	Untersuchung gegen Heinrich Rosemeyer u. seine Halbschwester Margarethe Kollemeyer, wegen verbotener Heirat (1805-1807).
Nr. 1053	Untersuchung gegen Dorothea Seltmann, jetzt Heinrich Blomers Ehefrau, wegen betrügerischen Leinwandhandel (1625).
P.	*Vormundschaftssachen*
Nr. 1223-1290	
Q.	*Nachlass- und Erbschaftssachen*
Nr. 1291-1388	

Dep. 3b XX, Wahlen, Statistiken (ab 1918)

a. Statistiken

Nr. 1	Volkszählung am 8.10.1919.
Nr. 7	Volks-, Berufs- und Betriebszählung am 16.6.1933.
Nr. 11	Provinzial-, Landtags- und Kreistagswahlen (1921).
Nr. 13	Wahlen zur Nationalversammlung (1918/1919).
Nr. 15-26	Reichstagswahlen (1920-1936).

b. Wahlen

VI	Preußische Landesversammlung und Landtag.
VII	Provinziallandtag, Kreistag (1919-1933).
VIII	Arbeiterrat (Dep. 3b 1, Nr. 800/801).

Zeitungen, Stadt Osnabrück

Abendpost, Osnabrücker	1914-1920
Anzeiger, Kislings Osnabrückische	1.10.1871-1936
Anzeigen, Osnabrücker wöchentliche	1766-1885
Beilagen, nützliche	1766-1808
Beiträge zur Belehrung und Erholung	20.5.1848-1849
Morgenzeitung, Osnabrücker	1886-1887
Nachrichten, Osnabrücker (wöchentl.)	1967-1978
Presse, Freie	1927-1932
Presse, Osnabrücker	Sept.-Dez. 1967
Rundschau, Osnabrücker	1946
Stadtwächter, Der	1929-1931
Tageblatt, Neues, Neue Tagespost	17.9.1746-30.9.1767
Tageblatt, Osnabrücker	1884-1943
	1949-1967
Volksblätter, Neue	1872-1945
Volksblätter, Osnabrücker	1848-1852
Volkszeitung, Osnabrücker	
Neue Osnabrücker Zeitung	
Zeitung, Osnabrück	1864-1866

Literatur zur Osnabrücker Lokalgeschichte (Auswahl)

Bär, M.: Abriß einer Verwaltungsgeschichte des Regierungsbezirks Osnabrück (Quellen und Darstellungen zur Geschichte Niedersachsens V), Hannover 1901.

Bäte, L.: Jenny von Voigts. Eine vergessene Freundin Goethes, Warendorf i.W. 1926.

Ders.: Brautbriefe aus dem Möserhaus, in: Neues Tageblatt Osnabrück, Nr. 76, 26 Sept. 1947.

Behr, H.-J.: Politisches Ständetum und landschaftliche Selbstverwaltung (Osnabrücker Geschichtsquellen und Forschungen), Osnabrück 1970.

Böttcher, J.H.: Geschichte der Mäßigkeits-Gesellschaften in den norddeutschen Bundesstaaten, Hannover 1841, S. 383-475.

Bohnbach, J.: Die 'Gütliche Kontribution' von 1487. Eine quantitative Analyse der Sozialstruktur des 15. Jahrhunderts, in: Osnabrücker Mitteilungen (OM) 79 (1972), S. 37-45.

Breicher, U.: Wiederaufbau und Politik der Osnabrücker SPD in den Nachkriegsjahren (1945-1959), in: 100 Jahre SPD in Osnabrück 1875-1975.

Bremer, J.-C.: Osnabrück im Zeitalter der Industrialisierung. Struktur und Wandel der sozialen Gliederung von 1871-1914, Diss. Göttingen 1950.

Bruns, O.: Die Wirksamkeit des Bürgermeisters Dr. Wilhelm Pelzer von Osnabrück, in: Mitt. d. histor. Vereins, Bd. 40, Osnabrück 1917, S. 153-280.

Crusius, E.: Der Freundeskreis der Jenny von Voigts, geb. Möser, in: OM Bd. 68 (1959), S. 221-271.

Eisenbart, L.-C.: Kleiderordnung der deutschen Städte zwischen 1350 und 1770. Ein Beitrag zur Kulturgeschichte des deutschen Bürgertums (Göttinger Bausteine zur Geschichtswissenschaft 32), Göttingen 1962.

Erdmann, E.: Geschichte des Fürstenthums und Hochstifts Osnabrück in 4 Theilen, Osnabrück 1792.

Graeber, M.: Das politische Leben der Stadt Osnabrück, dargestellt anhand der Wahlmandate von 1924-1933, Osnabrück 1974.

Grote, H.: Osnabrückische Geld- und Münzgeschichte, Leipzig 1864.

Haffmeyer, L. (bearb. v. L. Bäte u. H. Koch): Chronik der Stadt Osnabrück, Osnabrück 1982[4].

Ders.: Das Königliche Evangelische Lehrerseminar zu Osnabrück, Breslau 1910.

Ders.: Geschichte der evangelischen Volks- und Bürgerschulen der Stadt Osnabrück, Osnabrück 1920.

Hartmann, G.: Plauereien über Zustände und Vorgänge in der Stadt Osnabrück bis zum Jahre 1808, in: OM 13 (1886), S. 1-122.

Henke, C.: Die Osnabrücker Presse von der Märzrevolution 1848 bis zur Gegenwart, Diss. Phil. Münster 1977, Osnabrück 1977.

Herzog, F.: Das Osnabrücker Land im 18./19. Jahrhundert (Wirtschaftswissen. Ges. d. Studien Niedersachsens, R.A., H. 10), Oldenburg 1938.

Heuvel, Ch. van den: Beamtenschaft und Territorialstaat. Behördenentwicklung und Sozialstruktur der Beamtenschaft im Hochstift Osnabrück 1550-1800 (Osnabrücker Geschichtsquellen und Forschungen), Osnabrück 1984.

Haffmeyer, L.: Die Fürsorge für die Armen, Kranken, Waisen in Osnabrück, in: OM 51 (1929), S. 1-28.

Heintze, Dr.: Die Irrenfürsorge: Sechzig Jahre Hannoversche Provinzialverwaltungen, Hannover 1928, in: Hundert Jahre Niedersächsisches Landeskrankenhaus, Osnabrück 1968.

Heinzel, K.: Den Brandgeruch noch in der Nase. Wie Osnabrückerinnen Krieg und Neubeginn bewältigten, in: NOZ 2, 19.7.1986, S. 9.

Horst, D.: Jenny von Voigts hatte auch Kontakt zu Goethe. Mösers Tochter lebte viele Jahre lang in Melle, in: Neue Osnabrücker Zeitung (NOZ), 4.6.1988, S. 21.

Israel, U.: Osnabrück zur Franzosenzeit, 1803-1813, Osnabrück 1966.

Kampen, W. van und Westfalen, T. (Hg.): 100 Jahre SPD in Osnabrück, 1875-1975. Ausgewählte Kapitel zur Geschichte der Arbeiterbewegung in Osnabrück, SPD Unterbezirk Osnabrück-Land 1975.

Klein, U.: In Malefizsachen: der Osnabrücker Hexenprozeß gegen Catharina Witthaus (1639) und die Supplikation der Gödel Wedingkhaus, in: OM (1985), S. 121 ff.

Krusch, B.: Justus Möser und die Osnabrücker Gesellschaft, in: Mitteilungen des historischen Vereins, Bd. 34 (1909), Osnabrück 1910.

Kuehling, K.: Osnabrück. Altstadt um die Jahrhundertwende. Erinnerungen und Erlebnisberichte, Osnabrück 1969.

Kühling, K.: Osnabrück 1933-1945. Stadt im Dritten Reich, Osnabrück 1980.

Lampe, J.: Aristokratie, Hofadel und Staatspatriziat in Kurhannover. Die Lebenskreise der höheren Beamten an den kurhannoverschen Zentral- und Hofbehörden 1714-1760, Bd. 1-2, Göttingen 1963.

Leker, S.: Das Leseverhalten der Osnabrücker Einwohner zwischen 1750-1800, Osnabrück 1983.

Lienenklaus, E.: Zur Geschichte des Mädchenunterrichts im Bistum Osnabrück, Osnabrück 1891.

Ders.: Zur Geschichte des Mädchenunterrichtes im Jahrhundert der Reformation (Programme der höheren Mädchenschule in Osnabrück 1890), Osnabrück 1890.

Ders.: Lehrplan der höheren evangelischenn Privat-Töchterschule zu Osnabrück, Osnabrück 1883.

Lodtmann, F.G.W.: Genealogische Tabellen einiger Osnabrüggischer Familien, Osnabrück 1769.

Ders.: Die letzten Hexen Osnabrücks und ihre Richter, in: OM 10 (1978), S. 97-189.

Ders.: Genealogie der Möserschen Familie, Osnabrück 1860.

Meyer, O.: Zur Culturgeschichte der Stadt Osnabrück, Osnabrück 1867.

Moehlmann, D.: Schreiben des Raths zu Osnabrück an den zu Hannover um den Scharfrichter, der geheime Mittel kenne, den Hexen das Geständnis zu entlocken, nach Osnabrück zu senden, 1561, in: Mitteilungen des historischen Vereins, Jg. 3 (1853), Osnabrück 1853.

Osnabrück - 1200 Jahre Fotschritt und Bewahrung. Ausstellung veranstaltet von der Stadt Osnabrück in der Dominikanerkirche 15. Juli - 16. November 1880, Nürnberg 1980.

Peterssen, G.R.: Das eheliche Güterrecht in den Städten und Flecken des Fürstenthums Osnabrück, Osnabrück 1863.

Pohl, H.: "Wahrhaftige Newe Zeytung". Ein Beitrag zur Geschichte der Osnabrücker Hexeninquisation des 16. Jahrhunderts, in: Osnabrücker Mitteilungen (1985) S. 177 ff.

Rothert, J.: Die Entwicklung des katholischen Volksschulwesens im Bezirk Osnabrück, Osnabrück 1921, S. 14-72.

Schwarze, W.: Eleonore von Münster. Eine unbekannte Dichterin aus der Zeit Mösers, Osnabrück 1929.

Schröder, E.: Osnabrück - so wie es war, Osnabrück 1979.

Sheldon, U.u.W.: Im Geist der Empfindsamkeit. Freundschaftsbriefe der Mösertochter Jenny von Voigts an die Fürstin Luise von Anhalt-Dessau, 1780-1808, Osnabrück 1971.

Sheldon, W.: Jenny von Voigts, in: Niedersächsische Lebensbilder, Bd. 8, i.a. d. Hist. Komm. hg. von E. Kalthoff, Hildesheim 1973.

Sickmann, H.: Materialien zur Geschichte des Bezirkslandtages zu Osnabrück, in: OM (1980), S. 105 ff.

Spechter, O.: Die Osnabrücker Oberschicht im 17. und 18. Jahrhundert. Eine sozial- und verfassungsgeschichtliche Untersuchung, Osnabrück 1975.

Stebel, H.-J.: Die Osnabrücker Hexenprozesse, Osnabrück 1969.

Stork, K.: Zustände und Vorgänge im Fürstentum Osnabrück und der Stadt Osnabrück am Ende des vorigen Jahrhunderts, in: Hannoversche Geschichtsblätter 1889, S. 210 ff.

Stüve, A.: Geschichte der Familie Stüve, Osnabrück 1905.

Wagner, G.: Geschichte der Städtischen Oberschule für Mädchen zu Osnabrück 1848-1948, Osnabrück 1948.

Wilbertz, G.: Hexenprozesse und Zauberglaube im Hochstift Osnabrück, in: OM 84 (1978), S. 33-50.

Übergreifende Literatur (Auswahl)

Ariès, Ph.: Liebe in der Ehe, in: Ariès, Begin, Foucault u.a.: Die Masken des Begehrens und die Metamorphosen der Sinnlichkeit. Zur Geschichte der Sexualität im Abendland, Frankfurt am Main 1984, S. 165-175.

Becher, U.J., Rüsen, J. (Hg.): Weiblichkeit in geschichtlicher Perspektive. Fallstudien und Reflexionen zu Grundproblemen der historischen Frauenforschung, Frankfurt am Main 1988.

Becker-Cantarino, B.: Leben als Text. Briefe als Ausdrucks- und Verständigungsmittel in der Briefkultur und Literatur des 18. Jahrhunderts, in: Gnüg, H. Möhrmann, R. (Hg.): Frauen Literatur Geschichte. Schreibende Frauen vom Mittelalter bis zur Gegenwart, Stuttgart 1985, S. 83-103.

Beiträge 5 zur feministischen Theorie und Praxis: Dokumentation des 3. Historikerinnentreffens in Bielefeld, April 81. Frauengeschichte, München 1981.

Bennent, H.: Galanterie und Verachtung. Eine philosophiegeschichtliche Untersuchung zur Stellung der Frau in Gesellschaft und Kultur, Frankfurt/ New York 1985.

Blasius, D.: Ehescheidung in Deutschland 1794-1945. Scheidung und Scheidungsrecht in historischer Perspektive (Kritische Studien zur Geschichtswissenschaft 74), Göttingen 1987.

Blochmann, E.: Das 'Frauenzimmer' und die Gelehrsamkeit. Eine Studie über die Anfänge des Mädchenschulwesens in Deutschland, in: Anthropologie und Erziehung 17, Heidelberg 1966.

Borscheid, P., Teuteberg, H.-J.: Ehe, Liebe, Tod. Zum Wandel der Familie, der Geschlechts- und Generationsbeziehungen in der Neuzeit (Studien zur Geschichte des Alltags, Bd. 1), Münster 1983.

Bosch-Adrigan, G.: Zur rechtlichen Aufklärung. Über den Ehebruch und seine Folgen in der Rechtsprechung des ausgehenden 18. und des 19. Jahrhunderts, in: Gnüg, H., Möhrmann, R. (Hg.): Frauen Literatur Geschichte, a.a.O., S. 499-508.

Brehmer, I., Jacobi-Dittrich, J. (Hg.): Frauenalltag in Bielefeld, Bielefeld 1986.

Bussemer, H.-U.: Frauenemanzipation und Bildungsbürgertum. Sozialgeschichte der Frauenbewegung in der Reichsgründungszeit (Ergebnisse der Frauenforschung, Bd. 7), Weinheim und Basel 1985.

Corbin, A., Forge, A., Perrot, M. u.a.: Geschlecht und Geschichte. Ist eine weibliche Geschichtsschreibung möglich?, Frankfurt am Main 1989.

Dauzenroth, E.: Kleine Geschichte der Mädchenbildung, Ratingen 1971.

Duden, B.: Das schöne Eigentum. Zur Herausbildung des bürgerlichen Frauenbildes an der Wende vom 18. zum 19. Jahrhundert, in: Kursbuch 47, Berlin 1977.

Fischer-Homberger, E.: Krankheit Frau und andere Arbeiten zur Medizingeschichte der Frau, Bern 1979.

Frevert, U. (Hg.): Bürgerinnen und Bürger. Geschlechterverhältnisse im 19. Jahrhundert (Kritische Studien zur Geschichtswissenschaft 77), Göttingen 1988.

Dies.: Frauen-Geschichte. Zwischen Bürgerlicher Verbesserung und Neuer Weiblichkeit, Frankfurt am Main 1986.

Frühsorge, G.: Die Einheit aller Geschäfte. Tradition und Veränderung des 'Hausmutter'-Bildes in der deutschen Ökonomieliteratur des 18. Jahrhunderts, in: Wolfenbütteler Studien zur Aufklärung, Bd. III (1976), S. 137 ff.

Gay, P.: Erziehung der Sinne. Sexualität im bürgerlichen Zeitalter. München 1986.

Ders.: Die zarte Leidenschaft. Liebe im bürgerlichen Zeitalter, Darmstadt 1987.

Die ungeschriebene Geschichte. Historische Frauenforschung. Dokumentation des 5. Historikerinnentreffens in Wien, 16.-29. April 1984, Hirberg bei Wien 1984.

Häntzschel, G. (Hg.): Bildung und Kultur bürgerlicher Frauen 1850-1918. Eine Quellendokumentation aus Anstandsbüchern und Lebenshilfen für Mädchen und Frauen als Beitrag zur weiblichen literarischen Sozialisation, Tübingen 1986.

Hausen, K.: Öffentlichkeit und Privatheit - Gesellschaftspolitische Konstruktionen und die Geschichte der Geschlechterbeziehungen, in: Journal Geschichte 1/89, S. 16 ff.

Dies.: Die Polarisierung der Geschlechtscharaktere - Eine Spiegelung der Dissoziation von Erwerbs- und Familienleben, in: Conze, W. (Hg.): Sozialgeschichte der Familie in der Neuzeit Europas. Neue Forschungen, Stuttgart 1976, S. 363 ff.

Dies. (Hg.): Frauen suchen ihre Geschichte. Historische Studien zum 19. und 20. Jahrhundert, München 1983.

Dies.: Patriarchat. Vom Nutzen und Nachteil eines Konzepts für Frauengeschichte und Frauenpolitik, in: Journal für Geschichte, H. 5 (1986), S. 12-21 u. 58.

Heinemann, E.: Hexen und Hexenglauben. Eine historisch-sozialpsychologische Studie über den europäischen Hexenwahn des 16. und 17. Jahrhunderts, Frankfurt/New York 1986.

Herrmann, U.: Erziehung und Schulunterricht für Mädchen im 18. Jahrhundert, in: Wolfenbüttler Studien zur Aufklärung Bd. III (1976), S. 101 ff.

Honegger, C.: Hexenprozesse und 'Heimlichkeiten der Frauenzimmer': Geschlechtsspezifische Aspekte von Fremd- und Selbstthematisierung, in: Hahn, A., Kapp, V.: Selbstthematisierung und Selbstzeugnis: Bekenntnis und Geständnis, Frankfurt am Main 1987, S. 95 ff.

Honegger, C., Heintz, B. (Hg.): Listen zur Ohnmacht. Zur Sozialgeschichte weiblicher Widerstandsformen, Frankfurt am Main 1984.

Honegger, C.: Überlegungen zur Medikalisierung des weiblichen Körpers, in: Imhof, A.E. (Hg.): Leib und Leben in der Geschichte der Neuzeit, Berlin 1983, S. 203 ff.

Horvath, E.: Die Frau im gesellschaftlichen Leben Hamburgs. Meta Klopstock, Eva König, Elise Reimarus, in: Wolfenbüttler Studien zur Aufklärung Bd. III (1976), S. 175 ff.

Imhof, A.E.: Geschichte der Sexualität - Sexualität in der Geschichte, in: Wulf, Chr. (Hg.): Lust und Liebe. Wandlungen der Sexualität, München 1985, S. 181-215.

Ders. (Hg.): Leib und Leben in der Geschichte der Neuzeit. Vorträge eines internationalen Colloquiums. Berlin 1981, Berlin/Darmstadt 1983.

Kluckhorn, P.: Die Auffassung der Liebe in der Literatur des 18. Jahrhunderts und in der deutschen Romantik, Tübingen 1968.

Kriedte, P.: Die Hexen und ihre Ankläger. Zu den lokalen Voraussetzungen der Hexenverfolgungen in der frühen Neuzeit. Ein Forschungsbericht, in: Zietschrift für Historische Forschung, Bd. 14, 1987/H. 1, S. 47 ff.

Kuhn, A., Rothe, V. (Hg.): Frauen im deutschen Faschismus, Bd. 1 u. 2, (Geschichtsdidaktik, Studien, Materialien, Bd. 9 u. 10), Düsseldorf 1982.

Kuhn, A. (Hg.): Frauen in der deutschen Nachkriegszeit, Bd. 1 u. 2 (Geschichtsdidaktik, Studien und Materialien, Bd. 21 u. 22), Düsseldorf 1986.

Meise, H.: Die Unschuld und die Schrift. Deutsche Frauenromane im 18. Jahrhundert, Berlin/Marburg 1983.

Methoden in der Frauenforschung. Symposium an der FU Berlin vom 30.11.-2.12.1983. Hg. v. d. Zentraleinrichtung zur Förderung von Frauenstudien und Frauenforschung an der FU Berlin, Frankfurt am Main 1984.

Métral, M.O.: Die Ehe. Analyse einer Institution, Frankfurt am Main 1981.

Frauengruppe Faschismusforschung (Hg.): Mutterkreuz und Arbeitsbuch. Zur Geschichte der Frauen in der Weimarer Republik und im Nationalsozialismus, Frankfurt am Main 1981.

Nasse, P.: Die Frauenzimmer-Biblithek des Hamburger 'Patriaten' von 1724. Zur weiblichen Bildung in der Frühaufklärung, Bd. 1 u. 2, Stuttgart 1976.

Nickisch, R.M.G.: Die Frau als Briefschreiberin im Zeitalter der deutschen Aufklärung, in: Wolfenbüttler Studien zur Aufklärung Bd. III (1976), S. 29 ff.

Pikulik, L.: Leistungsethik contra Gefühlskult. Über das Verhältnis von Bürgerlichkeit und Empfindsamkeit in Deutschland, Göttingen 1984.

Rang, B.: Zur Geschichte des dualistischen Denkens über Mann und Frau. Kritische Anmerkungen zu den Thesen von Karin Hausen zur Herausbildung der Geschlechtscharaktere im 18. und 19. Jahrhundert, in: Dalhoff, J., Frey, U., Schöll, I. (Hg.): Frauenmacht in der Geschichte, Düsseldorf 1986.

Reichel, P.: Nackte Schönheit ohne Sinnlichkeit. Wenn Sexualität zur Respektabilität verkommt - Der Führer und die 'feminine Masse', in: Die Zeit, Nr. 9, 21.2.1986, S. 43.

Rosenbaum, H.: Formen der Familie. Untersuchungen zum Zusammenhang von Familienverhältnissen, Sozialstruktur und sozialem Wandel in der deutschen Gesellschaft des 19. Jahrhunderts, Frankfurt am Main 1882.

Ruhl, K.-J.: Unsere verlorenen Jahre. Frauenalltag in Kriegs- und Nachkriegszeit 1939-1949 in Berichten, Dokumenten und Bildern, Darmstadt und Neuwied 1985.

Sachße, Chr.: Mütterlichkeit als Beruf. Sozialarbeit, Sozialreform und Frauenbewegung 1871-1929, Frankfurt am Main 1986.

Schaps, R.: Hysterie und Weiblichkeit. Wissenschaftsmythen über die Frau, Frankfurt am Main 1982.

Schweitzer, A., Sitte, S.: Tugend - Opfer - Rebellion. Zum Bild der Frau im weiblichen Erziehungs- und Bildungswesen, in: Gnüg, H. Möhrmann, R. (Hg.)/Frauen Literatur Geschichte, Stuttgart 1985, S. 144-165.

Sieder, R.: Sozialgeschichte der Familie, Frankfurt am Main 1987.

Stolten, I.: Der Hunger nach Erfahrung. Frauen nach '45, Berlin/Bonn 1981.

Tornieporth, G.: Studien zur Frauenbildung. Ein Beitrag zur historischen Analyse lebensweltorientierter Bildungskonzeptionen, Weinheim/Basel 1977.

Walter, E.: Schrieb oft, von Mägde Arbeit müde. Lebenszusammenhänge deutscher Schriftstellerinnen um 1800 - Schritte zur bürgerlichen Weiblichkeit, Düsseldorf 1985.

Wittrock, Chr.: Weiblichkeitsmythen. Das Frauenbild im Faschismus und seine Vorläufer in der Frauenbewegung der 20er Jahre, Frankfurt am Main 1983.

Forum Frauengeschichte

Angelika Nowicki-Pastuschka

Frauen in der Reformation

Untersuchungen zum Verhalten von Frauen in den Reichsstädten Augsburg und Nürnberg zur reformatorischen Bewegung zwischen 1517 und 1537

Forum Frauengeschichte, Band 2, 1990. 167 Seiten, br., 28,- DM, ISBN 3-89085-322-6

Auf welche Weise unterstützten oder behinderten Frauen die reformatorische Bewegung? Welche Folgen hatte die Abkehr vom katholischen Glauben für Frauen? Warum wehrten sich Nonnen gegen Klosterauflösungen? Konnte die Forderung nach der 'Gleichheit von Frauen und Männern vor Gott' auf kirchlicher oder politischer Ebene umgesetzt werden? Diesen und ähnlichen Fragen geht die Arbeit anhand einer Fülle von Quellenmaterial nach und konstatiert als Ergebnis die Verschlechterung der Situation von Frauen durch die Reformation.

Kerstin Michalik

Der Marsch der Pariser Frauen nach Versailles am 5. und 6. Oktober 1789

Eine Studie zu weiblichen Partizipationsformen in der Frühphase der Französischen Revolution

Forum Frauengeschichte, Band 3, 1990. 175 Seiten, br., mit Abbildungen, 28,- DM, ISBN 3-89085-363-3

Der Marsch der Pariser Frauen nach Versailles ist als 'Brotmarsch' in die Geschichte der Revolution eingegangen. Der vorliegende Band untersucht die Oktobertage im Kontext der Entwicklung weiblicher Interventionsformen seit dem Beginn der Revolution und weist nach, daß die Versorgungsfrage zwar eine notwendige Bedingung für die massenhafte Mobilisierung von Frauen war, daneben aber auch politische Faktoren eine entscheidende Rolle spielten, was der Bewegung insgesamt eine neue Qualität verlieh.

Birgit Panke-Kochinke

Göttinger Professorenfamilien

Forum Frauengeschichte, Band 4, 436 Seiten, br., zahlreiche Abbildungen, ca. 48,- DM, ISBN 3-89085-382-X
(in Vorbereitung)

Am Beispiel der Göttinger Professorenfamilien im 18. und beginnenden 19. Jahrhundert unternimmt die Autorin eine fundierte historische Untersuchung der sozialen und ideologischen Determinanten weiblichen Lebenszusammenhanges. Dabei wird das Leben von Frauen in Haushalt, Familie, Ehe, Geselligkeit und Gesellschaft nicht isoliert betrachtet, sondern in seiner Verflechtung mit den sozialen Rahmenbedingungen, die sich über den Beruf des Mannes und die gesellschaftliche Position der Professorenfamilien in der Stadt Göttingen ergeben.

Centaurus-Verlagsgesellschaft Pfaffenweiler